Die häufigsten Fehler russischsprachiger Deutschlerner



Waxmann Verlag GmbH
Steinfurter Straße 555, 48159 Münster
info@waxmann.com

Reihe

# Mehrsprachigkeit

herausgegeben von
Wilhelm Grießhaber und Jochen Rehbein

*Band 22*

Waxmann 2008
Münster / New York / München / Berlin

Katharina Böttger

# Die häufigsten Fehler russischsprachiger Deutschlerner

## Ein Handbuch für Lehrende

Waxmann 2008
Münster / New York / München / Berlin

**Bibliografische Informationen der Deutschen Nationalbibliothek**
Die Deutsche Nationalbibliothek verzeichnet diese Publikation in der Deutschen Nationalbibliografie; detaillierte bibliografische Daten sind im Internet über http://dnb.d-nb.de abrufbar.

**Mehrsprachigkeit, Bd. 22**

ISSN 1433-0792
ISBN 978-3-8309-1979-7
E-Book-ISBN 978-3-8309-6979-2


Steinfurter Straße 555, 48159 Münster

www.waxmann.com
info@waxmann.com

Umschlaggestaltung: Pleßmann Kommunikationsdesign, Ascheberg
Idee Umschlag und Logo: Ivika Rehbein-Ots

Gedruckt auf alterungsbeständigem Papier, DIN 6738

# Резюме

Настоящее методические пособие[1] адресовано как преподавателям, так и к изучающим немецкий язык и исследует особую комплексную ситуацию: оно призвано облегчить преподавание немецкого языка студентам и учащимися с родным русским языком, но также может быть использовано ими при самостоятельном изучении.

Отправной точкой для составления пособия послужило наблюдение ошибочных высказываний у изучающих иностранный язык и предположение, что они не случайны и следуют определенной логике: ошибки возникают вследствие переноса в изучаемый язык языковых привычек и коммуникативных практик родного языка. Такие «межъязыковые» ошибки поддаются прогнозированию и, зная механизм их возникновения, их проще преодолевать. Профессор Йохен Ребайн побудил автора к написанию данного пособия в качестве сопроводительного материала к проводимым в Гамбургском университете семинарам «Языковая структура» для преподавателей немецкого языка русскоязычным школьникам. Аналогично конкретному многократно проведенному «Структурному курсу русского языка», в данной книге русский и немецкий языки сначала сопоставляются в единой, охватывающей все категории, краткой грамматике, затем приводятся самые характерные «интерлингвальные» ошибки.

В приложении приведены тексты носителей русского языка, изучающих немецкий. Это выдержки из довольно обширного собрания материалов, состоящего из устных и письменных высказываний изучающих немецкий язык носителей русского языка, с разным уровнем языковой компетенции на момент сбора данных – от начинающих до студентов, владеющих немецким языком в такой степени, что они в состоянии составить на нем дипломную работу. Следует также отметить, что речь идет исключительно о взрослых людях, изучающих язык.

## Как происходит изучение языка?

В основе данного пособия лежит тезис, что изучение иностранного языка происходит по большей части на базе родного языка. При этом языковые структуры не генерируются как целое, но они возникают скорее в рамках комплексного умственного процесса, в течении которого сочетаются звук и буква, последовательности звуков и значение, т.е. связываются друг с другом формальные и функциональные элементы. В обыденном употреблении родного языка такого процесса, очевидно, нет: подобного постоянного связывания элементов не наблюдается, структуры, по всей видимости, генерируются чисто автоматически, причем не только на уровне слова, но и на уровне предложения, или даже текста.

1 Настоящее пособие является частью диссертации, исследующей детально процессы, вызванные языковым переносом (www.sub.uni-hamburg.de/opus/). В пособии не приводится подробный анализ, но в сжатой форме представлены результаты исследования.

И все-таки, даже в случае носителей языка, мы имеем дело не с чистыми автоматизмами, не с механическим процессом пользования языком. Разнообразные языковые высказывания – это привычки, закрепившиеся настолько, что по большей части постоянное осознание необходимых ментальных координационных процессов становится ненужным. Вспомним в этой связи моторную и умственную координацию, необходимую для переключения скоростей во время вождения автомобиля. У начинающих этот процесс проходит все время осознанно и разделяется на два движения – нажать на педаль сцепления, поменять скорость. Опытные водители иногда даже не отдают себе отчет, в каком положении находится переключатель скоростей, они его просто переключают. Но несмотря на это, само по себе действие остается *задачей координации*.

Подобным образом, видимо, дело обстоит и с автоматизацией, лежащей в основе употребления родного языка: у носителя языка, как правило, изначально имеются формы для определенной мысли, соответственно для определенной языковой функции. То, что и носителю языка, однако, приходится иногда мучительно искать слово или формулировку, что также доказывает феномен tip-of-the-tongue («это вертится у меня на языке»), только подтверждает то, что как в процессе обыденного языкового употребления, так и при овладевании иностранным языком, необходимо постоянно ассоциировать формы с функциями, слова со значениями.

## Самые частые причины ошибок

Ошибки, возникающие из-за переноса структур родного языка в изучаемый язык, на сегодняшний день обозначают термином «негативный трансферт»; раньше лингвистами это называлось «интерференцией». Негативный трансферт основывается на применении очень простого принципа – вывода по аналогии. Он соотносится с позитивным трансфертом, вследствие которого изучающий успешно использует общности двух языков. У негативного трансферта имеется несколько подвидов: межъязыковая ошибочная аналогия, калька и замена. Для всех подвидов характерно то, что изучающий, используя простые подобия родного и изучаемого языка, рассматривает соответствующие звуки, буквы и слова не как частично, но как полностью идентичные друг другу.

Менее часто, но все же регулярно, можно наблюдать такие типы ошибок, которые основаны на негативном трансферте: «гиперкорректировка» и «избежание». В первом случае ошибки появляются, т.к. изучающий, пытаясь избежать известной ему трансфертной ошибки, прибегает к сверхкомпенсации, в последнем же случае, т.к. он по разным причинам пытается «уйти» от определенных языковых структур изучаемого языка.

## Трансферт в произношении

Первейшая задача, которую необходимо разрешить изучающему иностранный язык – понимание на слух, различение звуковых элементов. При этом зачастую выясняется, что изучающим игнорируются акустика и артикуляция, поскольку они воспринимаются им через фильтр родного языка. Явление, характерное для русскоязычных, изучающих немецкий язык – отождествление немецких длинных и кратких гласных с русскими гласными средней долготы. А поскольку в немецком долгие и краткие гласные имеют смыслоразличительную функцию, то следствием такого смешения становятся двусмысленные или ошибочные высказывания. Также окраска отдельных гласных при произношении их русскоязычными учащимися намного отличается от произношения носителями языка: так, при изучении немецкого языка русскоязычные часто произносят гласный «ü» [y] как «у» [u], а «ö» [ø] как «о» [o].

Степень проявления феномена негативного трансферта в индивидуальном произношении зависит по сути от того, насколько дифференцированно воспринимается на слух разница между феноменами родного и изучаемого языков. В данном случае могут быть полезными, во-первых, осознанное восприятие акустических характеристик соответствующих звуков, а во-вторых, указывание на их нередко смыслоразличительную функцию. В-третьих, необходимо совершенствовать артикуляторные навыки с помощью упражнений и, в случае необходимости, графического материала. В пособии предлагаются некоторые упражнения на особо сложные аспекты.

## Трансферт при чтении и письме

Иноязычные значения доступны изучающему язык не только через акустические речевые сигналы, но и посредством знаковой системы, букв алфавита. Пока изучающий язык не знаком с типичными буквенными цепочками иностранного языка, чтение происходит буква за буквой. Усвоение визуального инпута происходит соответственно на уровне установления связи между звуками и буквами, т.е. пока что не на концептуальном уровне. Оно реализуется как поиск связи между отдельными буквами и звуками изучаемого языка, при этом часто активируется звуковая форма родного языка для букв, похожих в обоих алфавитах, но с другим звуковым соответствием в изучаемом языке, например, русскоязычные учащиеся немецкого языка читают *Bayer* как *«бауэр»* [bauɐ], т.к. русская буква <*у*> представляет звук [u].

Как только при чтении достигается такая степень автоматизации, что изучающий иностранный язык начинает читать слова как целое, данный тип негативного трансферта отступает на задний план. Теперь он появляется только при чте-нии неизвестных слов. За счет регулярного чтения характерные для изучае-мого языка цепочки букв постепенно становятся настолько знакомыми, что становится возможным беглое чтение также и незнакомых морфем и слов изучаемого языка. Как правило, ошибки вследствие негативного трансферта в сфере чтения проходят уже через несколько месяцев. Подходящий метод преодоления данных межъязыковых сложностей – при обучении грамоте в процессе обучения иностранному языку заняться контрастивно отдельными формально похожими, но функционально различными буквами, а также в ходе языкового курса многократно обращать внимание на эти буквы. По сравнению с чтением, письмо как графический аутпут отличается еще одним навыком: необходима выработка и тренировка моторных навыков. И при письме меньше всего сложностей у русскоязычных учащихся немецкого языка возникают с теми немецкими буквами, которые совсем незнакомы, по сравнению с группой тех букв, которые имеются в русском алфавите, но обладают в нем другой звуковой или фонематической функцией.

Например, немецкая буква <u> представляет в русском звук [i]. Типичным для текстов русскоязычных учащихся немецкого языка является написание не *Bitte*, но *Butte*. В данной сфере над приобретенными знаниями доминируют письменно-моторные привычки, доказательством чему служат частые само-исправления, наблюдаемые в собранных текстах (см. приложение). Время от време-ни и у учащихся продвинутого этапа в текстах изучаемого языка невольно проскальзывают буквы родного алфавита, зачастую это происходит в стрессовых ситуациях или же при быстром многократном переходе с языка на язык. И здесь поддержку может оказать частое нацеленное занятие «критическими кандидатами» среди букв изучаемого языка в процессе обучения иностранному языку. В конце раздела имеется соответствующее упражнение.

### Трансферт в грамматике

На уровне грамматики связь с уровнями орфографии и фонологии происходит на новом, более высоком уровне. Здесь кодируются и декодируются не только смыслоразличительные единицы, т.е. фонемы и морфемы, но также вместе с морфемами и единицы, несущие смысл. На уровне морфологии это определенные лексические и грамматические функции, которые на уровне синтаксиса в более обширной связи должны быть соединены со смыслом. Согласно психолингвистическим исследованиям, эти структури хранятся в форме определенных конфигураций параметров. Эти единицы, состоящие из формальных и функциональных параметров, вызываются зачастую из родного языка, когда изучающий язык пытается выразить на иностранном языке определенные морфологические или синтаксические функции изучаемого языка.

Русский язык, по сравнению с немецким, обладает более выраженной системой форм, категорией вида глагола, категорией одушевленности существительного, а также на уровне синтаксиса двойным отрицанием и большей свободой последовательности слов в предложении. В то время, как на формальном уровне можно наблюдать явления, когда учащийся при письме и чтении по-немецки явно имитирует систему форм русского языка, ошибки в синтаксисе часто влияют на все предложение в целом. Очень типичное трансфертное явление – опускание артикля у говорящих на немецком языке лиц русского происхождения (например, *„Ich gehe in Bibliothek.“*). Причина? Немецкий язык располагает системой артиклей, которая абсолютно чужда русскому языку. В русском языке нет артиклей, ни определенных *(der, die, das*), ни неопределенных (*ein, eine*).

# Summary

This handbook is designed to help teachers facilitate their German lessons for native Russian speakers, but can also help Russians to systematically eliminate errors they typically make in German.[2] Thus, the book is suitable both for language teachers and lerners.

The handbook begins with the observation that inaccurate expressions of foreign language learners are very often not coincidental but follow a certain logic: a lot of them are based on the transfer of habits and linguistic practices which are typical for their native language into the target language. Such 'interlingual errors' are predictable by a contrastive study of the structure of both languages involved. The knowledge of the „typically Russian“ flaws, resulting from specific differences of both languages, then gives both teachers and learners a better basis for tackling and controlling them.

The production of this handbook was initiated by Professor Jochen Rehbein to accompany the seminar 'Sprachstrukturkurs' (structural language course) aimed at German teachers of Russian students at the Hamburg University.

Just as in the 'Strukturkurs Russisch' (Russian structure course), held on a number of occasions, the book initially makes a short comparison of Russian and German grammar, covering all categories. In addition, the most prominent interlingual errors are presented.

The appendix contains texts by Russian-speaking learners of German. They include excerpts from a relatively extensive collection of material taken from oral and written statements by adult Russian learners of German with different levels of learning at the time of the study. The levels range from beginners to advanced learners, and even students whose German is proficient enough for them to write their diploma thesis in German. Incidentally, the statements are made exclusively by adult learners.


### How does foreign language acquisition function?

The main theory underlying this book is that foreign language acquisition is based to a large extent on the native language. During the learning process, instead of an entire linguistic structure being generated, the structure evolves rather from complex intellectual processes, in which the phonetic sound and alphabetic character or a series of sounds and their meaning – in other words the formal and functional elements – are combined. Obviously, this process does not occur within the daily use of the native language: there are no constant new associations of this kind. On the contrary, structures seem to be generated automatically, not just on the level of the word, but also on the level of the sentence or even text.

---

2 This handbook is part of a dissertation examining how individual processes trigger transfer functions (www.sub.uni-hamburg.de/opus/). It does not present the analysis, but rather the results, in a compact form.

However, even in the case of native speakers we are not dealing with pure automatisms, or a mechanical use of language. The different forms of expression are a result of common practice, so ingrained that it is not necessary to consciously activate the required mental coordination. One only needs to think of the motor skills and intellectual coordination required to change gears when driving a car. Beginners always do this consciously and in two separate actions; press clutch pedal, change gear. Experienced drivers often don't even know which gear they are in: they simply change gears. However, the action is still a coordination task.
This also seems to be the case with the process of automation underlying native language use: native speakers already have the patterns for certain thoughts or particular functions of speech at their disposal. The fact that a native speaker sometimes still struggles to find a word as with the phenomenon 'it's on the tip of my tongue' proves that constant associations must be made between form and function, between a sound and a letter, between a word and its meaning, both in everyday use and when learning a language.

## The most frequent causes of error

Today we often use the term 'negative transfer' for errors arising from the transfer of structures from the native language into the target language; in the past linguists often used the term 'interference.' Negative transfer is based on the use of a very simple principle: conclusion by analogy. It is the counterpart of positive transfer, in which learners are able to successfully make use of the similarities between two languages. Negative transfer can be divided into different sub-categories: interlingual false analogy, the use of calques, and substitution. Common to all kinds of negative transfer is that the learner, on encountering similarities between phonetics, alphabetic characters and words in the native and the target languages, then assumes that, instead of being partially identical, they are completely identical.
Other regular kinds of error, though not so frequent, are the two derivates 'hypercorrection' and 'avoidance'. In the first case errors arise when the learner tries to avoid transfer errors he or she is familiar with and begins to overcompensate, and in the latter where – for different reasons – certain structures in the target language are consciously avoided.

## Transfer in pronunciation

One of the first tasks of foreign language learning is audio comprehension, the distinction between phonetic elements. Yet it is a frequent occurrence that existing differences in acoustics or articulation are ignored because the learner perceives these through the filter of his or her native language. One phenomenon typical of Russian learners of German is that they apply the Russian medium-length vowel articulation to the short and long German vowels. Because the use of short or long vowel sounds in German can influence the function of differentiating meaning, this can result in expressions being misunderstood or used incorrectly. Russian learners of German frequently pronounce vowels very differently to German native speakers due to the acoustic qualities of the individual vowels : For example, Russian learners of German frequently pronounce ü-sounds [y] like u-sounds [u], and ö-sounds [ø] like o-sounds [o]. The extent to which the phenomenon negative transfer has an effect on individual pronunciation greatly depends on how well the auditory differences between the mother tongue and the second language are perceived. The first supportive measure is the heightening of the learner's awareness of the acoustic characteristics of the respective target language sounds. The second is the indication of the frequent differences in meaning and function. In a third measure, articulatory skills can be improved with the help of exercises, and if necessary with the use of visual aids. This handbook provides a few exercises for especially difficult points.

### Transfer in reading and writing

Not only are acoustic signals used to access meaning when learning foreign languages, but character systems are also used, i.e. the characters of the alphabet.
As long as the learner is not yet familiar with the alphabetical strings typical of the second language, he or she reads letter for letter. Hence visual input initially only takes place in the context of the category phonetic sounds, but not yet on a conceptual level. Each letter in the target language is allocated to a phonetic sound in the target language, whereby when alphabetic characters are identical or similar, the learner will often pronounce them as they would in their native language, e.g. Russian-speaking learners of German read *Bayer* (German for Bavarian, pronounced [baiɐ] as [bauɐ] (German for farmer, pronounced [bauɐ]), because the Russian letter <y> represents the sound [u].
As soon as the learner automatically reads the foreign word as a complete word, the negative transfer no longer takes place. From now on negative transfer only occurs in the case of unfamiliar words. Through regular reading, the learner gradually becomes familiar with the alphabetic strings typical of the second language and is able to read even unknown morphemes and words fluently. Generally mistakes through negative transfers when reading tend to become less frequent after only a few months. A suitable method for tackling these interlingual difficulties when teaching the alphabet is to highlight the letters that have a similar form but a different function and to constantly draw attention to these alphabetic characters throughout the course.
Compared to reading, writing – with its graphical output – is characterised by a further skill: motor skills must be developed and trained. Also in the case of writing, those German alphabetic characters which are completely unknown to Russian-speaking learners of German cause less problems than the groups of letters

that already exist in Russian, but which have a different phonetic or phonemic function: e.g. the German letter <u> would sound like an [i] in Russian. A typical mistake made by Russians learning German, is to write *Butte* instead of *Bitte*. In this case, familiar motoric writing habits have precedence over the newly – acquired knowledge – as is documented by the frequent occurrence of self-correction in the texts collected (cf. attachment). Even further advanced learners still make the mistake of automatically inserting the wrong letters based on their native language, especially when under stress or when alternating quickly between the two languages. Here again, extra attention given in the lessons to the 'critical candidates' in the target language can be of great benefit. A suitable exercise can be found at the end of the corresponding chapter.

### Transfer in grammar

On a grammatical level, the interlinking with the levels of orthography and phonology takes on a new, superordinate meaning. On this level, not only are differentiating semantics (namely phoneme and alphabetic characters) coded and de-coded, but also – through the morphemes – units that transport meaning. These specific morphological, lexical and grammatical functions interconnect on the level of syntax to create a more intelligible context. These structures are stored according to psycholinguistic detection in the form of characteristic configurations. These units made up of formal and functional characteristics are adopted from the first language when the learner tries to express certain morphological and syntactical functions in the second language.

One difference between German and Russian is that Russian has a more strictly-defined formal system. Other differences are that the Russian language includes the verbal category of aspects, the noun category of animacy, as well as the double negation and a larger flexibility of word order in syntax. While on the formal level phenomena arise often as direct adoptions from the Russian system, when the learner writes or speaks German, errors in syntax can interfere within the entire sentence.

A typical result of transfer is when Russian speakers of German omit the German articles (e.g. **Ich gehe in Bibliothek* „I go to library“). What causes this? The German language uses a system of articles completely alien to the Russian language. In the Russian language there are no articles, neither definite articles (*der, die, das*) nor indefinite articles (*ein, eine*).

Jetzt letztes Jahre haben sie auch schon deuч gelernt,
unsere Kinder. Aber dann haben die Russenkinder
gelacht auf ihr, dass sie tun lernen deutsch.

# Vorwort

Das vorliegende Handbuch richtet sich an alle, die als Lehrende oder Lernende den Schwierigkeiten begegnen, die sich ergeben, wenn bewusst oder unbewusst die Strukturen der russischen Muttersprache auf die deutsche Zielsprache übertragen werden. Es richtet sich an Lehrer an Weiterbildungsinstituten und privaten Einrichtungen, an denen Deutsch als Fremdsprache vermittelt wird, ebenso wie an Lehrer, die an Schulen Kinder mit russischer Herkunftssprache unterrichten. Darüber hinaus kann es russischsprachigen Deutschlernern mit guten Kenntnissen der Grundsprache dazu dienen, im Selbststudium zu erkennen, wo die hartnäckigsten Fehler liegen, wo sie herrühren und Anregungen dazu zu erhalten, wie sie gezielt behandelt werden können.

Das Buch ist Teil einer Dissertation (www.sub.uni-hamburg.de/opus/), die auf Anregung von Professor Dr. Jochen Rehbein aus dem Begleitmaterial zu einem Strukturkurs Russisch an der Universität Hamburg entstand. Das Seminar findet im Rahmen der „Zusatzausbildung von Lehrern für Schüler verschiedener Muttersprachen“, einem Teilbereich der Germanistik, statt. Dieses Studium richtet sich an Lehrer und Lehramtsabsolventen, die sich zusätzlich qualifizieren möchten. Es dient dem Ziel, Lehrer zu unterstützen, die mit vielsprachigen und multikulturellen Lerngruppen konfrontiert sind. Denn obwohl Vielsprachigkeit in Hamburger Schulen Alltag ist, wird im Studium auf das Lehramt darauf zu wenig eingegangen. Die Zusatzausbildung will diese Lücke im Studienangebot schließen. Neben der Behandlung von Problemfeldern wie „Interkulturelle Erziehung“, „Sprachliche Kommunikation“ und „Methoden der Sprachvermittlung“ werden auch Seminare zum Thema „Kontrast zwischen dem Deutschen und einer anderen Sprache“ angeboten. In den letzteren Zusammenhang ist der Strukturkurs Russisch eingebettet. Denn der Bedarf an Weiterbildung in diesem Bereich steigt seit der Perestrojka mit zunehmender Anzahl russischsprachiger Menschen in Deutschland stetig an.

Das Buch vermittelt vergleichend die Strukturen der russischen und deutschen Sprache in den Bereichen Aussprache, Lesen, Schreiben und Grammatik. Die Kontrastierung beider Sprachen bildet die Basis dafür, die Fehler darzustellen, die von der Übertragung oder dem Einfluss muttersprachlicher Strukturen auf die Zielsprache herrühren. Dabei werden diese „interlingual-“ oder transferbedingten Fehler nicht nur anhand von Beispielsätzen dargestellt, sondern auch auf ihre besondere Art und Ursache hin kategorisiert. Zum Zwecke der Abgrenzung werden die interlingualen, also zwischen zwei Sprachen entstehenden Fehler, von den so genannten „intralingualen“, den innerhalb einer Sprache entstehenden Fehlern, unterschieden. Denn letztere begründen sich rein aus den Besonderheiten der zu erlernenden Sprache und repräsentieren daher Schwierigkeiten, die Schüler mit ganz unterschiedlicher – übrigens auch deutscher – Herkunftssprache haben können. Für den Lehrer werden damit die Fehler, die bei russischsprachigen Deutschlernern eine gesonderte Behandlung sinnvoll erscheinen lassen, abtrennbar von denjenigen Fehlern, die sprachenübergreifend Schwierigkeiten bereiten.

Bei der gemeinsamen Analyse der Fehler im Strukturkurs Russisch brachten die studierenden Lehrer ihre Beobachtungen aus Unterrichtssituationen an den Schulen mit ein. Als besonders vorteilhaft erwies sich dabei, dass Hypothesen, die im Seminar zu den Fehlerursachen aufgestellt wurden, in der Schulklasse verifiziert werden konnten. Diese Verknüpfung von Theorie und Praxis erwies sich nicht nur nützlich für die vorliegende Untersuchung: Nach Aussage der studierenden Lehrer profitierten auch ihr Unterricht und ihre Beziehung zu den Schülern davon. Die Lehrer werden dadurch, dass sie kundiger in der russischen Sprache werden, in die Lage versetzt, direkt auf bestimmte muttersprachlich bedingte Schwierigkeiten einzugehen bzw. durch gezielte Fragen zum russischen und deutschen Kontrast selbst herauszufinden, wo die Fehlerursache liegt. Die Schüler fühlen sich im wahrsten Sinne des Wortes besser verstanden, entwickeln mehr Bewusstsein für beide Sprachen und ein höheres Selbstwertgefühl.

Das Buch enthält einen Anhang mit Texten russischsprachiger Deutschlerner. Es handelt sich hierbei um einen Ausschnitt aus einer mittlerweile recht umfangreichen Materialsammlung. Sie besteht aus mündlichen und schriftlichen Äußerungen von Deutschlernern russischsprachiger Herkunft, die das Deutsche zum Zeitpunkt der Erhebung in ganz unterschiedlichem Grad beherrschten. Die Palette reicht von Anfängern über Fortgeschrittene bis hin zu Studenten, welche die deutsche Sprache bereits so gut beherrschen, dass sie ihre Diplomarbeit in ihr verfassen können. Es handelt sich ausschließlich um erwachsene Lernende. Ein Teil des Materials stammt von Studierenden, die an den Hamburger Instituten „zebra“, „Rackow-Schule“ und „Stiftung Berufliche Bildung“ DaF-Kurse belegt hatten. Hierzu zählen im Wesentlichen Berichte aus dem eigenen Leben oder Nacherzählungen vorgegebener Lektüre. Des Weiteren stellten Studenten der Universitäten Hamburg, Tübingen, St. Petersburg und Moskau Texte unterschiedlichen Typs zur Verfügung. Es handelt sich in der Regel um Seminar- oder Diplomarbeiten zu verschiedenen Themenbereichen. Außerdem wurde die Korrespondenz von verschiedenen Probanden in Form von Briefen und E-Mails gesammelt. Ein weiterer Teil des Korpus besteht aus mündlichen Äußerungen, die bei Gesprächen mit den Probanden notiert wurden. Bei der Datenerhebung wurde jede Art der Beeinflussung der Probanden vermieden. Es wurden weder Fragen zu den Äußerungen gestellt noch Übersetzungsübungen durchgeführt. Erst nach Aufstellen verschiedener Hypothesen zu den Fehlern wurden Muttersprachler in einer zweiten Runde der Untersuchung gezielt befragt, um in bestimmten Punkten mehr Klarheit zu gewinnen. So wurden Hör- und Ausspracheübungen gemeinsam gemacht, um zu erfahren, warum bestimmte zielsprachliche Laute besonders schwer zu erlernen sind.

# INHALT

## Einleitung

Bei der vergleichenden Beschreibung beider Sprachen wird in diesem Handbuch in der Regel unilateral vorgegangen: Ausgehend von den Eigenheiten der russischen Sprache wird auf die deutsche Sprache geblickt. In bestimmten Fällen aber muss der Blick gewendet werden, sodass erst die deutsche Kategorie, und dann die russischen funktionalen und formalen Pendants dargestellt werden. Dies geschieht immer dann, wenn eine bestimmte Kategorie im Deutschen vorliegt, welche im Russischen als spezifisch grammatische Ausdrucksform „fehlt".

Diese Grammatik ist weniger komparativ als kontrastiv aufgebaut, da es in erster Linie um die Darlegung der Unterschiede und nicht der Gemeinsamkeiten der beiden Sprachen gehen soll. So zeichnet sich in der Morphologie das Russische gegenüber dem Deutschen durch ein stärker differenziertes Formensystem, größere Freiheiten in der Wortfolge, die verbale Kategorie des Aspekts und die doppelte Verneinung aus. Das Deutsche verfügt demgegenüber über ein Artikelsystem, das dem Russischen fremd ist.

## Theoretische Grundlagen der Untersuchung

In dieser Arbeit wird Transfer als der (nicht direkt sichtbare) Prozess der Übertragung muttersprachlicher Strukturen auf die Zielsprache angesehen. Er ist das Resultat dessen, dass sich der Lernende beim Erwerb einer Fremdsprache bewusst oder unbewusst auf vermeintliche oder existente Gemeinsamkeiten der Muttersprache (L1=Language 1) mit der Zielsprache (L2=Language 2) bezieht. Grundsätzlich gilt es zwei Arten von Transfer zu unterscheiden: den positiven und den negativen. Bei positivem Transfer können Ähnlichkeiten zwischen den beiden Sprachen für die Aneignung genutzt werden; bei negativem Transfer führen Differenzen zwischen Mutter- und Zielsprache zu fehlerhaften oder unverständlichen (angezeigt durch den Asterisk *) sowie unüblichen, unpassenden oder schwer verständlichen Äußerungen (angezeigt durch $^{?}$).

Es steht in der Linguistik heute außer Frage, dass negativer Transfer nur eine der möglichen Gründe für Fehler im Erwerb einer Fremdsprache ist. Mit welcher Häufigkeit negativer Transfer im Verhältnis zu anderen Fehlerursachen den Spracherwerb beeinflusst, ist schwer zu sagen. In den einschlägigen Untersuchungen schwanken die Angaben zwischen 23 und 50 Prozent (vgl. Ellis 1994:302). Wie hoch aber auch immer die Quote negativen Transfers in den einzelnen Bereichen der Grammatik sein mag, unumstritten ist, dass diese Fehler nicht nur wiederholt auftreten, sondern auch besonders hartnäckig sind. Gerade, weil sie systematisch bedingt und soweit „vorhersehbar" sind, verdienen sie besondere Aufmerksamkeit. Denn ihre Kenntnis und die ihrer Ursachen eröffnet die Möglichkeit, sie im Sprachunterricht gesondert zu behandeln.

Dass es zu Übertragungen von Strukturen der Muttersprache auf die Zielsprache kommt, ist heute, wie gesagt, gemeinhin unbestritten, wie und warum es dazu kommt, hingegen nach wie vor Untersuchungsgegenstand. Es folgt daher ein knapper Überblick über den Stand der bisherigen Forschung.

Der Begriff negativer Transfer steht als kognitivistischer Ansatz dem Begriff der „Interferenz", den die Behavioristen prägten, gegenüber. Diese definierten linguistische Interferenz als „... störende Einwirkung von Strukturen einer bereits erlernten Sprache auf eine zu erlernende ...". Das muttersprachliche phonetisch-phonologische, grammatikalisch-syntaktische und lexikalisch-semantische System stelle „eine Art Filter" dar, durch den die zu erlernende Sprache wahrgenommen werde und der die Tendenz erzwinge, Neues in gewohnter Weise zu behandeln (vgl. Lewandowski 1994:477). Dieser Ansatz ist aus verschiedenen Gründen verworfen worden. Kritisch zu hinterfragen sind dabei weniger die Untersuchungen zu Interferenzfehlern und zu Aneignungsstrategien als die dahinterstehende Auffassung des menschlichen Sprachvermögens. Den Behavioristen zufolge hängt die Art und Weise sowie der Grad der Aneignung einer Sprache ganz von äußeren Einflüssen ab. Im Falle des Kinderspracherwerbs ist hiermit der Input gemeint, den Kinder aus der Umgebung erhalten. Erlernen die Kinder später eine L2, so trifft diese im Gehirn auf die dort bereits gespeicherten Strukturen der L1 wie auf eine äußere Bedingung.

Der Lernende denkt nach dieser Auffassung in Schablonen, sodass bereits angeeignete Strukturen den Zugang zu dem zu erlernenden System prinzipiell stören. Innere geistige Prozesse spielen in dieser Sichtweise eine geringe Rolle, ihnen wird ein mechanistischer Charakter zugeschrieben. Grundsätzlich problematisch an dieser Auffassung ist, dass sie zugespitzt zu der Frage führt, wie überhaupt etwas Neues angeeignet werden kann. Denn spielten nur Übertragungsprozesse eine Rolle, wäre es unmöglich, in den Lernprozess korrigierend einzugreifen. Gesteht man dem Geist aber eine mitgestaltende Rolle beim Spracherwerb zu, durchbräche dies das theoretische System. Den äußeren Einflüssen wäre damit die Macht genommen. Und in der Tat erwiesen in den vergangenen 30 Jahren viele empirische Studien, dass kreative geistige Prozesse sowohl beim L1- als auch beim L2-Erwerb eine Rolle spielen.

Bausch und Kasper postulierten noch 1979, dass man Fehlern beim Fremdsprachenerwerb durch eine genaue Beschreibung von Mutter- und Zielsprache vorbeugen könne. Die Vorhersagekraft der kontrastiven Grammatik wurde jedoch bereits zu diesem Zeitpunkt aus zwei Gründen in Frage gestellt: Erstens hatten empirische Studien gezeigt, dass Schwierigkeiten Lernender nicht immer aus cross-linguistischen Differenzen herrühren, und somit Fehler auch nicht immer mittels kontrastiver Grammatik vorhergesagt werden können. Zweitens hatten verschiedene Forscher große Ähnlichkeiten zwischen dem L1- und dem L2-Erwerb entdeckt. Man ging nun von einer stufenweisen Aneignung der Zielsprache aus, die kognitiven Prinzipien folgt (vgl. Odlin 1989:17).

Als Widerpart zur behavioristischen Sichtweise betont der kognitivistische Ansatz das Gewicht mentaler Prozesse stärker. Dennoch ist auch bei den Kognitivisten eine gewisse Ausklammerung des Aspekts des freien Denkens anzutreffen. Auch hier gibt es Modelle, nach denen die Sprachaneignung hauptsächlich schematisch abläuft. Bei sprachlichem Wissen handele es sich zwar zu einem beträchtlichen Teil um zu erlernendes Wissen, der fundamentale Teil aber bestehe aus angeborenen Grundstrukturen. Sprache repräsentiert nach dieser Auffassung nur ein durch kognitiv verarbeitetes Input ausdifferenziertes Erbwissen. Im Unterschied zu derart mechanistischen Ansätzen wird die Aneignung von Sprachen in der vorliegenden Arbeit als individuelle Geistesleistung aufgefasst. Sprachlich oder grammatisch fehlerhafte Äußerungen rühren somit von gedanklichen Fehlschlüssen her, deren Inhalt und Logik nachvollzogen werden kann. Zu diesem Zwecke sind zunächst die verschiedenen Formen von Transfer zu betrachten. Im Folgenden wird zunächst der positive Transfer skizziert. Im Weiteren folgt die Darstellung der verschiedenen Erscheinungsformen negativen Transfers[3] sowie die Abgrenzung zu solchen Fehlern, die nicht aus der Übertragung muttersprachlicher Strukturen auf die Zielsprache resultieren.

## Positiver Transfer

Positiver Transfer manifestiert sich in der Zielsprache in keiner auffälligen Weise und lässt sich daher nicht so einfach nachweisen wie negativer Transfer. Positiver Transfer bewirkt, dass Lernende mit der Aneignung bestimmter Strukturen weniger Schwierigkeiten haben als mit der Aneignung anderer Strukturen. Konkret bedeutet dies, dass Lernende sich eine neue Struktur schnell bzw. schneller als andere Strukturen merken können und bei ihrem Gebrauch vergleichsweise wenig Fehler machen. Wenn nun aber positiver Transfer schwer nachweisbar ist, dann stellt sich die Frage: Wie lässt er sich überhaupt aufspüren?

Die Antwort lautet: Nur über den lernstrukturellen Vergleich. Dabei sind prinzipiell zwei Varianten möglich: der interlinguale und der intralinguale Vergleich. In der Regel wird der interlinguale Weg gewählt, wobei untersucht wird, ob sich Lernende verschiedener Herkunftssprachen bei der Aneignung derselben Sprache unterscheiden. Dabei hat es sich als günstig erwiesen, zwei Parteien zu bilden, eine, deren Muttersprache ähnliche oder dieselben Strukturen wie die Zielsprache aufweist, und eine andere, die vor unbekannten Strukturen steht. Die zweite Möglichkeit der Untersuchung besteht in einem intralingualen Vergleich. Hier wird der Erwerb von sich in der Mutter- und Zielsprache gleichenden Strukturen ins Verhältnis gesetzt zum Erwerb von Strukturen, die sich nicht gleichen. Lassen sich bei mehreren Lernenden derselben Muttersprache Abweichungen im Grad und/oder in der Geschwindigkeit der Aneignung feststellen, erhärtet dies die Vermutung, dass positiver Transfer vorliegt. Es folgen einige Beispiele für positiven Transfer: Bei Ähnlichkeiten im Vokabular ist häufig ein leichteres Erlernen als bei anderen Vo-

3 Alle Beispiele sind in der Originalfassung angeführt, manche Beispiele enthalten daher mehr Fehler, als nur die jeweils besprochenen.

kabeln beobachtbar. Die Lernenden können die entsprechenden Wörter schneller memorieren und mit größerer Sicherheit und geringeren Fehlerquoten abrufen. Dies fällt insbesondere im Bereich der Fremdwörter auf: bei russischsprachigen Deutschlernern zum Beispiel an Latinismen wie элемент < *Element*, Gräzismen wie тема < *Thema* oder auch an modernen Entlehnungen, etwa Anglizismen wie бизнес < *Business* und Germanismen wie гастарбейтер < *Gastarbeiter*. In den Fällen, in denen im Russischen und Deutschen gleich- oder ähnlichlautende Vokabeln mit unterschiedlicher Bedeutung vorliegen, kann es hingegen zu negativem Transfer kommen: Zwar wird die Vokabel lautlich schnell angeeignet, ihre Bedeutung jedoch nicht oder nur teilweise erfasst. Als Beispiel hierfür sei das ursprünglich aus dem Deutschen entlehnte Wort бутерброд *Butterbrot* genannt. Dieses Wort bedeutet für einen Russen heute ‚belegtes Brot/Brötchen'.

Auch Ähnlichkeiten im Lautsystem bewirken, dass bestimmte Laute schneller und mit größerer Leichtigkeit angeeignet werden als andere. So haben russischsprachige Deutschlerner z.B. wenig Schwierigkeiten mit der Aussprache derjenigen deutschen Konsonanten, die den russischen (nicht-palatalisierten) Konsonanten nahe kommen, wie zum Beispiel [d] und [g]. Große Schwierigkeiten bereitet ihnen im Unterschied dazu die akustische Wahrnehmung und die Aussprache eines ihnen unbekannten Konsonantenlautes wie z.B. [h]: Diesen deutschen Hauchlaut artikulieren russischsprachige Deutschlerner als [x], das Wort *haben* klingt dann wie [xabən] statt [habən].

Auch in der Schreibung macht sich positiver Transfer bemerkbar: So machen russischsprachige Deutschlerner einerseits häufig Fehler mit den Buchstaben, die sowohl im deutschen als auch im russischen Alphabet existieren, aber unterschiedliche Lautwerte repräsentieren.

Beispiel: *<Bagezimmer> (d), *<Un> (l), *<mausend> (t), *<Minyten> (u)

Andererseits aber eignen sie sich diejenigen Buchstaben, die in beiden Sprachen existieren und die gleichen Lautwerte vertreten, wie zum Beispiel <A, a, K, o, O>, mühelos an.

Ebenso erleichtern Ähnlichkeiten in der Syntax die Aneignung. Eine Studie Ringboms (1987:50-51) belegt z.B., dass Lernende mit schwedischer Herkunftssprache, welche über ein Artikelsystem verfügt, sich bei der Aneignung des englischen Artikelsystems leichter tun als Lernende finnischer Herkunftssprache, die über kein Artikelsystem verfügt: Die finnischen Studenten produzieren in bezug auf den Artikelgebrauch statistisch gesehen deutlich mehr Fehler als schwedische Englischstudenten.

Bei russischsprachigen Deutschlernern lässt sich in dem Bereich der Syntax des Weiteren feststellen, dass ihnen die Aneignung der deutschen Demonstrativpronomen *dieser* und *jener* kein besonderes Problem bereitet. Dies ist vermutlich darauf zurückzuführen, dass sie in Bedeutung und Verwendung nicht von ihren russischen Entsprechungen этот und тот abweichen.

## Negativer Transfer

Da negativer Transfer sich in der Regel durch Abweichungen von der Norm in der Zielsprache manifestiert, ist er wesentlich einfacher festzustellen als positiver Transfer. Schwierigkeiten bei der Analyse ergeben sich aber daraus, dass es verschiedene Typen negativen Transfers gibt, die häufig schwer voneinander zu differenzieren sind.

Im Vorfeld der Untersuchung von Fehlern, die auf negativem Transfer basieren, soll das Augenmerk auf einige schwierige Punkte bei der Analyse gerichtet werden. Zunächst einmal wäre es falsch, von einem 1:1-Verhältnis zwischen interlingualen Differenzen und Aneignungsfehlern auszugehen, wie dies die Behavioristen und die kontrastiven Grammatiker der siebziger Jahre taten. Ebenso falsch wäre es, in diesem Bereich ein Entsprechungsverhältnis zwischen Strukturunterschied und Fehlertyp anzunehmen. Ein Strukturunterschied kann mehrere Fehlertypen zur Folge haben. Zum Beispiel hat das Fehlen einer Struktur in der L1, wie des Artikels im Russischen, nicht unbedingt ein Fehlen in der L2 zur Folge. Möglich ist ebenso eine diesen Strukturunterschied reflektierende so genannte Hyperkorrektur, die ein Zuviel an Artikeln bewirkt. Auf der anderen Seite ist aber auch einem Fehler nicht immer anzusehen, ob ein Strukturunterschied ihn wirklich verursacht hat, und falls ja, welcher.

Es gibt viele Gründe für die Produktion von Fehlern: Sie können ebenso aus der Überzeugung heraus entstehen, richtig zu liegen, wie aus Unsicherheit, sowohl bewusster als auch unbewusster. So tauchen beispielsweise insbesondere in der Phonetik Aussprachefehler auf, die der Lernende zwar kennt, aber nicht oder nur mit großer Mühe verhindern kann, da seine Artikulationsorgane für die Aussprache eines bestimmten Lautes nicht ausreichend trainiert sind. In diesem Fall kann die Bewusstmachung der akustischen, aber auch artikulatorischen Eigenschaften eines fremdsprachlichen Lautes sehr nützlich sein. So steht zum Beispiel einer korrekten Aussprache entgegen, dass Lernende die Differenzen zwischen der eigenen und der korrekten Aussprache in der Regel nicht oder nur schwer hören. Werden ihnen aber die unterschiedlichen Laute vorgespielt und wird gleichzeitig darauf hingewiesen, worin sie sich unterscheiden, gelingt es ihnen meist, den Unterschied zu hören und in Folge davon die Artikulation dem Gehörten anzupassen.

Fehler, denen negativer Transfer zu Grunde liegt, manifestieren sich nach Krasikov (1990) in „steter“ Form. „Stet“ sind alle Fehler, die objektive Wurzeln haben – sei es im Lehrinhalt, sei es in der Muttersprache. Außerdem sind sie

- keine individuelle Erscheinung – sie finden sich bei vielen Lernenden – und
- hartnäckig, weil sie im Zeitraum der Aneignung lange erhalten bleiben.

Die folgende Klassifizierung der verschiedenen Fehlertypen stützt sich auf die Erkenntnisse von Odlin (1989) und James (1998). Sie ermöglicht es, interlinguale und intraliguale Fehler voneinander zu trennen.

Die ersten fünf Fehlertypen sind interlingualer Herkunft, die darauf folgenden zwei Fehlertypen sind intralingual bedingt. Fehler sind interlingual, wenn der Lernende Schwierigkeiten mit Strukturen der L2 hat, weil er diese auf die Strukturen der Muttersprache bezieht und intralingual, wenn sie aus Schwierigkeiten herrühren, die der Lernende beim Aneignen oder Memorieren von Strukturen der L2 hat.

## Interlingual motivierte Fehlertypen

### 1. Falsche Analogie

**Grund:** Der Lernende nimmt von einer muttersprachlichen Struktur irrigerweise an, sie sei auch eine zielsprachliche. Falsche Analogien tauchen in allen Bereichen auf, in denen große formale Ähnlichkeiten zwischen der L1 und der L2 herrschen. Diesen Fehlinterpretationen (‘misinterpretations’) können beispielsweise Mängel in der Perzeption zu Grunde liegen. So werden zielsprachliche Laute regelmäßig durch das phonologische Raster der Muttersprache perzipiert (Odlin 1989:38). Dies kann dazu führen, dass der Lernende eine partielle lautliche Identität zu einer vollen Identität der mutter- und zielsprachlichen lautlichen Form (und eventuell sogar phonologischen Funktion) ausbaut und deshalb einen muttersprachlichen Laut in der Zielsprache einsetzt. Beispiel hierfür ist die Verwendung von i-Lauten an Stelle des deutschen gespannten e-Lautes.

**Erscheinung 1:** Eine der zielsprachlichen Struktur (scheinbar) ähnliche Struktur aus der Muttersprache wird wie die muttersprachliche Struktur behandelt. Solche Fehlinterpretationen liegen häufig in der Phonologie vor. Zum Beispiel klingen Fremdwörter, die im Russischen wie im Deutschen existieren, häufig sehr „russisch“. Im folgenden Beispiel wird in der Aussprache des ähnlich lautenden deutschen Wortes – analog zu seiner russischen Aussprache – der unbetonte o-Vokal zu einem kurzen a-Laut reduziert.

Beispiel: *polemisch* klingt wie *p[ʌ]lemisch

**Erscheinung 2:** Falsche Analogie tritt ansonsten regelmäßig im Bereich der Schreibung auf. So erscheinen in schriftlichen Aufsätzen russischsprachiger Deutschlerner häufig Buchstaben des russischen Alphabets, die zwar denen des deutschen Alphabets gleichen, die jedoch eine andere Lautung repräsentieren.

Beispiel: *<*Bag*> (Bad)

**Erscheinung 3:** Falsche Analogien tauchen aber auch in der Lexik auf. Im folgenden Fall hat ein russischsprachiger Deutschlerner offensichtlich einem deutschen Wort die Bedeutung zugemessen, die das gleichlautende Wort im Russischen hat.

Beispiel: Eine *Leitung* wird als *Schnur* bezeichnet, wie im Russischen: *Шнур*

Auf der Ebene der Syntax können zum Beispiel die Regeln der zielsprachlichen Wortfolge falsch interpretiert und muttersprachlich modifiziert werden.

## 2. Ersetzung (substitution)

**Grund:** Hauptmotiv für Ersetzungen oder so genannte „substitutions“ ist die größere Geläufigkeit eines Elements oder Wortes in der jeweils anderen Sprache, sei es, weil es in dieser Sprache zuerst gelernt wurde, sei es, weil es in ihr häufiger verwendet wird. Nichtsprachliche Auslöser für Ersetzungen sind Situationen, in denen sich der Sprecher aufregt oder besonders schnell äußern möchte.
**Erscheinung:** Ein fremdsprachliches Element taucht zwischen zielsprachlichen Strukturen auf. Das folgende Beispiel zur Lexik stammt von James (1998:150) und geht auf die Äußerung eines deutschsprachigen Englischlerners zurück:

Beispiel: *I shoot him with gun in **kopf.** (an Stelle von: *head*)

Substitution tritt aber auch in der Schreibung auf. So tauchen z.B. in deutschen Aufsätzen russischsprachiger Deutschlerner typisch kyrillische Schriftzeichen aus dem russischen Alphabets auf.

Beispiel: *<deu**ч**> (deutsch), *<**Ю**gend> (Jugend)

## 3. Vermeidung (avoidance)

**Grund:** Unsicherheit im Umgang mit den unbekannten Strukturen der Zielsprache. Vermeidungsstrategie.
**Erscheinung:** Vermeidung kann vorliegen, wenn eine grammatische Struktur im Verhältnis zu den Normen der L2 zu selten auftritt.[4] Eine Evidenz für avoidance ist dann gegeben, wenn der Lernende die betreffende Struktur kennt, sie aber – insbesondere auch im freien Diskurs – (zu) selten gebraucht.

## 4. Interlinguale Identifizierung (Kalkierung)

**Grund:** Unwillkürliche Anlehnung an die muttersprachlichen Strukturen.
**Erscheinung:** In der Zielsprache erscheint eine Kopie der muttersprachlichen Struktur. Die typische Form der interlingualen Identifizierung ist die direkte lexikalische Übertragung von der Muttersprache in die Zielsprache. Diese so genannte „Kalkierung“ ist als Wort-für-Wort-Übertragung leicht durch eine Rückübersetzung in die Muttersprache zu erkennen.

Beispiel:
a. [?]Ich wollte **einfach** sagen ... (statt: bloß)
(Я **просто** хотел сказать ...)
b. *Hallo – **das** spricht Tanja. (Antwort bei Telefonanruf)
(Алло, **это** говорит Таня.)

4 Es ist auch möglich, dass bei der Unterproduktion einer Struktur interlinguale Identifizierung vorliegt, wenn die Muttersprache über eine bestimmte Struktur nicht verfügt oder sie dort seltener als in der Zielsprache verwendet wird. Der Unterschied zwischen beiden Fehlertypen ist in der Absicht oder Strategie des Lernenden zu suchen. Die interlinguale Identifizierung geschieht unabsichtlich, bei avoidance vermeidet der Lernende hingegen absichtlich eine für ihn (zu) schwierige Struktur.

Die interlinguale Identifizierung ist auf die Bereiche Lexik und Syntax beschränkt, wo sie nicht nur als Wort-für-Wort-Übertragung, sondern auch in anderen Formen auftreten kann. So erscheint sie auch als Unter- oder Überproduktion bestimmter zielsprachlicher Strukturen. Wenn z.B. in der Zielsprache eine bestimmte syntaktische Struktur existiert, die der Fremdsprachenlerner aus seiner Muttersprache nicht kennt, kann dies in Folge von interlingualer Identifizierung zu einer Unterproduktion dieser Struktur in der neu zu erlernenden Sprache führen.

## 5. Hyperkorrektur

**Grund:** Es handelt sich um eine „Überreaktion“ des Fremdsprachenlerners auf eine Schwierigkeit, die auf einen bestimmten Einfluss aus der Muttersprache zurückzuführen ist. Auslöser kann ebenso das Fehlen einer zielsprachlichen Struktur in der Muttersprache wie die Verwechslung einer bestimmten zielsprachlichen Form mit einer muttersprachlichen Funktion sein. Lernerstrategie: Gegensteuern gegen einen bekannten Transferfehler.

**Erscheinung 1:** Lernende vertauschen die Funktion einer bestimmten Form mit ihrem Gegenteil. Ibrahim (1978) bringt das Beispiel arabischer Englischlerner, denen in Ermangelung des Phonemunterschieds /p/ und /b/ in ihrer eigenen Sprache häufig interlinguale Identifizierungen in der Aussprache englischer Wörter wie **blaying* (*playing*) unterlaufen. Beim Versuch, Fehler dieses Typs zu vermeiden, kommt es zu Hyperkorrekturen, bei denen der Lernende strategisch in die Gegenrichtung geht: **hapit* (*habit*).

**Erscheinung 2:** Hyperkorrektur tritt auch auf, wenn eine sprachliche Struktur im Verhältnis zu den Normen der L2 in übertriebener Weise, d.h. zu häufig, an der falschen Stelle etc. verwendet wird. Ein Beispiel hierfür ist der Gebrauch von „es“:

Beispiel: a. *Deswegen wird **es** ebenfalls versucht...
b. *Muß man **es** wissen, daß S. Film gemacht hat.

Fehler auf Grund von Hyperkorrektur begründen sich darin, dass die Aufmerksamkeit des Lernenden (zu) stark auf das Aneignen bestimmter Strukturen der Zielsprache gerichtet ist.

**Erscheinung 3:** Sie ist bei russischsprachigen Deutschlernern z.B. in bestimmten Strukturen der Phonologie anzutreffen. So ist zu vermuten, dass ein ü-Laut häufig fälschlicherweise an Stelle von [u] verwendet wird, weil dem Lernenden (nur allzu) bewusst ist, dass er das [ʏ] bzw. das [y:] häufig als [u] ausspricht:

Beispiel: *Zuk[ʏ]nft, *Fr[ʏ]stration, *bl[y:]tend

Insbesondere bei *Zuk[ʏ]nft ist es andererseits nicht auszuschließen, dass es sich um eine intralinguale Analogie, die so genannte Übergeneralisierung, handelt. Hier könnte der Lernende in Analogie zu der ihm möglicherweise bereits bekannten Adjektivbildung *zukünftig* auf die Lautung des Substantivs (fehl-)geschlossen haben. Anstatt *Zukunft* zu sagen, spricht er das Wort dann irrtümlicherweise mit einem Umlaut aus.

# Intralinguale Fehler

## 1. Übergeneralisierung

**Grund:** Der Lernende nimmt etwas über die Strukturen der zu erlernenden Sprache an, das ein Muttersprachler nicht annehmen würde. Er zieht einen falschen Analogieschluss von ihm zwar bereits bekannten, aber noch nicht (vollständig) angeeigneten Strukturen der zu erlernenden Sprache. Es handelt sich demnach um eine Art intralingualer falscher Analogie.
**Erscheinung:** Es wird eine Struktur der Zielsprache verwendet, die sowohl in dieser Form als auch in der intendierten Funktion in dieser Sprache existieren, jedoch nicht oder anders bei der vorliegenden Struktur zur Anwendung gelangen.

Beispiel: a. **fallte* statt: *fiel*– in Analogie zu *knallte, kochte*
b. **getrinkt* statt: *getrunken*– in Analogie zu *gehinkt, gekauft*

## 2. Unwissen (ignorance)

**Grund:** Als Verwechslung oder ignorance werden Fehler bezeichnet, die auf Unsicherheit, Unkenntnis, mangelnde Beherrschung der Regeln und daraus resultierende Verwechslungen oder auf falsch verstandene beziehungsweise falsch vermittelte Lehrinhalte zurückzuführen sind.
**Erscheinung:** Es handelt es sich um Fehler, die sich interlingual nicht oder nur schwer zuordnen lassen und auch intralingual als Form und Funktion wenig bis gar keinen Sinn machen. Die entsprechenden Erscheinungen können weder mit den Mittel des Sprachvergleichs noch mit einer zielsprachlichen Analyse erklärt werden. Ihr Grund lässt sich aber oft finden, wenn die Unterrichtsgegenstände und -methoden bekannt sind.
Barth (2000:51) schreibt über die Kategorie 'Unwissen' (ignorance), man habe es mit „auf den ersten Blick vollkommen unerklärlichen Fehlern" zu tun. Er schreibt aber auch, dass sich im Prinzip alle Fehler aufklären ließen. So wurde im Beispiel d., das von diesem Autor stammt, vorher im Unterricht das Wort *brotlos* gelernt.

Beispiel: a. Tag/*Tüge,
b. Dorf/*Drofen
c. *trinekn
d. *Er beschäftigt sich mit *notlosen Ausrechnungen

# Phonetik und Phonologie

## Das russische Alphabet

| Druckschrift<br>groß/klein | Schreibschrift<br>groß/klein | Name des Buchstabens | Approximativ[5]: deutscher Laut |
|---|---|---|---|
| А а | А а | а | a zw. k**a**nn und **a**ber |
| Б б | Б б | бэ | b **b**aden<br>p Ka**p** (im Auslaut) |
| В в | В в | вэ | v **w**as<br>f Brie**f** (im Auslaut) |
| Г г | Г г | гэ | g **G**arten<br>k Spu**k** (im Auslaut) |
| Д д | Д д д | дэ | d **d**ank<br>t har**t** (im Auslaut) |
| Е е | Е е | е | je[6] Ant**je**<br>ə hab**e** (unbetont) |
| Ё ё | Ё ё | ё | jɔ[7] **J**och<br>ɔ h**o**ffen |
| Ж ж | Ж ж | жэ | ʐ Eta**g**e<br>ʃ Ti**sch** (im Auslaut) |
| З з | З з | зэ | z Ro**s**e<br>s Kie**s** (im Auslaut) |
| И и | И и | и | i B**ie**ne (kürzer) |
| Й й | Й й | и краткое | J[8] Ma**j** |
| К к | К к | ка | k Bir**k**e |
| Л л | Л л | эль | ɫ we**ll** (engl.)<br>l Bi**ll**iard |
| М м | М м | эм | M **M**umie |
| Н н | Н н | эн | n **n**u**n** |
| О о | О о | о | ɔ S**o**nne (betont)<br>a F**a**brik (unbetont) |
| П п | П п | пэ | p **P**aul |

---

5 Diese Beschreibung folgt dem internationalen phonetischen Alphabet (IPA). Nuancen wie die Palatalisierung der Konsonanten und die Vokalreduktion bleiben unberücksichtigt.

6 Der Buchstabe <e> bezeichnet im Wortanlaut, nach Vokal und ь, ъ den Laut [je]. Nach Konsonantenbuchstaben zeigt er deren Palatalisierung (Erweichung) an (so ist im russ. „Njet" (нет) [n] erweicht). Nur nach <ж, ч, ш, щ, ц> trägt dieser Buchstabe den Lautwert [e].

7 Nach den Zischlauten <ж, ч, ш, щ> [o], in allen anderen Stellungen [jo].

8 Dieser Konsonantenbuchstabe repräsentiert direkt vor betontem Vokal den Lautwert [j], in allen anderen Positionen hingegen einen kurzen i-Laut, der keine Silbe bildet: [ĭ].

| **Druckschrift**<br>groß/klein | **Schreibschrift**<br>groß/klein | **Name des Buchstabens** | **Approximativ[5]: deutscher Laut** |
|---|---|---|---|
| Р р | Р р | эр | r[9] **R**at |
| С с | С с | эс | s Wa**ss**er |
| Т т | Т т | тэ | T **T**itel |
| У у | У у | у | u zw. M**u**tter und **U**hr |
| Ф ф | Ф ф | эф | f **F**ahrt |
| Х х | Х х | ха | x a**ch**<br>ç **ich** (vor i, selten e) |
| Ц ц | Ц ц | цэ | ts **Z**irkus |
| Ч ч | Ч ч | че | tʃ Ma**tsch** |
| Ш ш | Ш ш | ша | ʃ **Sch**ach |
| Щ щ | Щ щ | ща | ʃtʃ I**sch**ias |
| -[10] ъ | ъ | твёрдый знак | -[11] |
| - ы | ы | ы (эры) | ɨ **I**rmgard |
| - ь | ь | мягкий знак | -[12] |
| Э э | Э э | э оборотное | ɜ zw. **E**rbe und **E**hre |
| Ю ю | Ю ю | ю | Ju[13] **jung** |
| Я я | Я я | я | ja[14] zw. **Ja**n und **Ja** |

9 Gerolltes Zungen-[r], mit mehr Spannung als im Deutschen und mehr Vibrationen (3-4).

10 Die Buchstaben <ъ, ы, ь> kommen in Großschreibung (<Ъ, Ы, Ь>) nur dann vor, wenn die gesamte Schriftform durchgängig aus Großbuchstaben besteht, z.B. СЪЕЗД ‚Kongress'.

11 Härtezeichen, kein Lautwert. Zeigt die Härte des vorangehenden Konsonanten an.

12 Weichheitszeichen, kein Lautwert. Zeigt die Palatalisierung des vorherigen Konsonanten an.

13 Jotierter Vokalbuchstabe: Er zeigt entweder die Palatalisierung des vorangehenden Konsonanten an, also [' + u] oder, in allen anderen Positionen, [ju].

14 Auch hier gilt: [' + a] nach Konsonantenbuchstaben und [ja] in allen anderen Positionen.

## Allgemeine Begriffe[15]

Bei der Untersuchung von Lauten werden in Bezug auf ihre akustischen und auditiven Merkmale die folgende Unterscheidungen gemacht:

- Qualitativ unterscheiden sich die einzelnen Sprachlaute durch ihre Lautfarbe voneinander, genauer: die Vokale, wie z.B. [a] und [o], durch ihre Klangfarbe, die Konsonanten, wie z.B. [t] und [d], durch ihre Geräuschfarbe.
- Quantitativ unterscheiden sich die Laute durch drei Merkmale: Länge, Stärke und Intonation. Laute sind gemäß der Zeitdauer ihrer Aussprache kurz, lang oder mittellang. Sie werden mehr oder weniger intensiv gesprochen. Bezüglich ihrer Intonation variieren sie in Höhe und Tiefe.

Wesentlich ist bei dieser Unterscheidung, dass sie zwei verschiedene Gebiete der Sprachwissenschaft abdeckt. Gegenstand der Phonetik sind Wahrnehmung und Bildung der Laute (Phone), die nach drei Seiten hin untersucht werden: nach ihrer akustischen Seite, d.h. ihrer Klangwirkung, nach ihrer auditiven Seite, also ihrem Gehörseindruck und nach ihrer artikulatorischen Seite, dem Ort und der Art ihrer Bildung. Im Deutschen unterscheidet man z.B. nach diesen drei Kriterien den Laut *-ch* wie in *Dach* [x] und den Laut *-ch* wie in *dich* [ç]. Es handelt sich dabei um zwei Laute oder Phone – jedoch nur um ein Phonem, wie im Folgenden zu sehen sein wird. Die Phonologie untersucht im Unterschied zur Phonetik die linguistische Seite der Sprachlaute, die sie als „Phoneme" im Hinblick auf ihre bedeutungsunterscheidende Funktion im jeweiligen Sprachsystem beschreibt. Dabei sind zwei verschiedene Laute nicht unbedingt auch zwei verschiedene Phoneme. Sie können auch nur ein Phonem repräsentieren. Zwei Phoneme sind sie nur dann, wenn sie in derselben lautlichen Umgebung bedeutungsunterscheidende Funktion haben. Ob ein Laut ein Phonem ist oder nicht, wird anhand von Minimalpaaren untersucht: So sind /r/ und /l/ zwei verschiedene Phoneme, weil sie in den Worten *Latte* und *Ratte* bedeutungsunterscheidend wirken.[16] Die Laute [ç] und [x] des Hochdeutschen sind hingegen nicht als zwei selbstständige Phoneme, sondern nur als zwei Varianten eines Phonems anzusehen. Dies ergibt sich daraus, dass sie sich zwar akustisch und artikulatorisch ähneln, jedoch niemals in ein und derselben lautlichen Umgebung auftreten. So steht [x] nach den Vokalen der mittleren und hinteren Reihe wie in *Dach, Loch, Bruch,* [ç] hingegen in allen anderen Positionen wie in *Stich, Hecht, Köcher*. Die beiden Laute können also kein Minimalpaar bilden, in dem sie bedeutungsunterscheidende Funktion hätten. Es handelt sich damit um stellungsbedingte[17] Varianten eines Phonems.

---

15 Vgl. DUDEN 4 (1998:28-32).

16 Im weiteren Text werden – wie in der einschlägigen Literatur allgemein üblich – Laute durch eckige Klammern, z.B.: [a], Phoneme hingegen durch Schrägstriche gekennzeichnet, z.B.: /a/.

17 Das bedeutet auf der anderen Seite nicht, dass eine bestimmte Stellung, d.h. lautliche Umgebung zwangsläufig zu einer unterschiedlichen Lautfarbe führt. Unterschiede in der Lautfarbe werden durch die lautliche Umgebung nur befördert und setzen sich in einer Sprache entwe-

Freie Varianten eines Phonems sind hingegen verschiedene Laute, die in derselben lautlichen Umgebung auftreten können, ohne Wörter zu unterscheiden. So vertreten in der deutschen Standardsprache verschiedene r-Laute in derselben Stellung ein und dieselbe Bedeutung. Es ist macht keinen Unterschied, ob man *Ratte* mit mehrschlägigem Zungenspitzen-R [r], einschlägigem Zungenspitzen-R [ɾ], gerolltem Zäpfchen-R [ʀ] oder dem Reibe-R [ʁ]ausspricht.
Die Phonetik dient also der Beschreibung der Laute, die zu erlernen sind, um eine bestimmte Sprache artikulatorisch zu beherrschen. Die Phonologie untersucht hingegen Laute danach, in welcher lautlichen Umgebung sie anzutreffen sind, und ob sie für das Verstehen der Sprache wesentlich, d.h. bedeutungsunterscheidend sind oder nicht.
Phoneme differieren nicht nur in ihrer Lautfarbe; sie können auch durch ihre Stärke, Länge oder Intonation unterschieden sein, wenn diese in ein- und derselben lautlichen Umgebung bedeutungsunterscheidend wirken. So trägt im Deutschen zum Beispiel die Vokallänge in betonter Stellung im Wort dazu bei, die gespannten und ungespannten Vokalphoneme zu unterscheiden:

Beispiel: /a/ in ‚B**a**hn' [a:] und ‚B**a**nn' [a]

Zu den stellungsbedingten Varianten eines Phonems zählen unter Umständen aber auch andere Formen der quantitativen Veränderung von Sprachlauten, die z.B. durch Intonation oder Stärke entstehen. Im Russischen bewirken z.B. unterschiedliche Betontheitsgrade quantitative Unterschiede bei der Aussprache der Vokale, die sich teilweise sogar auf die Klangfarbe auswirken. Hiermit vergleichbar ist das deutsche /e/, welches in unbetonter Stellung als „dumpfer Murmellaut" bezeichnet wird, weil es kaum noch wie ein /e/ klingt, das aber keine bedeutungsunterscheidende Funktion hat:

Beispiel: Vgl. die beiden Laute [e] in ‚g**e**h**e**n',
letzterer Laut ist der „dumpfe Murmellaut".

## Die phonetische Transkription der russischen Vokale

Die Buchstaben der russischen wie der deutschen Sprache geben häufig mehrere verschiedene Sprachlaute wieder. Zur eindeutigen schriftlichen Fixierung der Sprachlaute bedient man sich daher der phonetischen Transkription. Die folgenden Tabellen stellen als Orientierungshilfe die wichtigsten Zeichen zur Transkription der betonten und unbetonten russischen Vokale dar. Für das Russische wurde im Fortgang des Buches die phonetische Transkription nach Avanesov gewählt, die teilweise auf dem russischen Alphabet basiert. Für die Darstellung der deutschen Laute wird die Transkription nach dem internationalen phonetischen Alphabet (IPA) herangezogen. Wird im folgenden Text phonetisch transkribiert, erklärt sich

---

der fest oder nicht. So wird zum Beispiel in bestimmten deutschen Mundarten der Laut [ç] in *dich* ebenso hart ausgesprochen wie der Laut [x] in *Dach*: [dix].

in der Regel durch den Kontext, um welche Laute es sich jeweils handelt; bei Bedarf muss eine Tabelle aus einem deutschen Wörterbuch oder einem Phonetikbuch hinzugezogen werden.

**Die phonetische Transkription der betonten Vokale**[18]

| Avanesov | IPA | Beispiele | Aussprache nach IPA | Beschreibung |
|---|---|---|---|---|
| [a] | [a] | мат | mat | Grundphonem |
| [ä] | [ä] | мять | m'at | Variante eines Phonems wg. vorangehendem palatalisierten Kons. |
| [o] | [o] | тот | tot | Grundphonem |
| [ö] | [ɔ̈] | тётя | t'ot'ı | Variante eines Phonems wg. vorangehendem palatalisierten Kons. |
| [y] | [u] | лук | luk | Grundphonem |
| [ӱ] | [ü] | люки | l'uk'ı | Variante eines Phonems wg. vorangehendem palatalisierten Kons. |
| [и] | [i] | бил | b'il | Grundphonem |
| [ы] | [ɨ] | был | bɨl | Variante eines Ph. wg. zurückgezogener Zunge |
| [e] | [e] | сел | s'el | Grundphonem |
| [э] | [ɛ] | шеф | ʃɛf | Variante eines Ph. wg. zurückgezogener Zunge |

18 Notiert wurden hier jeweils nur das Grundphonem (z.B. лук ‚Zwiebel') und die Phonemvariante mit der höchsten Stufe der Palatalisierung (люки = 3. Palatalitätsstufe). Dazwischen liegen bei allen Vokalphonemen zwei weitere Varianten mit unterschiedlichen Palatalitätsstufen: (лук > <u>луки</u> > <u>люк</u> > люки). Die Variante луки [u˙ ] (1. Palatalitätsstufe) entsteht dadurch, dass der folgende Konsonant palatalisiert ist, die Variante люк [˙ u] (2. Palatalitätsstufe) ergibt sich dadurch, dass der auf die palatalisierte Silbe folgende Konsonant nichtpalatalisiert ist. Da diese Varianten jedoch nur geringe lautliche Abweichungen darstellen – die 1. Palatalitätsstufe weicht geringfügig von dem Grundphonem ab, die 2. Palatalitätsstufe nur wenig von der 3. Palatalitätsstufe – werden sie hier nicht tabellarisch dargestellt.

**Die wesentlichen Transkriptionszeichen der unbetonten Vokale**

| Zeichen nach Avanesov | Zeichen nach IPA | Beispiel-wörter | Aussprache nach API | Beschreibung |
|---|---|---|---|---|
| [ʌ] | [ʌ] | заво́д | sʌvót | kurzer a-Laut |
| [ъ] | [ə] | заво́дский<br>догово́р<br>целико́м | səvótskɪj<br>dəgavór<br>cəlɪkóm | kurzer Zentral-vokal ohne Lippen-rundung, dumpfer Murmel-laut (z.B. *malen*) |
| [и<sup>е</sup>] | [ɪ] | вела́<br>пята́к | vɪlá<br>pɪták | ein Laut mit Zun-genhebung zwi-schen [ɪ] und [e], der dem [ɪ] nä-her ist |
| [ь] | [ɪ] | весе́ла<br>пятиле́тка | vɪsélə<br>pɪtɪlétkə | Abgeschwächter Laut zw. [ɪ] und [e], näher am [ɪ] |
| [ы<sup>э</sup>] | [ɨ] | жена́ | žɨná | Zurückgezogene, gehobene Zunge, Laut zw. [ɨ] und [e], näher am [ɨ] |

Gemäß der internationalen und der russischen Transkription nach Avanesov werden im Text verschiedene diakritische Zeichen verwendet.

**Diakritische Zeichen**

| Zeichen | Beschreibung |
|---|---|
| ` oder ´ | Betonung liegt auf der markierten Silbe |
| ˈ | Betonung liegt auf dem folgenden Vokal |
| ː | Langer Vokal oder Konsonant |
| ʼ | Palatalisierung des vorangehenden Konsonanten |
| ˀ | Knacklaut (Glottisschlag) |
| · | vor oder nach den Vokalzeichen, entsprechendes Verlagern der Artikulationsstelle zum vorderen Gaumen |
| ·· | über Vokalzeichen, zur Kennzeichnung einer beidseitigen Verlagerung der Artikulationsstelle zum vorderen Gaumen |
| ‿ | Diphthong |

## Russische und deutsche Aussprache und Schreibung

Zum Zwecke einer korrekten Aussprache und Schreibung ist es beim Erlernen deutscher Vokabeln, ebenso wie beim Erlernen russischer Vokabeln, wichtig, sich den Unterschied zwischen Sprachlauten und Schriftzeichen zu vergegenwärtigen und die Beziehungen zwischen beiden kennen zu lernen.

Im Serbischen und Kroatischen, die als slavische Sprachen weitgehende Ähnlichkeiten mit dem Russischen aufweisen, ist die Orthographie im Wesentlichen nach dem phonetischen Prinzip ausgerichtet. Das heißt, dass in der Domäne des Wortes jedem Phonem ein Buchstabe entspricht.[19]

In den meisten anderen Sprachen gibt es hingegen keine exakte quantitative Entsprechung zwischen Sprachlauten und Schriftzeichen. Im Folgenden wird daher unterschieden zwischen Vokalbuchstaben und Konsonantenbuchstaben auf der einen Seite und Vokallauten (Vokalphonen bzw. -phonemen) und Konsonantenlauten (Konsonantenphonen bzw. -phonemen) auf der anderen Seite.

## Der Konsonantismus

### Die Palatalisierung der Konsonanten im Russischen

Palatalisierung (Erweichung) bedeutet, dass es bei der Aussprache der Konsonanten zu einer Zusatzartikulation der Mittelzunge kommt. Die Grafik zeigt diesen Unterschied anhand des russischen m-Lautes. In der Phonetik wird die Palatalisierung der Konsonanten durch ein Apostroph ['] hinter dem kyrillischen Konsonantenbuchstaben oder dem entsprechenden Buchstaben des internationalen phonetischen Alphabets dargestellt.

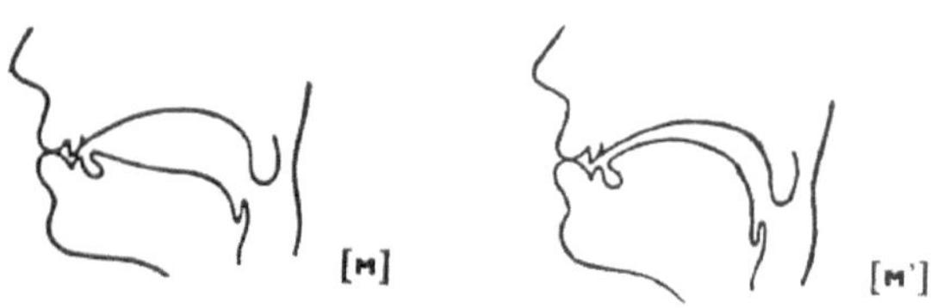


19 Zur Kennzeichnung dessen, dass Buchstaben besprochen werden, wird im Folgenden < > verwendet. In den folgenden Darlegungen wird unter „Buchstabe" jedes Zeichen verstanden, das derselben Einheit zuzuordnen ist; die Zeichen <D, d> im Deutschen, <Д, д> und <𝒟, ℊ>, aber auch <∂> im Russsichen repräsentieren denselben Buchstaben, sie sind nur Varianten eines Zeichens, das für einen bestimmten Laut steht. Da es hier nicht nötig ist, zwischen Buchstaben als reinen und als bedeutungsunterscheidenden Zeichen zu unterscheiden, wird auf die Bezeichnungen Graph und Graphem verzichtet.

Wie die Grafik deutlich zeigt, hebt sich bei der Palatisierung der mittlere Teil des Zungenrückens an den Gaumen, wobei sich die gesamte Zunge etwas weiter nach vorne schiebt. Die Zungenspitze senkt sich hingegen ab. Mit Palatalisierung ist weder eine Artikulationsstelle noch eine Artikulationsart bezeichnet, sondern lediglich eine Modifikation gegenüber der Artikulation der entsprechenden harten Konsonantenlaute: nur der Zungenrücken bewegt sich etwas in Richtung Palatum. So entsteht eine Aussprache, die den betreffenden Konsonanten akustisch „weicher" klingen lässt, im vorliegenden Beispiel als [m'] gekennzeichnet.
Im Russischen hat die palatalisierte (weiche) und die nicht-palatalisierte (harte) Aussprache der Konsonanten bedeutungsunterscheidenden Charakter. Da die Palatalisierung als lautliche Erscheinung nicht durch die Konsonantenbuchstaben selbst gekennzeichnet wird, existieren die meisten Konsonanten als Phonem zwar doppelt, als Buchstabe jedoch nur einfach.

| **nicht-palat.** (harte Kons.) | п б ф в м т д с з н л р к г х | ц ш ж | |
|---|---|---|---|
| **palatalisiert** (weiche K.) | п' б' ф' в' м' т' д' с' з' н' л' р' к' г' х' | | ч щ j |

Wie in der Tabelle zu sehen ist, sind die Zischlaute ш, ж, ч, щ und das ц[20] vom Gesetz der Palatalisierung insofern ausgenommen, als bei ihnen entschieden ist, dass ц, ш und ж immer hart sind, also nicht palatalisiert werden können, während щ und ч und й (j) immer weich, also von Natur aus palatalisiert, sind.
Die nicht-palatalisierten (harten) Konsonanten werden wie ihre deutschen Entsprechungen artikuliert. Die Ausnahmen hiervon kommen weiter unten zur Sprache.

### Vokalbuchstaben zeigen die Palatalisierung der Konsonanten an

Die Palatalisierung eines Konsonanten wird in der Schrift nicht durch die Konsonantenbuchstaben selbst angezeigt. Vielmehr geben hauptsächlich die Vokalbuchstaben an, ob der ihnen vorangehende Konsonant hart oder weich zu artikulieren ist. Auf Grund dieser Funktion werden die im Russischen existierenden fünf betonten Vokalphoneme durch zehn Vokalbuchstaben repräsentiert.
Außerdem zeigt der Buchstabe ь die Palatalisierung des vor ihm stehenden Konsonanten an, wohingegen der Buchstabe ъ angibt, dass der vor ihm stehende Konsonant nicht-palatalisiert ist. Beide Buchstaben wirken zudem als Trennungszeichen des vorangehenden Konsonanten von der nachfolgenden Phonemgruppe.

20 Zur Frage, welche Vokalbuchstaben hinter diesen Konsonantenbuchstaben stehen: Die Buchstaben <я>, <ю> und <э> erscheinen in der Regel nicht, nur selten taucht <ы> auf (nur bei <ц>). Merksatz: Alle „exotischen Vokalbuchstaben" machen sich rar. Das Weichheitszeichen <ь> kann erscheinen, nach <ж> kommt <ю> – wie in жюри – vor.

| Vokalphoneme (dt. Notierung) | /a/ /o/ /u/ /e/ /i/ | | |
|---|---|---|---|
| Folgen dem Konsonanten nicht-jotierte Vokalbuchstaben | а о у э ы | oder das Zeichen ъ | ist er **hart** (nicht-palatalisiert) |
| Folgen dem Konsonanten jotierte Vokal-buchstaben | я ё (е) ю е и[21] | oder das Zeichen ь | ist er **weich** (palatalisiert) |

Die **nicht-jotierten Vokalbuchstaben** bezeichnen die einzelnen Vokale und zeigen die Härte des vorangehenden Konsonanten an.
Die **jotierten Vokalbuchstaben** bezeichnen die Palatalisierung des vorangehenden Konsonanten, seine Weichheit. Stehen die jotierten Vokalbuchstaben hingegen am Wortanfang, hinter einem Vokal oder nach ь bzw. ъ, repräsentieren sie die Verbindung [j] + Vokal.
Die folgenden Beispielen verdeutlichen, dass die Palatalisierung der Konsonanten bedeutungsunterscheidenden Charakter hat:

рад [рад] ‚froh‘ – ряд [р’ад] ‚Reihe‘
нос [нос] ‚Nase‘ – нёс [н’ос] ‚trug‘

**Der Konsonantenbuchstabe ь**

Der Buchstabe <ь> (weiches Zeichen) tritt nur nach Konsonantenbuchstaben auf. Er stellt kein selbständiges Phonem dar, sondern kennzeichnet lediglich die Erweichung des vorangehenden Konsonanten. Eine Ausnahme hiervon bilden die Buchstaben, die entweder nur harte oder nur weiche Konsonanten repräsentieren. In den Kombinationen <жь>, <чь>, <шь> und <щь> hat <ь> keine lautliche Funktion, da ja die ersten beiden Konsonanten stets hart, die letzteren beiden stets weich sind. In diesen Fällen dient <ь> lediglich der orthographischen Distinktion bestimmter grammatischer Formen: Substantive wie рожь ‚Roggen‘, ночь ‚Nacht‘, мышь ‚Maus‘ und мощь ‚Macht‘ gehören der III. Deklination an, wohingegen Substantive ohne <ь>, wie zum Beispiel нож ‚Messer‘, врач ‚Arzt‘, карандаш ‚Bleistift‘ und товарищ ‚Genosse‘ der I. Deklination angehören. In der Regel, d.h. am Wortende und nach Konsonantenbuchstaben, zeigt dieser Buchstabe aber die Erweichung des vor ihm stehenden Konsonanten an. Folgt dem Buchstaben <ь> jedoch ein jotierter Vokalbuchstabe, dann zeigt <ь> die Palatalisierung des vorangehenden Konsonanten an und dient gleichzeitig der Trennung dieses Konsonanten von der

21 Der Vokalbuchstabe <и> zeigt die Palatalisierung des Konsonantenphonems an, der entsprechende Laut wird aber weder am Wortanfang noch nach einem Vokal wie [ji] ausgesprochen. Dies geschieht nur, wenn ein <ь> vorangeht, z.B. in чьи.

folgenden Phonemgruppe [j] + Vokal (s. Tabelle unten). Ausnahme: die Zischlaute, wo er lediglich als Trennungszeichen dient.

### Der Konsonantenbuchstabe ъ

Auch der Buchstabe <ъ> (hartes Zeichen) hat keine lautliche Entsprechung. Er taucht nur vor jotierten Vokalbuchstaben auf und zeigt an, dass der vorangehende Konsonant nicht-palatalisiert ist[22]. Gleichzeitig dient er als Trennungszeichen: Er trennt die folgende Phonemgruppe [j] + Vokal von dem vorangehenden Konsonanten ab. Da er in der Tabelle keine eigene Spalte erhält, sei dies beispielhaft veranschaulicht:

Beispiel: объект = о[бјэ́]кт ‚Objekt‘
объятие = о[бјя́]тие ‚Umarmung‘

### Dem Konsonantenphonem [j] entsprechen verschiedene Buchstaben

Dem russischen Phonem [j], entsprechen – je nach Stellung im Wort oder in der Silbe – verschiedene Buchstaben. Es wird repräsentiert durch:

- den Buchstaben <й> im Silbenauslaut: Май [maj] ‚Mai‘, дай [daj] ‚gib‘
- die Vokalbuchstaben <я, ю, ё, е> – am Wortanfang, hinter einem Vokal, nach <ь>, <ъ> (und durch <и> nach <ь>: статьи (stat'-**ji**) ‚Artikel‘).

### Die jotierten Vokalbuchstaben: <я, ю, ё, е, и>

| **Buchstaben** | **Stellung** | | | |
|---|---|---|---|---|
| | **nach Kons. (zeigt Palatalisierung an)** | **j + Vokal** | | |
| | | **Wortanlaut** | **nach Vokal** | **nach ь (und nach ъ)** |
| **я** | врем**я**<br>/vr'em'**a**/ | **я**зык<br>/**ja**zɨk/ | иде**я**<br>/id'e**ja**/ | стат**ья**<br>/stat'-**ja**/ |
| ю | люб**и**т<br>/l'**u**b'it/ | юрист<br>/**ju**r'ist/ | зна**ю**<br>/zna**ju**/ | стат**ью**<br>/stat'-**ju**/ |
| **ё** | вс**ё**<br>/fs'**o**/ | **ё**ж<br>/**jo**ʒ/ | мо**ё**<br>/ma**jo**/ | стат**ьё**й<br>/stat'-**jo**j/ |
| **е** | н**е**т<br>/n'**e**t/ | **е**сли<br>/**je**sl'i/ | зна**е**т<br>[zna**ji**t/ | стать**е**<br>/stat'-**je**/ |
| **и** | н**и**чего<br>/n'**i**tʃivo/ | **ohne j**<br>**и**дея<br>/**i**d'eja/ | **ohne j**<br>мо**и**<br>/ma**i**/ | стат**ьи**<br>/stat'-**ji**/ |

22 Eine Ausnahme hiervon bilden die Konsonanten <з> und <с>, die palatalisiert werden, wenn ihnen <ъ> folgt, vgl. съесть [с'јэ]сть (‚aufessen‘).

**Stimmhaftigkeit**

Im Russischen wie im Deutschen ist die Beteiligung bzw. Nichtbeteiligung der Stimmbänder an der Aussprache ein bedeutungsunterscheidendes Merkmal. Dies gilt sowohl für palatalisierte als auch für nicht-palatalisierte Konsonanten.

/p/ : /b/ порт : борт /t/ : /d/ том : дом
/p'/ : /b'/ пить : бить /t'/ : /d'/ тело : дело

In Positionen im Wort, in denen die distinktiven Merkmale der Phoneme nicht durch den Lautkontext beeinträchtigt werden, gelten im Russischen die in der folgenden Tabelle dargestellten Korrelationsreihen.

**Stimmassimilation (Angleichung benachbarter Sprachlaute)**

| **stimmlos** | п п' ф ф' т т' с с' ш к к' | ц ч' щ' х х' | --- |
|---|---|---|---|
| **stimmhaft** | б б' в в' д д' з з' ж г г' | --- | м м' н н' л л' р р' j |

**Veränderung der Stimmhaftigkeit**

In beiden Sprachen kann sich in Abhängigkeit davon, in welchen Positionen die einzelnen Konsonanten im Wort stehen, ihre Stimmhaftigkeit verändern. Für das Russische können drei Ausspracheregeln formuliert werden.

**Typ 1:** Stimmhafte Konsonanten werden im Wortauslaut stimmlos.

Beispiel: хлеб = хле[п] ‚Brot', нож = но[ш] ‚Messer'

**Typ 2:** Stimmhafte Konsonanten werden im Wortinneren vor stimmlosen Konsonanten stimmlos (regressive Assimilation der Stimmlosigkeit).

Beispiel: завтра = за[ф]тра ‚morgen', поезд = пое[ст] ‚Zug'

**Typ 3:** Stimmlose Konsonanten werden im Wortinneren vor stimmhaften Konsonanten (außer vor в, в' stimmhaft (regressive Assimilation der Stimmhaftigkeit).

Beispiel: отдых = о[д]дых ‚Erholung'

Außerdem gelten die Gesetze der regressiven Assimilation auch über Wortgrenzen hinweg, soweit es sich um zwei zusammenhängend ohne Pause gesprochene Begriffswörter oder ein akzentloses Hilfswort in Verbindung mit einem Begriffswort handelt.

**Die Stimmhaftigkeit des Deutschen im Vergleich**

Sowohl der Stimmtonverlust im Wortauslaut als auch das zweite Gesetz der regressiven Assimilation bei stimmhaften Konsonanten, welche innerhalb eines Wortes die Stimmlosigkeit des auf sie folgenden Konsonanten übernehmen, wirken im Deutschen. Dies unterscheidet das Deutsche von anderen germanischen Sprachen. Es hat mit dem Russischen also die ersten beiden Ausspracheregeln gemeinsam:

**Typ 1**: Stimmhafte Konsonanten werden im Wortauslaut stimmlos (bei [b], [v], [d], [z], [j], [g]).

Beispiel: *Dieb=Die*[p], *Bund=Bun*[t]

**Typ 2**: Stimmhafte Konsonanten werden im Wortinneren vor stimmlosen Konsonanten stimmlos.

Beispiel: *des Aktivs= des Akti*[f]*s*, *des Wegs= des We*[k]*s*

Es gibt im Deutschen jedoch keine regressive Assimilation, bei der sich ein stimmloser Konsonant dem stimmhaften Konsonantenphonem anpasst **(Typ 3)**; vielmehr gilt, dass stimmlose Konsonanten nie stimmhaft werden können.

### Vergleich einzelner Konsonanten beider Sprachen

Die deutschen Konsonanten entsprechen artikulatorisch und akustisch weitgehend den harten russischen Konsonanten – die meisten von ihnen werden an der gleichen Artikulationsstelle gebildet. Ausnahmen bilden die folgenden Laute:

### Der „ng-Laut“ [ŋ] des Deutschen

Im Russischen bleibt das nicht-palatalisierte [n] in Verbindungen, in denen es vor /k/ oder /g/ steht, als Einzellaut erhalten.
Im Deutschen kommt es im Unterschied dazu durch Nasalassimilation zur Entstehung des so genannten „ng-Lautes“ oder auch „eng-Lautes“ [ŋ], sobald [n] in einem Morphem mit [g] oder [k] steht – und zwar meistens vor, teilweise aber auch nach[23] diesen Lauten. Im Anlaut kommt [ŋ] nicht vor, im Inlaut entsteht es, sobald [n] vor [g] steht; im Auslaut entsteht je nach Region entweder [ŋ] oder [ŋk], vgl. *Klang* [klaŋ] bzw. [klaŋk]. Aus [n] vor [k] wird immer [ŋk], vgl: *Anker* [aŋkər]. Obwohl der Laut [ŋ] einen einheitlichen deutschen Sprachlaut darstellt, gibt es in der deutschen Schreibung kein einheitliches Schriftzeichen dafür: Während der Buchstabe <n> diesen Laut nur vor <k> repräsentiert, ist dies bei der Buchstabenkombination <ng> stets der Fall.

### Die l-Laute

Über den russischen harten l-Laut lässt sich im Unterschied zu den anderen harten russischen Konsonanten nicht sagen, dass er artikulatorisch und akustisch nah an seiner deutschen Entsprechung liegt. Bei der Aussprache des harten russischen [ɫ̊][24] (nach Avanesov phonetisch als [л] transkribiert) bildet die Zunge gleichsam einen „Löffel“. Ähnlich wie beim deutschen [l] stößt die Zungenspitze dabei an die Rückseite der Oberzähne, im Unterschied dazu hebt sich jedoch der hintere Teil der

23 Diese progressive Nasalassimilation tritt umgangssprachlich auf, nach DUDEN 6 (2000:51) z.B. in *Haken* [ha:kŋ].

24 Das Zeichen ° kennzeichnet das Fehlen der Stimmhaftigkeit.

Zunge gegen den Hintergaumen. Beim weichen [л’] hebt sich hingegen die vordere Zungenhälfte gegen den Vordergaumen, sodass eine größere Berührungsfläche als im Deutschen entsteht.

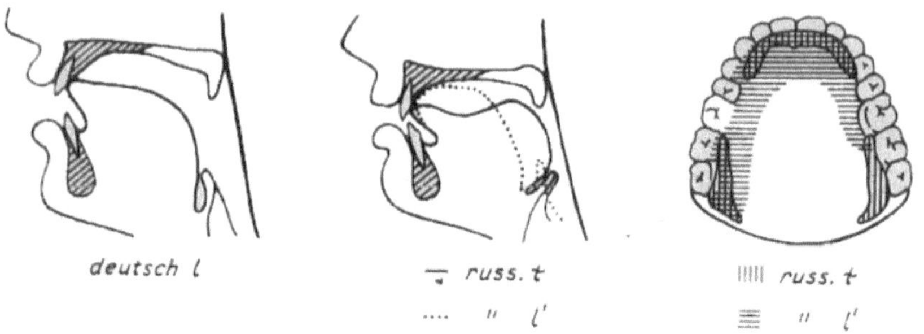


### Der Hauchlaut [h]

Der Hauchlaut nimmt artikulatorisch eine Sonderstellung unter den deutschen Konsonanten ein, da sich bei seiner Bildung kein artikulierendes Organ einer bestimmten Artikulationsstelle nähert. Er entsteht, wenn sich die Stimmlippen in der Übergangsphase von der Atmungs- in die Stimmstellung befinden. Während der dabei einsetzenden Schließbewegung, die in die Ausatmungsluft hinein erfolgt, setzen verhaltene Stimmlippenschwingungen ein, die ein sanftes laryngales Geräusch, einen so genannten Kehlkopflaut erzeugen, an das ein pharyngaler (Rachenlaut) und ein oraler Hauch gekoppelt sind. Dieses Geräusch ist im Deutschen phonologisch relevant und repräsentiert im Anlaut vor Vokalen das Phonem /h/[25]. Es steht zu allen anderen deutschen Konsonanten mit Ausnahme des [x] in funktionaler Opposition.

### Der „ich-Laut“ und der „ach-Laut“

Im Deutschen stehen der „ich“-Laut [ç] und der „ach“-Laut [x] in komplementärer Verteilung, d.h. nie in der gleichen Lautumgebung. Es sind Varianten des Phonems /ç/. Ersterer Laut steht nur nach Vokalen der vorderen Reihe, also den i-, e-, ü- und ö-Lauten sowie den Diphthongen, deren zweiter Ton ein i-Laut ist: [a͜ɪ] und [ɔ͜ɪ], da diese mit ähnlicher Zungenposition gebildet werden. Der Laut [x] steht hingegen vor den Vokalen der mittleren und hinteren Reihe, d.h. vor Vokalen, bei denen der Zungenrücken zum hinteren Gaumen bzw. Zäpfchen zurückgezogen wird.
Das Russische kennt ähnliche Laute: den geringfügig höher als im Deutschen klingenden Laut [x] und seine palatalisierte Variante [x’], die dem deutschen [ç] ähnlich ist. Die russischen Laute verteilen sich in der Position vor den Vokalen wie

25 In allen anderen Positionen außer dem Wort- oder Silbenanlaut repräsentiert der Buchstabe <h> lautlich ein „stummes [h]“.

ihre deutschen Entsprechungen, d.h. [x'] steht vor den russischen Vokalen der vorderen Reihe, also /e/ und /i/, [x] hingegen vor den Vokalen der hinteren Reihe, also /a/, /u/ und /o/. Nach den Vokalen unterscheidet sich die russische Verteilung der Phoneme von der deutschen: Im Russischen folgt stets [x], im Deutschen erscheint nach den Vokalen der vorderen Reihe, nach /l/, /n/, /r/ und in dem Suffix *-chen* der palaltalisierte Laut [ç].

### Der Knacklaut (Glottisschlag)

Wenn im Deutschen ein Vokal im Wort- oder Silbenanlaut steht, dann erfolgt ein so genannter fester (harter) Stimmeinsatz. Dieser Stimmeinsatz geht nicht von leicht geöffneten Stimmbändern oder -lippen aus, sondern von einer Vollverschlussstellung. Die geschlossenen Stimmlippen werden aus dieser Position heraus durch einen leichten Atemdruck explosionsartig geöffnet, sodass ein Knackgeräusch entsteht: *ˀAbend, Verˀein, geˀangelt.*[26]
Dieser Neueinsatz hat die phonologische Funktion eines Grenzsignals, er trennt Wörter und Morpheme voneinander und ist daher bedeutungsunterscheidend – wie der Vergleich folgender Wortpaare zeigt.

Beispiel: mitˀeilen – mitteilen am ˀAst – am Mast

Das Russische zeichnet sich demgegenüber durch den so genannten weichen (losen) Stimmeinsatz aus, beim der anlautende Vokal übergangslos, ohne Knack- oder Hauchgeräusch artikuliert wird. Ein fester Einsatz ist nur einigen wenigen affektiv gefärbten Wörtern üblich, wie zum Beispiel: Ax!, ‚ach!‘, O! ‚Oh!‘, Эx! ‚ach! ei! wie schade!‘.

### Die Konsonantenlänge

Das Deutsche kennt kaum lange Konsonanten. Sie erscheinen nur, wenn zwei gleiche Konsonantenlaute an der Wort- oder Silbengrenze aufeinandertreffen wie z.B. in *Stimmmittel* oder *Schifffahrt*. Die beiden Konsonantenbuchstaben in *Stimme* und *Schiff* kennzeichnen die Kürze des vorangehenden Vokals, nicht die Länge des Konsonanten.
Demgegenüber zeichnet sich das Russische durch eine unterschiedliche Konsonantenlänge aus. Die russischen kurzen Konsonanten entsprechen in der Dauer den deutschen Konsonanten, die russischen langen Konsonanten haben hingegen die Dauer von zwei kurzen Konsonanten. Als einzelner Buchstabe repräsentiert lediglich <щ> einen langen Konsonanten, alle anderen langen Konsonanten werden in der Regel durch Dopplung des Buchstabens gekennzeichnet, wie bei den folgenden zwei Wörtern:

Beispiel: <группа> гру[п:]а ‚Gruppe‘, <ввоз> [в:]оз ‚Einfuhr‘

---

26 Der kleine Haken kennzeichnet den Knacklaut.

## Der Vokalismus

Im Russischen werden die Vokale in betonter Stellung deutlich und mittellang artikuliert, d.h. kürzer als die deutschen Langvokale und länger als die deutschen Kurzvokale.

> Beispiel: Der Vokallaut [a] im russischen Wort кант (Aussprache: [kant]) ‚Kante' liegt seiner Länge nach zwischen den deutschen Vokalen [a:] in *Kahn* und [a] in *kann.*

Typisch für die russischen Vokale ist außerdem, dass sie eine gleitende Artikulation aufweisen. Während die deutschen Vokale einen stabilen Charakter haben, d.h. ihre Klangfarbe konstant bleibt, verändern die russischen Vokale ihre Klangfarbe. Der russische Vokal gleitet in der ersten Phase der Aussprache mit einem heller oder dunkler klingenden Element an, erreicht in der Mittelphase die ihn bestimmende Klangfarbe, um dann in der Abglittsphase gegebenenfalls in noch einem anderen Element zu landen. Diese Laute werden als Diphthongoide bezeichnet, sind aber mit den deutschen Diphthongen [aĭ], [aɔ̆] und [ɔĭ], nicht zu verwechseln.

### Zur Aussprache des [ы]

Im Deutschen gibt es zu dem Vokallaut [ы] keine Entsprechung: Von der Bildungsweise her steht es zwischen den russischen Lauten [и] und [у]. Es ist wie [и] und [у] ein enger Vokal, d.h. der Mund ist nur leicht geöffnet. Wie bei [и] sind die Lippen nicht gerundet. Und wie bei [у] ist der mittlere Teil der Zunge gehoben.

и

enger nichtlabialer vorderer Vokal

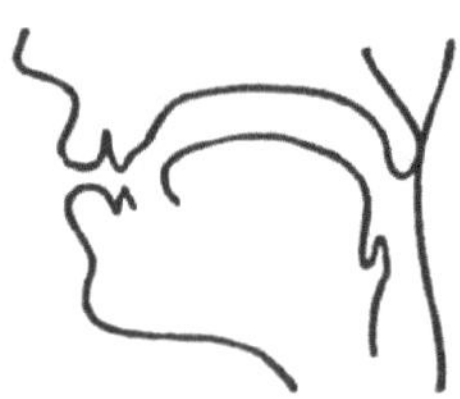

ы

enger nichtlabialer nichtvorderer Vokal

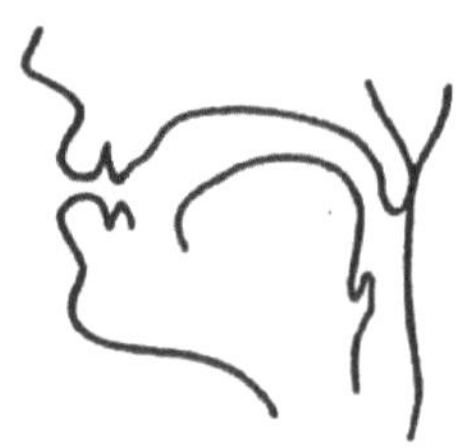

у

enger labialer hinterer Vokal

### Vokalreduktion (Varianten der Vokalphoneme)

Stehen die Vokale im Russischen in betonter Stellung, sind sie klar und rein auszusprechen. Stehen sie hingegen in unbetonten Silben, klingen sie kürzer und verändern dadurch zum Teil sogar ihre Klangfarbe. Es handelt sich dabei um Varianten ein und desselben Phonems, da die Laute nicht bedeutungsunterscheidend wirken.

Diese Veränderung der unbetonten Vokalphoneme wird Vokalreduktion genannt. Man unterscheidet zwei Reduktionsstufen:

**Die Varianten eines Phonems der 1. Reduktionsstufe stehen in der Silbe**
- unmittelbar vor der betonten Silbe oder
- im Wortanlaut.

**Die Varianten eines Phonems der 2. Reduktionsstufe stehen**
- in allen übrigen vortonigen und
- in nachtonigen Silben.

Beispiele für die quantitative Reduktion:

1. Reduktionsstufe: кула́к писа́ть
2. Reduktionsstufe: кулаки́ за́пись

Die Vokalphoneme, die durch die Buchstaben <у – ю, ы – и> und <э> vertreten sind, verändern sich nur quantitativ, d.h. sie werden kürzer ausgesprochen.
Die Vokalphoneme hingegen, die durch die Vokalbuchstaben <а, о> sowie <е> und <я> repräsentiert werden, verändern sich nicht nur quantitativ, sondern auch qualitativ.

Beispiel: хорошо́ [xərʌʃ'o] ‚gut'

Die Betonung liegt in dem Beispiel auf dem letzten Vokal o, der klar und deutlich ausgesprochen wird. Der Vokal in der nächstgelegenen, mittleren Silbe wird wie ein kurzes [a] = [ʌ], der Vokal der ersten Silbe wird hingegen wie der e-Laut in *bitte* ausgesprochen ([ъ] = sog. dumpfer Murmellaut, der im Deutschen phonetisch mit dem Zeichen [ə] transkribiert wird).

**Die qualitative Vokalreduktion**

| Vokalbuchstabe | <а, о> | <я, е> (<а> nach <ч, щ>) |
|---|---|---|
| | ↓ | ↓ |
| unbetonter Vokallaut: 1. Stufe | [ʌ] | [ɪ$^{e}$] |
| | ↓ | ↓ |
| 2. Stufe | [ə] | [ɪ] |

| | [ə] [ʌ] | [ɪ$^{e}$] [ɪ$^{e}$] [ɪ$^{e}$] |
|---|---|---|
| Beispiel: | каранда́ш | язы́к, леса́, часы́ |

Die beiden reduzierten Vokale der ersten Spalte werden als sehr kurzer a-Laut [ʌ] (1. Stufe) und wie der dumpfe Murmellaut [ə] (2. Stufe) ausgesprochen.
Die reduzierten Vokallaute der zweiten Spalte liegen beide lautlich zwischen einem [i] und einem [e] in abgeschwächter Form, wobei sie klangfarblich dem [i] näher stehen. Letzteres gilt insbesondere für den Laut in der zweiten Stufe. Die reduzierten Laute der beiden Stufen unterscheiden sich außerdem in ihrer Quantität. Der Vokal der zweiten Stufe ist kürzer als der Vokal der ersten Stufe. Nach IPA werden diese reduzierten Vokale in der Regel als [ɪ] notiert.

### Der Vergleich mit dem Deutschen

Während das Russische in allen Positionen im Wort Vokalreduktionen aufweisen kann, kommen Vokalreduktionen im Deutschen nur in bestimmten Positionen vor: am Ende eines Wortes, im Wortauslaut oder in der Flexions-, d.h. in der Deklinations- oder Konjugationsendung sowie in den Vorsilben *ge-* und *be-*.

Beispiel: *Has*[ə], *Banan*[ə]*n*, *g*[ə]*nießen*, *b*[ə]*raten*

Ausgenommen von dieser Regel sind verschiedene Varianten von Vokalabschwächungen, die durch eine umgangssprachliche „Verschleifung" zustande kommen wie zum Beispiel in: *und* [ʊn], [ən], [n]; *von* [fən], [fn]; *haben* [ham].

## Vokallänge und Gespanntheit

Zunächst ist ein ganz allgemeiner Unterschied zwischen dem deutschen und dem russischen Vokalismus festzuhalten: Dieser besteht darin, dass die Aussprache der Vokale im Deutschen generell eine stärkere Muskelspannung des Sprechapparats erfordert als im Russischen.
Ist im Russischen der Konsonantismus im Hinblick auf seine bedeutungsunterscheidende Funktion vielfältiger als im Deutschen, so kompensiert das Deutsche dies mit einem komplexeren Vokalismus. Das auffallendste Merkmal des deutschen Vokalismus besteht in der Paarigkeit von Vokalen mit ähnlicher Klangfarbe, die sich insbesondere in betonter Stellung im Wort[27] in Bezug auf ihre Gespanntheit unterscheiden. Die gespannten Vokale werden gegenüber den ungespannten Entsprechungen mit engerer Lippenöffnung, kleinerem Kieferwinkel und größerer Spannung der Zungenmuskulatur, welche sich in einer höheren Zungenwölbung äußert, gebildet. Diese Qualitätsdifferenz in der Artikulation korreliert in der Regel mit zwei weiteren Merkmalen: Sie geht mit Unterschieden im relativen Öffnungsgrad des Mundes (eng/weit) und in der Quantität des Vokales (lang/kurz) einher. Während die unreduzierten Vokale im Deutschen also quantitativ entweder lang oder kurz sind, sind sie im Russischen in betonter Position von immer gleicher Dauer: Sie werden mittellang artikuliert.

27 Bei betonten Vokalen sind Länge und Gespanntheit gekoppelt, bei unbetonten gilt dies nicht unbedingt (Ramers 1998:31).

### Fester Anschluss nach kurzen Vokalen

Die deutschen kurzen/ungespannten/weiten Vokale zeichnen sich dadurch aus, dass sie jäh aufhören und der darauf folgende Konsonant einen „festen Anschluss“ hat. Im Unterschied dazu schwächt sich der Klang der langen Vokale allmählich ab, wodurch sich die Verbindung zum folgenden Laut nicht besonders verengt. Es kommt so zu einem „losen Anschluss“, bei dem der Klang des vorangehenden Vokals zu dem Geräusch des Konsonanten hinzutritt.
Die unterschiedliche Verbindung, die kurze und lange Vokale im Deutschen mit dem folgenden Konsonanten eingehen, tritt insbesondere im Vergleich von Wortpaaren wie den folgenden zu Tage:

abhaken — abhacken
einfühlen — einfüllen

Das Russische kennt ausnahmslos den losen, keinen festen Anschluss.

### Klangfarbe

Abgesehen von ihrer mittleren Länge und der Diphthongierung unterscheiden sich die einzelnen russischen Vokallaute in ihrer Klangfarbe von den deutschen Vokallauten in folgendem: Das russische [i] vor harten Konsonanten sowie im Auslaut nach weichen Konsonanten klingt höher als das [ɪ] in *bitte* und tiefer als das [i:] in *biete*. Das russische [î] hingegen, das vor weichen Konsonanten steht, ist ein ganz enger Vokal, bei dem die Zunge noch weiter vorn liegt als beim deutschen [i:], wodurch sich der Eigenton erhöht. Es ist zwar etwas gespannter als das russische [i], jedoch nicht so gespannt und lang wie das deutsche [i:]. Das russische [u] klingt tiefer als das deutsche [ʊ] wie in *Mutter* und höher als das deutsche [u:] in *Mut*, dem es klangfarblich etwas näher steht. Das russische [o] zeichnet sich durch eine größere Mundöffnung und eine schwächere Lippenrundung aus. Es steht dem deutschen [ɔ] wie in *Rotte* bedeutend näher als dem deutschen [o:] wie in *rot*. Ein wesentlicher Unterschied des russischen [o] zum deutschen besteht in seinem stark ausgeprägten diphthongoiden Charakter: Es gleitet mit einem *u*-Element an, geht dann in den *o*-Laut über und klingt mit einem *a*-Element aus. Das russische [a] steht dem deutschen [a:], das in *Saat* gespannt ist und die Zunge in der hinteren Reihe belässt, näher als dem deutschen [a] wie in *satt*, das mit ungespannter Artikulationsmuskulatur und einer horizontalen Zungenbewegung in der vorderen Reihe ausgesprochen wird. Das russische [e] wie in это wird mit engerer Mundöffnung als das deutsche [ɛ] in *Bett*, aber weiter als das deutsche [e:] wie in *Beet* ausgesprochen. Es steht vor harten Konsonanten oder nach weichen Konsonanten im Wortauslaut. Das russische [ê] vor weichen Konsonanten wie in эти kommt hingegen dem deutschen [e:] recht nahe. Beim deutschen [e:] liegt allerdings der Zungenrücken noch höher und weiter vorn im Mundraum. Dies bewirkt einen so hohen Eigenton, dass es für das russische Ohr häufig in die Nähe des [i] gerät.

## Monophthonge (Phoneme und Buchstaben)

Das Deutsche weist, dem Russischen genau entgegengesetzt, fast doppelt soviel Vokalphoneme wie Vokalbuchstaben auf. Während das Russische 5 Vokalphoneme kennt, die durch 10 Buchstaben dargestellt werden – wodurch nicht alle der zahlreichen Varianten eines Phonems, die durch die Palatalisierung der Konsonanten vor und hinter dem Vokal entstehen, dargestellt werden – stehen im Deutsche zur Darstellung von 15 Vokalphonemen nur acht Buchstaben zur Verfügung. Bedeutungsunterscheidend wirkt bei allen der durch einen Vokalbuchstaben repräsentierten deutschen Vokalphoneme der Klangunterschied, der durch den relativen Spannungsgrad der Muskulatur entsteht, also die ungespannte oder gespannte Aussprache. Dieser relative Klangfarbenunterschied ist im Deutschen mit der Vokallänge, d.h. kurzer oder langer Artikulation gekoppelt. Beim Üben der Aussprache der durch die acht Vokalbuchstaben <i, e, u, o, a, ü, ö, ä> repräsentierten Monophthonge ist darauf hinzuweisen bzw. zu achten, dass sie in ihrer Qualität und Quantität (bis auf den langen ä-Laut) bedeutungsunterscheidend wirken. Besondere Schwierigkeiten beim Lesen bereiten Wörter, die bei gleicher Schreibung Unterschiede in der Vokallänge aufweisen:

| | | |
|---|---|---|
| Weg – weg | [ve:k] – [vɛk] | lang, gespannt – kurz, ungespannt |
| last – Last | [lɑ:st] – [last] | lang, gespannt – kurz, ungespannt |
| sucht – Sucht | [zu:xt] – [zʊxt] | lang, gespannt – kurz, ungespannt |

Dies ist jedoch die Ausnahme. In der Regel zeigt die deutsche Schreibung an, ob ein Vokal lang oder kurz gesprochen wird. Folgende Beispielen verdeutlichen dies:

| | | |
|---|---|---|
| Miete – Mitte | ['mi:tə] – ['mɪtə] | lang, gespannt – kurz, ungespannt |
| Höhle – Hölle | ['hø:lə] – ['hœlə] | lang, gespannt – kurz, ungespannt |
| Hüte – Hütte | ['hy:tə] – ['hʏtə] | lang, gespannt – kurz, ungespannt |
| Ofen – offen | ['o:fən] – ['ɔfən] | lang, gespannt – kurz, ungespannt |
| Buße – Busse | ['bu:sə] – ['bʊsə] | lang, gespannt – kurz, ungespannt |
| Beet – Bett | [be:t] – [bɛt] | lang, gespannt – kurz, ungespannt |
| Saat – satt | [za:t] – [zat] | lang, gesp., hinten – kurz, ungesp., vorne |

Für die Kennzeichnung der langen und kurzen Vokale durch die Schrift[28] gilt:

- Folgt im Wortstamm auf einen betonten Vokal kein Konsonant, ist der Vokal meist lang: *da* [da:], *See* [ze:].
- Folgen im Wortstamm auf einen betonten Vokal zwei Konsonanten (außer <h> + Kons.), ist er kurz: bei zwei verschiedenen Konsonanten, z.B. *denken* [dɛn'kən], wie bei zwei gleichen (Konsonantendopplung), z.B. *denn* [dɛn].

Hierzu gibt es eine Reihe von Ausnahmen, zu denen sich allgemein festhalten lässt:

28 Vgl.: DUDEN 1, „Die deutsche Rechtschreibung“ (1996:863-866).

- Folgt nur ein Konsonant, kann der Vokal kurz (z.B. *Bus* [bʊs]) oder lang (z.B. *Bug* [buːk]) sein.

Die Wörter, in denen kurze Vokale vor nur einem Konsonanten stehen, lassen sich auf acht Sondergruppen eingrenzen. Eine Sondergruppe bilden z.B. einsilbige Wörter englischer Herkunft, wie *Bus*, *Chip*, *Job*, *fit*. Eine weitere Sondergruppe besteht aus Artikeln und Präpositionen wie *das*, *an*, *in*, *bis*. Des Weiteren existieren verschiedene Mittel, um die Länge des Vokals zu kennzeichnen:

1. Das Dehnungs-h: folgt einem betonten langen Vokal der Konsonant [l], [m], [n] oder [r], so steht in vielen Wörtern nach dem Vokal ein <h>.
2. Der Doppelvokal: bei [aː] bzw. [ɑː], [oː] und [eː]: <aa>, <oo> und <ee>.
3. Bei dem Vokal [iː] kann die Länge durch <ie> oder <ieh> angezeigt werden.

| **Laut** | **Graphem(e)** | **Beispiele** |
|---|---|---|
| Helles [aː]<br>oder dunkles [ɑː] | < a<br>ah<br>aa > | Wal<br>Wahl<br>Saal |
| [eː] | < e<br>eh<br>ee > | Leben<br>Lehre<br>Leere |
| [iː] | < i<br>ih<br>ie<br>ieh > | mir<br>ihnen<br>viel<br>Vieh |
| [oː] | < o<br>oh<br>oo<br>oe> | tot<br>Mohr<br>Moor<br>Itzehoe |
| [uː] | < u<br>uh > | uralt<br>Uhr |
| [ɛː] | < ä<br>äh> | wären<br>währen |
| [øː] | <ö<br>öh > | hören<br>Höhle |
| [yː] | <ü<br>üh > | Kübel<br>kühn |

Gleichlautende Wörter können unterschiedlich geschrieben werden:

| | | |
|---|---|---|
| her | hehr | Heer |
| Mal | Mahl | |
| wären | währen | |
| | Mohr | Moor |

### Diphthonge (Phoneme und Buchstaben)

Im Deutschen existieren drei verschiedene Doppellaute (Diphthonge): Der Laut [a͜ɪ̆], wie zum Beispiel in *freien*, der Doppellaut [a͜ɔ̆], wie in *Frauen* sowie [ɔ͜ɪ̆], wie in *freuen*. Sie werden wie Monophthonge immer einsilbig gebraucht, sind aber phonetisch wie zwei Laute zu behandeln, bei denen sich der zweite dem ersten Laut ohne Unterbrechung und in abgeschwächter Form anschließt. In der Schrift wird der Diphthong [a͜ɔ̆] als <au> realisiert, die Diphthonge [a͜ɪ̆] und [ɔ͜ɪ̆] erscheinen hingegen auf unterschiedliche Weise:

| Laut | Graphem(e) | Beispiele |
|---|---|---|
| [a͜ɪ̆] | < ai<br>ei > | Mais<br>Reis |
| [ɔ͜ɪ̆] | < eu<br>äu > | Euter<br>Häute |

Erschwerend hinzu kommen weitere graphemische Realisierungen, die daher rühren, dass sie entsprechenden Wörtern aus anderen Sprachen entlehnt wurden, z.B. kann [ɔ͜ɪ̆] auch als <oy> wie in *Boykott* oder als <oi> wie in *Boiler*, [a͜ɪ̆] als <y> wie in *Nylon* und [a͜ɔ̆] als <ow> wie in *Clown* oder <ou> wie in *Couch* erscheinen.

### Die Bildung der deutschen und russischen Vokale im Vergleich

Die Vokale unterscheiden sich anhand ihrer Artikulation nach folgenden Kriterien:

Horizontale Zungenbewegung:
Je nachdem, in welchem Bereich die Zunge im Mund liegt, unterscheidet man Vokale der vorderen, mittleren oder hinteren Reihe. Je weiter vorn der höchste Punkt des Zungenrückens liegt, umso heller klingt ein Vokal, je weiter hinten der Zungenrücken liegt, umso dunkler klingt er.

Vertikale Zungenbewegung:
Entsprechend dem Abstand, den die Zunge zum Gaumen einnimmt, unterscheidet man Vokale hoher, mittlerer und niedriger Zungenlage.

Beteiligung der Lippen:
In Bezug auf die Beteiligung der Lippen werden gerundete (labialisierte) von ungerundeten (nicht-labialisierten) Vokalen unterschieden.

Öffnungsgrad des Mundes:
Nach dem (relativen) Abstand des Zungenrückens zum Gaumen unterscheidet man enge, mittelweite und weite Vokale.

**Die russischen Vokalphoneme (nur Laut: [ə])**[29]

| **Lippen** | **nicht-labialisiert** | | **labialisiert** | **Öffnungs-grad** |
|---|---|---|---|---|
| **Zunge** | **vorne** | **mittig** | **hinten** | |
| **gehoben** | **и [i]** (пи́л) | **ы [ɨ]** (бы́ло) | **у [u]** (ту́т) | eng |
| **in der Mitte** | **е [e]** (ме́сто) | **ъ [ə]** (целико́м) | **о [o]** (то́т) | mittel |
| **unten** | | **а [a]** (пла́н) | | weit |

**Die deutschen Vokalphoneme (nur Laut: [ə])**

| **Lippen** | **nicht-lab.** | **labialisiert** | **nichtlab.** | **labialisiert** | **Öffnungs-grad** |
|---|---|---|---|---|---|
| **Zunge** | **vorne** | | **mittig** | **hinten** | |
| **gehoben** | **iː** (biete) | **yː** (Hüte) | | **u** (Mut) | eng |
| | ɪ (bitte) | ʏ (Hütte) | | ʊ (Mutter) | weit |
| **in der Mitte** | **eː** (dehnen) | ø (Höhle) | [ə] (dehnen) | **o** (**O**fen) | eng |
| | ɛ (des) ɛː (Dänen) | œ (Hölle) | | ɔ (**O**ffen) | weit |
| **unten** | **a** (satt) | | aː (ɑː) (Saat) | | |

29 Die beiden Tabellen wurden nach den Angaben des IPA (International Phonetic Alphabet) erstellt (s. Anhang).

## Negativer Transfer in der Aussprache[30]

In der Regel identifizieren Lernende einer Zweitsprache einen ihnen fremden Laut mit demjenigen Laut der eigenen Herkunftssprache, der diesem qualitativ und quantitativ am nächsten liegt. Dieses Phänomen hängt im Wesentlichen damit zusammen, dass die Differenz zwischen den muttersprachlichen und den fremdsprachlichen Lauten gar nicht oder nur schwer wahrgenommen wird. Dieser Mangel in der Perzeption wirkt sich neben anderen Faktoren auch auf die Produktion der Laute aus. Allgemein wurde festgestellt, dass sowohl in Bezug auf die Wahrnehmbarkeit als auch auf die Erlernbarkeit eine Hierarchie unter den Lauten existiert: Kontraste zwischen mutter- und fremdsprachlichen Vokalen werden am ehesten differenziert, dann folgen Unterschiede in der Stimmhaftigkeit im Silbenanlaut (s. „regressive Assimilation", S. 38); am schwierigsten zu erwerben sind hingegen Konsonanten, deren Artikulation aus der Muttersprache nicht bekannt ist.[31]

### Inkorrekte Vokallänge

Da in betonter Stellung die Vokale im Russischen alle mittellang sind, werden von russischsprachigen Deutschlernern ungespannte Kurzvokale und gespannte Langvokale häufig nicht unterschieden. Besonders auffällig wird diese Differenz in der Vokallänge zwischen russischen und deutschen Vokalen bei der Aussprache der langen gespannten Vokale, die zu kurz klingen.

Beispiel: a. *versch[i·]den statt: versch[i:]den (*verschieden*)
b. *ger[e·]gnet anstatt: ger[e:]gnet (*geregnet*)
c. *M[ɛ·]dchen statt: M[ɛ:]dchen (*Mädchen*)
d. *Str[a·]ße anstatt: Str[a:]ße (*Straße*)
e. *l[a·]g anstatt: l[a:]g (*lag*)
f. *[o·]fen statt: [o:]fen (*Ofen*)
g. *J[o·]ghurt für J[o:]ghurt (*Joghurt*)
h. *Ber[u·]f statt: Ber[u:]f *(Beruf)*
i. *M[u·]t statt: M[u:]t *(Mut)*

Da die Distinktion zwischen langen und kurzen Vokalen im Deutschen bedeutungsunterscheidende Funktion hat, ist eine korrekte Aussprache der Vokallänge sehr wichtig. Eine mittellange Aussprache kann im Gespräch mit deutschen Muttersprachlern zu Verständnisschwierigkeiten führen.

---

30 Aus Gründen der Übersichtlichkeit wird jeweils nur das Merkmal transkribiert, das gerade behandelt wird. So bleibt bei der Betrachtung des Transfers der russischen Vokallänge außen vor, dass in der Regel auch die Klangfarbe muttersprachlich geprägt ist. Wird hier also dargestellt, dass russischsprachige Deutschlerner t[o·]t statt t[o:]t sagen, so müsste es genau genommen heißen: sie sagen t[ᵘo·]t statt t[o:]t. Die klangfarblichen Unterschiede werden jedoch gesondert geklärt, hier soll vorab nur das allgemeine Problem dargestellt werden, dass russischsprachige Deutschlerner betonte gespannte Vokale in der Regel zu kurz sprechen. Ebenso wird an anderer Stelle nicht mehr extra (durch [·]) vermerkt, dass die deutschen Vokale in betonter Stellung fälschlicherweise häufig nur mittellang ausgesprochen werden.

31 Vgl. Bohn (1998:11-12).

Die deutschen Kurzvokale in betonten Positionen werden durch russischsprachige Deutschlerner hingegen meistens etwas zu lang – eben mittellang – ausgesprochen.

Beispiel: a. *[i·]n statt: [ɪ]n
b. *b[i·]tte statt: b[ɪ]tte
c. *bl[ɛ·]ttern statt: bl[ɛ]ttern
d. *w[o·]llen statt: w[ɔ]llen

Werden die Lernenden auf ihre inkorrekte Aussprache in Bezug auf die Vokallänge hingewiesen oder richten sie selbst ihre Aufmerksamkeit auf die korrekte Vokallänge, kann es zu Hyperkorrekturen kommen. Kurze deutsche Vokale werden dann lang gesprochen. Vergleiche:

Beispiel: a. *R[o:]ck (*Rock*)
b. *M[u:]ster (*Muster*)
c. *[a:]n (*an*)
d. *S[i:]nne (*Sinne*)
e. *gel[ɛ:]chelt (*gelächelt*)
f. *fl[y:]stern (*flüstern*)

**Übung für Deutschlerner:** In Wortfügungen wie den folgenden sollten die Lernenden versuchen, den Wechsel zwischen langem und kurzem Vokal deutlich auszusprechen: *„ein offener Ofen"*, *„ein guter Kutter"*, *„vom Radweg weg"*. Die Lernenden können außerdem dazu angeregt werden, weitere Beispiele zu finden.

### Akzent in der Klangfarbe der Vokale

In Bezug auf die Klangfarbe ist allgemein zu bemerken, dass auf Grund von falscher Analogie alle Vokallaute im Deutschen von russischsprachigen Deutschlernern eine muttersprachliche Färbung aufweisen.

- [ɪ] wie in *bitte, nicht, Mittel* o.Ä. klingt bei russischsprachigen Deutschlernern zu hell
- [ʊ] wie in *Mutter, Hund* o.Ä. klingt zu dunkel
- [ɔ] wie in *Motte, Ost, Kino* o.Ä. klingt zu diphthongiert – es schwingen zu stark ein u-Element im Anlaut und ein a-Element im Auslaut mit
- [o:] wie in *Ofen, Not* wird häufig zum russischen [u], da russischsprachige Deutschlerner den deutschen o-Laut anfänglich häufig als u-Laut wahrnehmen
- [e:] wie in *Beet, ledig* sprechen russischsprachige Deutschlerner besonders häufig wie ein russisches [i] aus.

Letzterer Fehler rührt daher, dass das deutsche [e:] mit einer ähnlich engen Mundöffnung, Zungenhöhe und -lage wie das russische [i] ausgesprochen wird. Der russische e-Laut [ê] klingt im Vergleich zum deutschen [e:] deutlich dunkler, denn wärend die russischen e-Laute mit einer neutralen Lippenstellung artikuliert werden, wird das deutsche [e:] mit gespreizten und gespannten Lippen ausgesprochen.

Damit rückt es für das russische Ohr in die Nähe der i-Laute. Offenbar kommt hier eine falsche Analogie zum Tragen, die sich sowohl in der Aussprache (vgl. die ersten drei Beispiele) als auch in der Schreibung niederschlagen kann (vgl. letztes Beispiel d.).

Beispiel: a. *Ich überreiche Ihnen mein L[i]benslauf. (statt: *Lebenslauf*)
b. *Ich bin ledig. Ich l[i]be allein. (statt: *lebe*)
c. *L[i]berwurst (statt: *Leberwurst*)
d. *<Kraft- und Dinübungen> (statt: <Dehnübungen>)

### Vertauschung der o- und u-Laute

Aufgrund der akustischen Nähe des russischen u-Lautes zu dem deutschen [oː] kommt es häufig vor, das russischsprachige Deutschlerner den Unterschied zwischen beiden Lauten nicht wahrnehmen und in Folge davon falsch realisieren. Russischsprachige Deutschlerner, insbesondere die Anfänger unter ihnen, können an Stelle des deutschen kurzen, ungespannten u-Lautes einen o-Laut sprechen (Beispiele a-c). Es kann aber ebenso passieren, dass sie an Stelle des o-Lautes einen u-Laut sprechen (Beispiele d-e).

Beispiel: a. *F[o]rcht statt: F[ʊ]rcht (*Furcht*)
b. *H[o]nd statt: H[ʊ]nd (*Hund*)
c. *D[o]rst statt: D[ʊ]rst (*Durst*)
d. *gefl[u]gen statt: gefl[oː]gen (*geflogen*)
e. *T[u]r statt: T[oː]r (*Tor*)

Die perzeptiven Schwierigkeiten können eine entsprechend inkorrekte Aussprache zur Folge haben, aber auch entsprechende Fehler in der Schreibung:

Beispiel: *Strom* wird **Strum* geschrieben

### Probleme bei der Artikulation der ü-Laute

Besonders hartnäckig halten sich Schwierigkeiten in der Aussprache der deutschen labialen Vokale [yː], [ʏ], [øː] und [œ]. Es handelt sich hier um labiale Vokale der vorderen Reihe, über die das Russische nicht verfügt. Es kennt nur die labialen o- und u-Vokale der hinteren Reihe. Bei der Aussprache der deutschen ü-Laute [yː] und [ʏ] macht sich negativer Transfer der muttersprachlichen Sprachlaute so geltend, dass der Vokal häufig entweder wie ein [u] oder diphthongiert, als [ĭu] bzw. [uĭ], artikuliert wird.
Die deutschen Umlaute oder ihre transferbedingten Ersetzungen werden zudem, wie alle anderen Vokale auch, von russischsprachigen Deutschlernern weder lang noch kurz, sondern mittellang betont. Deshalb klingen sowohl das lange [yː], als auch das kurze [ʏ] wie ein mittellanger u-Laut, wodurch *müsste* zu *musste* wird.

Beispiel: a. [yː]: *nat[u]rlich (*natürlich*), *Tsch[u]ß (*Tschüß*)
b. [ʏ]: *f[u]nf (*fünf*), *W[u]nsche (*Wünsche*), Gl[u]ck (*Glück*)

Insbesondere dann, wenn russischsprachige Deutschlerner auf ihre Fehler in Bezug auf diese beiden Umlaute aufmerksam gemacht werden, kommt es manchmal yu Hyperkorrkturen. So ist zu beobachten, dass die Lerner die ü-Laute wie einen mit einem i-Laut diphthongierten u-Laut, als [ĭu] oder – in manchen Lautumgebungen auch als [uĭ] – aussprechen.

Beispiel: *T[ĭu]rken (*Türken*), *Gr[uĭ]ße (*Grüße*)

In diesem Bereich kommt es aber auch häufig zu Hyperkorrekturen folgenden Typs: Es werden ü-ähnliche Laute bzw. Diphthongoide wie [ĭu] oder [uĭ] an Stelle von [ʊ] und [u:] verwendet. Der Grund: Der Lernende weiß, dass er diese Laute häufig fälschlicherweise als [u] ausspricht und achtet in diesem Bereich übermäßig auf eine korrekte Aussprache, was Verwechsler zur Folge hat.

Beispiel: a. *Zuk[ʏ]nft (*Zukunft*), *W[ʏ]nsch (*Wunsch*), *j[ʏ]ng (*jung*)
b. *Bl[y:]tung (*Blutung*), Ausfl[y:]g (*Ausflug*)

**Zuk*[ʏ]*nft* kann auch auf einer Übergeneralisierung basieren, wenn fälschlicherweise von der Form *zukünftig* auf die Form des Substantivs geschlossen wird.

Neben artikulatorischen Ersetzungen der ü-Laute durch u-Laute sind auch – jedoch weitaus seltener – Ersetzungen der ü-Laute durch einen i-Laut zu beobachten, bei denen z.B. die *Küste* zur *Kiste* wird.

Beispiel: a. *St[i]ck statt: St[ʏ]ck (*Stück*)
b. *[i]ben statt: [y:]ben (*üben*)

Diese beiden Besipiel zeugen davon, dass die Lernenden bei der Artikulation der entsprechenden ü-Laute zwar korrekt die Zungenposition der i-Laute einzunehmen, gleichzeitig aber auf Grund ihrer muttersprachlichen Artikulationsgewohnheiten die Lippen nicht stark genug runden.
**Übung für Deutschlerner:** Vom langen, gespannten i-Laut wie zum Beispiel in dem Wort *Liebe* lässt sich leicht der gespannte ü-Laut ableiten, wenn man die Lippen so stark vorwölbt, dass eine bleistiftartige Rundung entsteht. Der ungespannte ü-Laut wird hingegen mit deutlich geringerer Spannung artikuliert.

### Probleme bei der Artikulation der ö-Laute

Etwas leichter als die deutschen Umlautvokale [y:] wie in *üben* und [ʏ] wie in *fünf*, werden im Allgemeinen die Umlaute [œ] wie in *öffnen* und [ø:] wie in *Öfen* erlernt. Dennoch ist auch hier die Aussprache häufig unkorrekt, da sich der entsprechende russische Laut [ö] stark von den beiden deutschen Varianten unterscheidet. Deshalb kommt es häufig vor, dass an Stelle des ö-Lautes, egal ob lang oder kurz, das [o], seltener auch ein [e] gesprochen wird:

Beispiel: a. *pl[o]tzlich statt: pl[œ]tzlich (*plötzlich*)
b. *sch[e]n statt: sch[ø:]n (*schön*)

Insbesondere im Zusammenhang mit einem vorangehenden [h] bereitet die Aussprache von [ø:] und [œ] Schwierigkeiten. Hier ist zu beobachten, dass ö-Laute wie ein diphthongiertes [o], das heißt, wie [ĭo] – ausgesprochen werden.

Beispiel: a. ?auf[ĭo]ren statt: auf[hø:]ren (*aufhören*)
b. ?[ĭo]ffnen statt: [œ]ffnen (*öffnen*)

Hinsichtlich der Artikulation der Vokalphoneme haben russischsprachige Deutschlerner mit den Monophthongen größere Schwierigkeiten als mit den Diphthongen. Das liegt daran, dass die russischen Monophthonge gleitend artikuliert werden; sie klingen daher tendenziell wie Diphthonge. Insofern ist in der Lehre auf eine deutliche Artikulation der Monophthonge zu achten.
**Übung für Deutschlerner:** Zunächst wird ein langer, gespannter e-Laut wie in *Beet* ausgesprochen. Diese Artikulationseinstellung wird beibehalten, wobei aber nun die Lippen aktiv vorgewölbt und gerundet werden. Wichtig ist es dabei, die Zungenlage nicht zu verändern.

### Inkorrekte Vokalreduktion

In deutschen Wörtern ist häufig eine falsche Analogie bezüglich der russischen Vokalreduktion in unbetonten Silben zu beobachten: Dies betrifft sowohl die Reduktion des o-Lautes zu einem kurzen a-Laut als auch die Reduktion von e-Lauten (einschließlich des Murmellautes) zu kurzen i-Lauten:

Beispiel: a. *k[ʌ]pieren statt: k[o]pieren (*kopieren*)
b. *[ɪ]gal statt: [e]gal (*egal*)
c. *g[ɪ]fährdet statt: g[ə]fährdet (*gefährdet*)

### Palatalisierung (Konsonanten-Erweichung vor Vokalen)

Bei der Aussprache der im Deutschen langen gespannten e-Laute, aber auch der langen gespannten i-Laute kommt es bei russischsprachigen Deutschlernern außerdem regelmäßig zu einer palatalisierten Aussprache des vorangehenden Konsonanten. Diese falsche Analogie rührt aus dem Umstand her, dass im Russischen die meisten Konsonanten vor Vokalen der vorderen Reihe palatalisiert werden.

Beispiel: a. ?[d'i] statt: d[i:] (*die*)
b. ?[n'i] statt: n[i:] (*nie*)
c. ?[t'e] statt: T[e:] (*Tee*)

### Aussprachefehler bei der Stimmassimilation

Russische Deutschlerner müssen sich erst an das spezifische deutsche Phonologiegesetz, dass stimmlose Konsonanten nie stimmhaft werden können, gewöhnen. Insbesondere bei den Anfängern unter den russischsprachigen Deutschlernern ist zu beobachten, dass sie die deutschen Gesetze der Stimmassimilation in den Fällen übertreten, in denen an der Silbengrenze ein stimmhafter Konsonant auf einen stimmlosen Konsonanten folgt. Das führt dazu, dass Wörter wie *Lackdose* als

*La*[g]*dose* ausgesprochen werden. Auch bezüglich der Wortgrenzen fallen russischsprachige Deutschlerner dadurch auf, dass sie eigentlich stimmlose Konsonanten, auf die ein neues Wort mit stimmhaftem Anlaut folgt, ebenfalls stimmhaft sprechen: So sagen sie [dazbu:x] an Stelle von [das-bu:x] (*das Buch*). Wie hier zu sehen ist, wird der Artikel (häufig auch eine Präposition) mit dem folgenden Wort zusammengezogen.

### Der [ŋ]-Laut

Wörter, wie *Anglist*, *links*, *Tank*, die auf Grund einer Kombination von *-ng*/*-nk* den „eng-Laut" [ŋ] enthalten, werden häufig mit strikt distinkten Lauten [n] und [g] bzw. [k] ausgesprochen:

Beispiel: a. ?[junge] statt: [juŋə] (*Junge*)
b. ?[bank] statt: [baŋk] (*Bank*)

**Übung für Deutschlerner:** Der Lernende legt den Zeigefinger auf den vorderen Zungenrücken und artikuliert [n]. Es ergibt sich automatisch der Laut [ŋ]. Dabei sollte der Laut von langer Dauer sein und die Übung mehrmals wiederholt werden.

### Der [h]-Laut

Da im Russischen der Hauchlaut [h] nicht existiert, wird er häufig nicht oder falsch artikuliert. Wird das anlautende [h] von Russen artikuliert, dann meistens als [x] oder, vor allen Vorderzungenvokalen, als palatalisiertes [x']. Da dieser Laut keine phonologische Opposition zu dem Laut [h] aufmacht, hält sich die Irritation deutscher Muttersprachler in Grenzen: auch wenn dieser Transfer akustisch sehr auffällig ist, führt er in der Regel nicht zu Verständnisschwierigkeiten:

Beispiel: a. ?[x']älfte statt: [h]älfte (*Hälfte*)
b. ?[x]och statt: [h]och (*hoch*)
c. ?[x']ier statt [h]ier (*hier*)

Aber auch mitten im Wort klingt [h] häufig wie [x] bzw. [x']

Beispiel: a. ?Frei[x']eit statt: Frei[h]eit (*Freiheit*)
b. ?unter[x]alten statt: unter[h]alten (*unterhalten*)
c. ?be[x']indern statt: be[h]indern (*behindern*)

**Übungen für Deutschlerner:** Um den Hauchlaut richtig auszusprechen, gilt es zuerst einen auf den Hauchlaut folgenden Vokal zu formen und dann exakt dieser Einstellung einen kleinen Luftstrom vorherzuschicken. Um die Dosierung des Luftstroms zu kontrollieren, kann man auf einen Spiegel hauchen. Beschlägt dieser, war der Hauch bereits zu kräftig für ein [h].
Beliebt ist auch eine Übung, bei der in einem Dreischritt vom russischen ach-Laut über das russische ich-Pendat bis zum deutschen h-Laut das Reibegeräusch, das bei allen drei Lauten entsteht, immer weiter abgeschwächt wird. Hierzu eignen sich besonders gut die russischen Wörter хаос ‚Chaos' und химия ‚Chemie' sowie, am Ende der Reihe, das deutsche Wort *Haus*.

### Der [ç]-Laut

Die Artikulation des ich-Lautes [ç] fällt in der Regel wie ein „ach-Laut“ aus, da der dem deutschen [ç] ähnliche russische Laut [x’] im Russischen nur vor den Vokalen [i] und [e] erscheint. Da er jedoch äußerst selten nach diesen Vokalen erscheint, dort vielmehr immer ein ach-Laut [x] steht, klingen *ich* und *echt* bei russischsprachigen Deutschlernern wie i[x] und e[x]t.

**Übung für Deutschlerner:** Um den deutschen *ich*-Laut korrekt zu artikulieren, empfiehlt es sich, die Artikulation des entsprechenden Lautes in den russischen Wörtern химия ‚Chemie’ und хек ‚Seehecht’ zu imitieren, wobei darauf geachtet werden sollte, diesen noch weiter zu erweichen.

### Der Knacklaut (Glottisschlag)

Typisch für die Aussprache russischsprachiger Deutschlerner ist auch das Fehlen des deutschen Knacklautes (Glottisschlages) [ʔ]. Während im Russischen die Vokale im Wort- oder Silbenanlaut meist mit einem weichen Stimmeinsatz artikuliert werden, erfolgt im Deutschen ein fester Stimmeinsatz. Sprechen russische Muttersprachler deutsch, dann zeichnet sich ihre Artikulation oft dadurch aus, dass der letzte Laut einer vorangehenden Silbe bzw. eines vorangehenden Wortes in den Vokal der folgenden Silbe (Beispiel 1) oder des folgenden Wortes (Beispiel 2) übergeht. In Folge davon lässt sich zum Beispiel das Verb *vereisen* [fɛrˈʔaezən] nicht vom Verb *verreisen* unterscheiden. Beide Verben klingen gleich: [fɛraezən].
Sätze hingen, deren einzelne Wörter auf Vokale anlauten, klingen, als wären alle Wörter miteinander verbunden: *Iss‿auch‿ein‿Ei!*

Beispiel 1: a. ʔEselsohren [ˈe:zəlso:rən] statt: [ˈe:zəlsʔo:rən]
b. ʔVerein [ferˈaɪn] statt: [ferˈʔaɪn]

Beispiel 2: a. ʔsich‿einigen
b. ʔAus‿ihrer‿Erfahrung
c. ʔZweitausend‿und‿eins
d. ʔZur‿U-Bahn
e. ʔAlles‿in‿Ordnung

**Übungen für Deutschlerner:** Für russischsprachige Deutschlerner ist es nicht schwer, den deutschen Knacklaut zu bilden, da sie ihn kennen. Häufig genügt es, den Unterschied anhand der folgenden Wortpaare akustisch zu verdeutlichen.

| | | | | | |
|---|---|---|---|---|---|
| mitʔeilen | — | mitteilen | verʔeisen | — | verreisen |
| am ʔAst | — | am Mast | der ʔIgel | — | der Riegel |
| nicht ʔeuer | — | nicht teuer | | | |

Eine weitere sehr nützliche Übung besteht darin, anhand einer schriftlichen Übung bewusst zu machen, wann der Knacklaut auftauchen muss. Hierzu legt man den Lernenden einen beliebigen kurzen Text vor und fordert sie dazu auf, diejenigen Stellen durch einen Strich zu markieren, an denen ein Glottisschlag erforderlich ist, z.B. |*Am Wochen*|*ende fuhr* |*ich* |*oft* |*auf die* |*Insel.*

## Die Aussprache von Fremdwörtern

Häufig werden Fremdwörter, die in beiden Sprachen, bis auf kleine lautliche Unterschiede, der Form nach identisch sind, „russisch“ ausgesprochen. Dies wird vermutlich psychologisch durch folgenden Sachverhalt begünstigt: Weil das Wort bereits im Wortschatz des Sprechers vorliegt und er es nicht extra memorieren muss, verzichtet er angesichts der phonetischen Ähnlichkeiten darauf, einer perfekten deutschen Artikulation (besondere) Aufmerksamkeit zu schenken. Der Vorteil für den Lernenden liegt auf der Hand: Er profitiert von einem (vermeintlichen) positiven Transfer und ökonomisiert dadurch den Spracherwerb. In den meisten Fällen wird er in diesem Verhalten dadurch bestärkt, dass deutsche Muttersprachler keine negative Reaktion zeigen, ihn vielmehr verstehen. Bei den folgenden Beispielen werden an der Aussprache entsprechende falsche Analogien erkennbar: In der Aussprache deutscher Wörter werden o-Phone zu a-Phonen reduziert, was die Neutralisierung von phonemischen Oppositionen zur Folge haben kann.

Beispiel: a. *k[ʌ]pieren[32] statt: k[oː]pieren (vgl. копи́ровать)
b. *ad[ʌ]ptieren statt: ad[ɔ]ptieren (vgl. адопти́ровать)
c. ?k[ʌ]ndition] statt: K[ɔ]ndition (vgl. конди́ция)
d. ?[ʌ]lymp statt: [o]lymp (vgl. оли́мп)

Auch die Vokalphoneme /e/ und /a/ unterliegen in der Aussprache russischsprachiger Deutschlerner teilweise einer Vokalreduktion.

Beispiel: *R[ɪ]vanche statt: R[eː]vanche (vgl. рева́нш)

An der Aussprache bestimmter Latinismen und Gräzismen fällt hingegen auf, dass sie von den russischsprachigen Deutschlernern zwar meistens grammatisch korrekt gebildet werden, phonetisch jedoch oft muttersprachliche Eigenheiten enthalten.

Beispiel: a. *Strategie* wird mit [st] statt mit [ʃt] ausgesprochen, betont auf der vorletzten statt auf der letzten Silbe, mit palatalisiertem [t] und [g] und mit einem mittellangen [e]: ?[strat’'eg’ɪ] statt [ʃtrateg'iː], (vgl. страте́гия [strat’'eg’ɪĭə]).

b. Im Korpus befinden sich unter anderem Wörter wie *Problem*, *polemisch*, *Kollege* und *Kontrolle*, die *alle* einer qualitativen Vokalreduktion unterworfen wurden, wodurch das unbetonte [o] zu einem [ʌ] reduziert wurde. Gleichzeitig wurde in diesen Wörtern in allen Fällen, in denen im Russischen das Graphem <e> steht, im Deutschen der entsprechende russische Lautwert artikuliert, wodurch der dem e-Laut vorangehende Konsonant palatalisiert [’] wurde. Bei *Kollege* wurde zudem der Vokal der letzten Silbe in der 2. Reduktionsstufe artikuliert: [a] > [ə]. Die deutsche Aussprache lautet entsprechend: [prʌbl’'em], ?[pʌl’'emɪʃ], ?[kʌl’'egə], ?[kʌntr'ol’e], (vgl. russ.: пробле́ма, полеми́ческий, колле́га, контро́ль).

32 Bei Beispiel a. und b. wurde aus dem Kontext erschlossen, welche Bedeutungen gemeint waren. Eine Nachfrage bei den Probanden bestätigte die Richtigkeit der Vermutungen.

## Negativer Transfer im Bereich Lesen

Da die Buchstaben des kyrillischen Alphabets von denen des lateinischen Alphabets teilweise stark abweichen, ihnen teilweise aber auch entsprechen, kommt es zu transferbedingten Vertauschungen der den jeweiligen Buchstaben zugeordneten Sprachlaute. Denn ein Teil der Buchstaben, die denen des lateinischen Alphabets gleichen, repräsentieren im Russischen einen vollkommen anderen Laut. Aus diesem Grunde ordnen russischsprachige Deutschlerner in der Anfangsphase des Spracherwerbs regelmäßig bestimmten deutschen Buchstaben oder Buchstabenkombinationen die Sprachlaute ihrer russischen Entsprechungen zu. Fehler des folgenden Typs geben sich jedoch in der Regel nach nur wenigen Monaten.

Beispiel: a. das Graphem <y>: *Bayern* wird als *Bauern* gelesen
b. das Graphem <x>: *Alexander* wird nicht *Ale*[ks]*sander*,
sondern mit „ach"-Laut gelesen: *Ale*[x]*ander*
c. die Graphemfolge <ck>: *Ecke* wird als *Eske* gelesen

Die Tabelle stellt die deutschen und russischen Laut-Buchstaben-Verhältnisse dar. Zu beachten ist dabei, dass <g> und <m> nur als Kleinbuchstaben und die letzten beiden Buchstaben nur als Großbuchstaben zu Vertauschungen führen. Alle andere Buchstaben gleichen sich in beiden Sprachen in der Groß- und Kleinschreibung.

| Deutscher und russ. Buchstabe | <c> | <g> | <e> | <m> | <n> | <p> | <u> | <y> | <x> | <ck> | <Н> | <В> |
|---|---|---|---|---|---|---|---|---|---|---|---|---|
| Russischer Lautwert | [s] | [d] | [jɛ]<br>[je] | [t] | [p] | [r] | [i] | [u] | [x] | [sk] | [n] | [v] |
| Deutscher Lautwert | [k]<br>[ts]<br>[tʃ]<br>[s] | [g] | [eː]<br>[ɛ]<br>[ə] | [m] | [n] | [p] | [uː]<br>[ʊ] | [ʏ]<br>[j]<br>[i] | [ks] | [k] | [h] | [b] |

Besonders häufig tritt bei Fremdwörtern mit der Graphemfolge <ch> ein Problem auf. Diese Graphemfolge repräsentiert im Deutschen gerade bei den Fremdwörtern häufig nicht den Laut [x] oder [ç], sondern den Laut [k]. Insbesondere dann, wenn das entsprechende Fremdwort auch im Russischen existiert, lesen russischsprachige Deutschlerner <ch> häufig als den Laut [x].

Beispiel: a. *Charakter* wird gelesen: *[x]arakter
b. *Chaos* wird gelesen: *[x]aos
c. *Chor* wird gelesen: *[x]or

Dabei wird die falsche Annahme, <ch> würde [x] repräsentieren, durch zwei Faktoren unterstützt: Erstens wird das russische Graphem <x>, das den Laut [x] beziehungsweise [x'] repräsentiert, deutsch transkribiert als <ch>. Zweitens existieren die Wörter *Charakter*, *Chaos* und *Chor* auch im Russischen (характер, хаос, хор),

werden aber alle mit [x] ausgesprochen. Beide Faktoren können eine falsche Analogie begründen.
Beim Lesen wird den deutschen Vokalbuchstaben des Weiteren oft eine vom Russischen beeinflusste Lautung zugeordnet. Aussprachefehler können dabei durch eine falsche Analogie zur muttersprachlichen Schreibung bestärkt werden. So wird zum Beispiel der russische Vokallaut [a], welcher in betonter Stellung mittellang gesprochen wird, in der Schrift genauso repräsentiert wie die beiden deutschen Entsprechungen, nämlich durch den Vokalbuchstaben <a>. Im Deutschen kann der Buchstabe <a> aber sowohl den langen Vokal [aː] wie zum Beispiel in dem Wort [maːlən] repräsentieren als auch den kurzen Vokal [a] wie etwa in [man], vgl. <malen>, <man>.
Grundsätzlich erschwert wird das Erkennen der deutschen Vokallänge beim Lesen eines Wortes dadurch, dass die schriftsprachliche Systematik, nach der die Länge der Vokalbuchstaben angezeigt wird, komplex und somit schwer zu merken ist. Denn wie oben gezeigt, kann zum Beispiel der Laut [aː] sowohl durch die Buchstabenkombination <ah>, wie in ‚Wahl' [vaːl], als auch durch <aa>, wie in ‚Saal' [zaːl] und eben auch nur durch den einfachen Vokalbuchstaben <a>, wie in ‚Wal' [vaːl] repräsentiert werden.
Häufig ist beim Lesen von Wörtern mit Doppelvokal auch zu bemerken, dass russischsprachige Deutschlerner diese nicht als einen langen Vokal lesen, sondern die muttersprachliche Laut-Buchstaben-Zuordnung übertragend als zwei mehr oder weniger getrennte Vokale. Dieser Fehler tritt teilweise auch in der Aussprache auf, d.h. wenn nicht abgelesen wird.

Beispiel: a. *Tee* [teː] wird *[tɛ'ɛ] gelesen
b. *die* [diː] wird *[dije] gelesen

In leterem Beispiel hat der russischsprachige Deutschlerner nicht nur die Trennung zweier nebeneinanderstehender Vokale aus seiner Muttersprache ins Deutsche transferiert, sondern gleichzeitig auch die Jotierung des e-Lautes.

### Die Wortbetonung

Im Deutschen wie im Russischen ist die Wortbetonung frei, im Deutschen liegt sie jedoch häufiger als im Russischen auf der Stammsilbe. In Folge davon kommt es bei russischsprachigen Deutschlernern häufig zu falscher Betonung, und zwar insbesondere dann, wenn sie in beiden Sprachen existierende Fremdwörtern muttersprachlich betonen.

Beispiel: a. $^{?}$*Átom* (vgl. áтом) statt: *Atóm*
b. $^{?}$*Fundáment* (vgl. фундáмент) statt: *Fundamént*
c. $^{?}$*Ímport* (vgl. и́мпорт) statt: *Impórt*
d. $^{?}$*Músik* (vgl. мýзыка) statt: *Musík*
e. $^{?}$*Prófil* (vgl. прóфиль) statt: *Profíl*
f. $^{?}$*Standárd* (vgl. стандáрт) statt: *Stándard*

## Der Bereich der Schreibung

### Zur Groß- und Kleinschreibung im Russischen

Die Großschreibung, also die Schreibung eines Wortes mit einem Initialbuchstaben, dient dazu, den Anfang bestimmter Texteinheiten sowie eine Reihe von Wörtern in Bezug auf ihre Zugehörigkeit zu bestimmten lexikalischen und grammatischen Gruppen zu kennzeichnen. Das Russische unterscheidet sich vom Deutschen dadurch, dass weniger Wörter groß geschrieben werden. Groß geschrieben werden dort im Prinzip[33] nur Namen und Satzanfänge. Als Satzanfang gilt dabei auch das erste Wort jeder Verszeile eines Gedichtes oder eines Liedes. Unter Namen fallen hingegen folgende Typen:

a) Personennamen, Beinamen, Pseudonyme und Rufnamen für Tiere: Ивáн Грóзный ‚Ivan der Schreckliche', Каштáнка ‚Kaschtanka' (Hund).
b) Höchste Dienstbezeichnungen oder Auszeichnungen in Russland wie zum Beispiel: Председáтель ‚der Vorsitzende', aber: минúстр ‚der Minister'.
c) Jeder geographische oder astronomische Name einschließlich der Eigennamen für Straßen, Plätze, Gebäude wie: óзеро Байкал ‚der Baikalsee', Красная плóщадь ‚der rote Platz', улица Толстóго ‚Tolstojstraße', Севернóе мóре ‚die Nordsee'. Ausgenommen sind Gattungsnamen wie горá ‚der Berg', óстров ‚die Insel', мóре ‚das Meer', рекá ‚der Fluss', плóщадь ‚der Platz', ýлица ‚die Straße' und Himmelsrichtungen, z.B. востóк ‚der Osten'.
d) Namen von Staaten und jedes in mehrteiligen Namen von Staaten und hohen bzw. internationalen Organisationen gebrauchte Wort (außer пáртия ‚die Partei'): Россúя ‚Russland', Россúйская Федерáция ‚Russische Föderation', ООН (Организáция Объединённых Нáций) ‚UNO', Германия ‚Deutschland', США (Соединённые Штáты Амéрики) ‚USA'.
e) Historische Ereignisse oder bedeutende Feste: Октябрь ‚die Oktoberrevolution', Нóвый год ‚Neujahr', aber: рождествó ‚Weihnachten', пáсха ‚Ostern'.
f) von Personennamen abgeleitete Possessivadjektive auf -ов/-ев oder -ин/-ын, wenn sie in possessiver Bedeutung stehen: Дáлев словáрь ‚Dals Wörterbuch'.

### Die deutschen Regeln

Das Deutsche zeichnet sich gegenüber dem Russischen durch eine Reihe von Regeln sowohl zur Groß- als auch zur Kleinschreibung aus. Besonders ist am Deutschen, dass die Großschreibung nicht nur den Namen und Satzanfängen vorbehalten ist. Sie dient in dieser Sprache außerdem der Hervorhebung von Wörtern bestimmter Gruppen wie der Substantive und der Anredepronomina. Diese historisch und inhaltlich begründete lexikalische Hervorhebung ist heute auch auf der grammatischen Ebene von Relevanz: Die Großschreibung kennzeichnet den ganzen Un-

33 Im Russischen existiert in Entsprechung der deutschen Form *Sie* ein Pronomen der höflichen Anrede, das groß geschrieben werden kann. Es handelt sich um die 2. Plural der Personalpronomina вы und seine Deklinationsformen. Die Schreibung mit großem Anfangsbuchstaben beschränkt sich jedoch auf Briefe (Tauscher/Kirschbaum 1989:218, Fußnote 3).

terschied zwischen Substantiven, Substantivierungen und Desubstantivierungen. So werden Desubstantivierungen im Unterschied zu den Substantiven und Substantivierungen kleingeschrieben. Bei Desubstantivierungen handelt es sich um Wörter, die ihre substantivischen Merkmale eingebüßt und die Funktion anderer Wortarten wie z.B. die von Adjektiven übernommen haben.

## Negativer Transfer in der Schreibung

Genau umgekehrt zu den Fehlern beim Lesen verhält sich der negative Transfer in der Schreibung. Beim Lesen wird auf Grund einer falschen Analogie der deutsche Buchstabe mit einem russischen Laut identifiziert. Beim Schreiben hingegen werden aus demselben Grund die deutschen Laute häufig durch einen russischen Buchstaben repräsentiert. Am häufigsten ersetzen dabei nicht die „kyrillischen", d.h. die nicht-lateinischen Buchstaben einen deutschen Buchstaben. Störend wirken vor allem diejenigen russischen Buchstaben, die mit den Buchstaben des lateinischen und damit des deutschen Alphabets identisch sind, jedoch im Russischen einen anderen Laut vertreten.

| **Vokale** | | | | **Konsonanten** | | | | | | |
|---|---|---|---|---|---|---|---|---|---|---|
| Deutscher Lautwert | [ʊ]<br>[u:] | [ɪ]<br>[i:] | [ɛ]<br>[e:] | [x] | [d] | [s] | [t] | [n] | [x] | [v] |
| Russ. Graphem | <y> | <u> | <e><br><э> | <kc><br><kз> | <g> | <c> | <m> | <H> | <x> | <B> |
| Deutsches Graphem | <u><br><uh> | <i><br><ie><br><ih> | <e><br><ee><br><eh> | <ch> | <d> | <s><br><ss><br><ß> | <t> | <n> | <ch> | <v><br><w> |

Bei den folgenden Beispielen stehen die den fehlerhaft geschriebenen Buchstaben entsprechenden russischen Laute in eckigen Klammern.

Beispiel:
a. *<Me**g**ikament> [d]
b. *<Schw**u**mmba**g**d> [i], [d],
c. *<**U**m> [i], *<getr**u**nkt> [i]
d. *<**Y**nd> [ʊ], *<Min**y**ten> [u:]
e. *<Hustent**p**ro**n**fen> [r], [p]
f. *<geвartet> [v],
g. *<Weg*в*eiser> [v]
h. *<gege**c**en> [s],
i. *<Aufbaustudiu**м**m> [m]

Es wurde aber auch beobachtet, dass – offenbar weil dem russischsprachigen Deutschlerner bewusst ist, dass und bei welchen Graphemen es zu diesen unwillkürlichen Fehlern kommt – es zu Folge-Verwechslungen, d.h. verwickelten Arten von Hyperkorrekturen kommt. Im folgenden Beispiel wollte der Lernende vermutlich vermeiden, das falsche Graphem zu wählen – möglicherweise erinnerte er sich während des Schreibens daran, dass es systematisch zur Vertauschung von <d> und <g> kommt. Er hat jedoch nicht reflektiert oder erinnert, in welchen Kontexten diese Verwechslung auftritt – dann nämlich, wenn das deutsche <d> zu schreiben ist, auf Grund von falscher Analogie jedoch durch den russischen Buchstaben für diesen Laut, also ein <g>, realisiert wird.

Beispiel: *<Gute Wetter und ∂ute Bäume>

Ab und zu erscheinen auch kyrillische Buchstaben in den deutschen Texten russischsprachiger Deutschlerner. Es handelt sich dabei um Ersetzungen, bei denen sich rein russische Elemente in die deutsche Schrift „einschleichen“, weil unbewusst, vermutlich aus motorischer Gewohnheit, auf einen muttersprachlichen Buchstaben zurückgegriffen wird, um einen bestimmten Laut zu repräsentieren.

Beispiel: a. *<Шwein> (<Schwein>)
b. <Hobb**ы** (<Hobby>)
c. <**Я**hr (<Jahr>)

Um eine falsche Analogie mit kuriosen Folgen handelt es sich bei dem folgenden Phänomen: Häufig wird der deutsche Buchstabe <h> geschrieben, wenn der „ach-Laut“ gemeint ist, der aber durch <ch> zu repräsentieren wäre.

Beispiel: a. *<Ba**h**> wird an Stelle von <Bach> geschrieben
b. *<ro**h**> wird an Stelle von <roch> geschrieben

Offensichtlich wird demjenigen deutschen Buchstaben, den russischsprachige Deutschlerner beim Lesen als den Laut [x] wiedergeben – weil dies der russische Laut ist, der dem [h] am nächsten kommt –, der gleiche falsche Laut auch in der Schreibung zugeordnet.

Der Aussprachefehler [ubən] statt: [ y:bən] schlägt sich ebenfalls in der Schreibung nieder. So findet sich oft in Aufsätzen *<uben> statt <üben> oder *<Gluck> statt <Glück>, ebenso *<stuckweise> statt <stückweise>.

Bei Diphthongen wird häufig versucht, sie entsprechend ihrer Lautgestalt zu schreiben: Der Laut [ɔ͜ĭ] wird <oi> oder <oj> geschrieben, wie folgt:

Beispiel: a. *<vr**oi**ndin>, *<fr**oi**ndin> (<Freundin>),
b. *<h**oj**te> (<heute>), *<Bed**oj**tung> (<Bedeutung>)

Der Laut [a͜ĭ] erscheint als <aj>, seltener als <ai>:

Beispiel: a. *<bl**aj**ben> (<bleiben>), *<m**aj**ne> (<meine>)
b. *<glj**ai**ch> (<gleich>)

In allen Fällen handelt es sich um eine falsche Analogie, die darauf beruht, dass entsprechende ähnliche Lautkombinationen im Russischen wie folgt geschrieben werden: мой [mŏĭ] ‚mein‘, бой [bŏĭ] ‚Kampf‘sowie дай [dăĭ] ‚Gib!‘. Die russischen Buchstabenkombinationen werden nun auf Grund des ähnliches Klangs, den

diese Diphthonge in beiden Sprachen haben, auf die deutsche Schrift übertragen. Wie aber kommt es nun, dass die Laute [ɔɪ̯] und [aɪ̯] als die Buchstaben <oi> oder <oj> respektive <aj> oder <ai> erscheinen? Folgender Sachverhalt scheint zu Grunde zu liegen: Der Buchstabe <й> wird im Russischen als „kurzes i" (и-краткое) bezeichnet und markiert nach Vokalbuchstaben das unsilbische [ĭ], in anderen Positionen den Konsonantenlaut [j]. Dieses phonetische Verhältnis ist für den Fehler jedoch wahrscheinlich weniger entscheidend als das darauf bezogene orthographische: Der Buchstabe <й> wird unterschiedlich transkribiert – nach der Duden-Transkription[34] als <i>, nach der wissenschaftlichen Transkription als <j> – was sich dementsprechend unterschiedlich in den einschlägigen Lehrbüchern niederschlägt. Sucht nun der Lernende nach einer Buchstabenkombination für den Diphthong in der Muttersprache, kann es zu einer Übersetzung ins Deutsche unter Berücksichtigung der jeweils bekannten Transkriptionsvorgabe kommen.
Der deutsche Murmellaut [ə] wird offenbar akustisch häufig als ein russisches [i] identifiziert. Wenn dies geschieht, kann sich diese falsche Analogie nicht nur in der Aussprache manifestieren, sondern auch in der Schrift.

Beispiel: *<verschied**i**ne>, *<b**i**libig>

In der Schreibung von Fremdwörtern treten häufig Fehler auf Grund der direkten „Übersetzung" der russischen schriftlichen Repräsentation, also auf Grund einer falschen interlingualen Analogie, auf:

Beispiel: *<Pr**oe**kt> (statt: <Projekt>, vgl. russ. проект)

In Bezug auf die Groß- und Kleinschreibung ist besonders bei den Anfängern eine falsche Analogie bezüglich der russischen Groß- und Kleinschreibung zu beobachten, sodass es entweder zu einer Unterproduktion großgeschriebener Substantive, d.h. einer Imitation der muttersprachlichen Kleinschreibung oder zu Erscheinungen von Hyperkorrekturen gepaart mit Unwissen (ignorance) wie im letzten Beispiel kommt. Ähnliche Probleme haben auch Deutschlernende anderer Herkunftssprachen, wenn in ihrer Muttersprache die Großschreibung auf weniger Bereiche als im Deutschen angewendet wird (vgl. z.B. das Englische).

Beispiel: a. *<Am lätzte **w**oche habe ich eine gut **r**eise gehabt>
b. *<die **e**ntscheidung>
c. *<der **w**iederstand>
d. *<Das freut mich **R**iesig.>

Negativen Transfer gibt es aber auch in Bezug auf die Konsonantenschreibung. So findet häufig eine Unterproduktion der Konsonantendopplung statt, die im Russi-

34 Probleme, die sich aus unterschiedlichen Transkriptionssystemen ergeben, scheint es nicht nur mit dem Russischen zu geben. Darauf lässt folgende Bemerkung in „Die deutsche Rechtschreibung" von Bertelsmann (1996:31) schließen: „Eigennamen aus Sprachen mit nicht lateinischem Alphabet können unterschiedliche Schreibungen haben, die auf die Verwendung verschiedener Umschriftsysteme zurückgehen (zum Beispiel *Schanghai/Shanghai*)".

schen ja die doppelte Lautlänge anzeigt. Entweder wird also kein doppelter Konsonant geschrieben, weil der deutsche Konsonant nicht lang ist oder aber es wird nicht erkannt, dass der deutsche Vokal kurz ist, was in der Schreibung eine Konsonantendopplung erforderlich macht.

Beispiel: a. *<geno**m**en>

b. *<du ka**nn**st>

c. *<behe**r**schen>

Häufig kommt es auch zu einer Art Hyperkorrektur, wenn die Aufmerksamkeit darauf gerichtet ist, den Unterschied zwischen dem langen und dem kurzen Vokal wahrzunehmen und das Wort entsprechend zu schreiben, dies aber ins Gegenteil umschlägt. Die Beispiele zeigen Hyperkorrekturen bei der Schreibung eines Wortes mit langem Vokal.

Beispiel: a. *<Schü**ll**er>

b. *<die Be**tt**e> (<Beete> wurde diktiert)

Vielfach wird aber auch umgekehrt ein Vokal als lang markiert, obwohl er kurz ist. Russische Muttersprachler tun sich schwer, den Unterschied zwischen langem und kurzem Vokal auditiv wahrzunehmen, weil sie dies aus ihrer eigenen Muttersprache nicht gewohnt sind. Auch die relativ starken Unterschiede in der Klangfarbe zwischen langen und kurzen Vokalen werden häufig überhört. Auf diesen interlingual bedingten Schwierigkeiten der auditiven Differenzierung bestimmter Vokaleigenschaften beruhen die folgenden Hyperkorrekturen in der Schreibung.

Beispiel: a. *<Fi**e**nger> (<Finger>)

b. *<Das Me**h**rkmal> (<Merkmal>)

## Zur Abgrenzung: Einige typische intralingual bedingte Fehler

Intralingual bedingt sind Verwechslungen der Graphme <ä> und <e>, welche beide den Laut [ɛ] vertreten, ferner der Grapheme <f> und <v>, die beide den Laut [f] repräsentieren, aber auch der Grapheme <w> und <v>, da <v>in Fremdwörtern wie *Vase* auch den Laut [w] vertreten kann.

Beispiel: a. *<W**ä**nde> (statt: <Wende>)

b. *<N**e**he> (statt: <Nähe>)

c. *<**f**om>, *<**f**on>

d. *<**V**roindin>

e. *<**W**ase>, *<**W**entiel>

Die komplexen Regeln in Bezug auf die Darstellung der Länge oder Kürze des Vokasl führen ebenso beim Lesen wie beim Schreiben zu Fehlern. Wird die Länge nicht gekennzeichnet, obwohl das Deutsche dies verlangt (z.B. *Son statt: *Sohn*), kann es sich um eine falsche Analogie zu den muttersprachlichen Verhältnissen handeln – möglich wäre in diesem Fall allerdings auch eine Übergeneralisierung (**Son* in Analogie zu *Ton*).Wird die Länge eines Vokals falsch gekennzeichnet, handelt es sich immer um einen (auch) intralingual bedingten Fehler, etwa Übergeneralisierungen (Beispiel a.) oder Verwechslungen, die auf Unwissen basieren (Beispiele b. bis c.), eventuell aber auch um eine Hyperkorrektur (Beispiele d. bis e.). Die Motivlage lässt sich in diesem Bereich häufig nicht oder nur durch Befragung des betreffenden Deutschlerners exakt ermitteln.

Beispiel: a. *<Masch**ie**ne> statt: <Maschine>
b. *<**Sah**l> statt: <Saal>
c. *<**Boh**t> statt: <Boot>
d. *<**Muh**s> statt: <Mus>
e. *<**dih**r> statt: <dir>

Eine graphemisch bedingte Übergeneralisierung liegt vermutlich in folgendem Fall vor, in dem das Präteritum von *kommen* mit einem Doppelkonsonanten – analog zu den Formen im Infinitiv und Präsens – geschrieben wird:

Beispiel: *<ka**mm**> (<kam>)

**Übung für Deutschlerner:** Die Lernenden notieren den oder die auffälligen Buchstaben im Wort. Sie ermitteln dabei, welche lautliche Funktion die unkorrekten Buchstaben im russischen Alphabet haben. Hierbei empfiehlt es sich, die alphabetische Tabelle am Beginn dieses Handbuchs zu Rate zu ziehen.

Typ A: Andere(r) lateinische(r) Buchstabe(n) für einen deutschen Laut.
Typ B: Kyrillischer Buchstabe für einen bestimmten deutschen Laut.

Schreibfehler    falsche(r) Buchstabe(n)    gemeintes Wort    Fehlertyp

*юbilar ------------------------------------------------------------------------
*шrift ------------------------------------------------------------------------
*Hustentpoпfen ------------------------------------------------------------------
*Minyten ----------------------------------------------------------------------
*schpäter ---------------------------------------------------------------------
*Staugamm --------------------------------------------------------------------
*яhr --------------------------------------------------------------------------
*Aufbaustudiuм ----------------------------------------------------------------
*Maй -------------------------------------------------------------------------
*жongleur --------------------------------------------------------------------
*Ram --------------------------------------------------------------------------
*Under ------------------------------------------------------------------------
*geвartet----------------------------------------------------------------------

# Morphologie

## Die Strukturen des Russischen und des Deutschen

Die russische und die deutsche Sprache unterscheiden sich relativ stark in Bezug auf ihre morphologische Struktur, also in Bezug auf den Charakter der formalen Mittel, durch die sie grammatische Kategorien und Verhältnisse zum Ausdruck bringen. Wie in den meisten Sprachen besteht auch in diesen beiden Sprachen ein Großteil der Wörter aus mindestens zwei formalen Elementen: einem Grundmorphem, das im Wesentlichen[35] die lexikalische Bedeutung zum Ausdruck bringt, und einem oder mehreren Hilfsmorphemen, welche die grammatische Bedeutung tragen. Die Hilfsmorpheme des Deutschen und des Russischen lassen sich anhand ihrer unterschiedlichen Struktur in vier Typen unterteilen.

**Das fusionierende Morphem** bringt nicht nur eine, sondern – wie der Name bereits sagt – gleich mehrere grammatische Kategorien zum Ausdruck. Fusionierende Morpheme sind Endungen, Suffixe oder Präfixe, die an einen Wortstamm – das Grundmorphem – geknüpft werden. Dabei markieren z.B. bei deutschen und russischen Verben die Präsensendungen gleichzeitig die Person und den Numerus. Vgl.: *denken* думать: *ich denk-**e***, я дума-**ю** (Endung = 1. Person Singular), *du denk-**st***, ты дума-**ешь** (Endung = 2. Person Singular).

**Das agglutinierende Morphem** symbolisiert im Unterschied zu den fusionierenden Morphemen nur eine einzige grammatische Bedeutung. Bei Bedarf wird das Grundmorphem, der Wortstamm, durch eine Kette eindeutiger Morpheme ergänzt. Das Deutsche ist arm an agglutinierenden Morphemen. Eines der wenigen Beispiele ist das Morphem /-er/, welches als agglutinierender Pluralmarkierer bei Substantiven auftritt: *Rind* > *Rind-**er***. Ein weiteres Beispiel ist das agglutinierende *-t*(*e*), welches bei den schwachen Verben das Präteritum (Vergangenheitstempus) markiert: *ich sag-e – ich sag-**t**-e*, *du sagst – du sag-**te**-st*, *wir sagen – wir sag-**t**-en*.

**Das analytische Morphem** ist ein Hilfswort, das zu dem Grundmorphem bzw. -wort gehört und eine oder mehrere grammatische Kategorien zum Ausdruck bringt. Zum Beispiel fungiert der deutsche Artikel unter anderem als Markierer des Kasus (**die** Tür – **der** Tür), des Genus (**der** See – **die** See) und des Numerus (**der** Jäger – **die** Jäger) der Substantive.

**Das introflexive Morphem** kennzeichnet eine grammatische Funktion durch eine innere Flexion; es kommt zum Wechsel eines Lautes innerhalb des Grundmorphems, also im Wortstamm bzw. in der Wortwurzel selbst. Für das Deutsche sind Vokalwechsel typisch: der Umlaut (*-ä-*, *-ö-*, *-ü-*), z.B. *wir lesen* > *wir l**ä**sen*, die Brechung (*-ie-*), z.B. *ich lese* > *du l**ie**st* und der Ablaut (i>a, ü>o, i>e, e>a), z.B. *wir lesen* > *wir l**a**sen*, *wir lügen* > *wir l**o**gen*. Bei den deutschen Verben markiert

---

35 Grundmorpheme, die introflexive Morpheme enthalten, tragen durch diese außerdem grammatische Bedeutung.

die innere Flexion insbesondere Tempus und Modus: *wir lesen > wir l**a**sen, wir l**ä**sen*, aber auch Person und Numerus: *ich lese > du l**ie**st.*
Für das Russische ist der Konsonantenwechsel typisch: Er tritt z.B. bei Verben in der 1. Person Singular auf (vgl. возить ‚mit dem Wagen bringen', вож-у (1. Sg.), воз-ишь (2. Sg.), воз-ит (3. Sg.)...), typisch ist auch der Wechsel eines Konsonanten mit einem Konsonantenpaar (vgl. любить ‚lieben', любл-ю, люб-ишь, люб-ит...). Außerdem tritt insbesondere in der Deklination der Substantive, z.B. zur Markierung des Genitivs Singular der Wechsel von Vokal (vor dem letzten Konsonanten) zu Null auf: звонок (Nom. Sg.) – звонка (Gen. Sg.)
Die indoeuropäischen Sprachen werden in der kontrastiven Linguistik und in der Sprachtypologie in der Regel anhand des morphologischen Typs, der ihr Formensystem bestimmt, unterschieden. Bei den meisten Sprachen handelt es sich um so genannte Mischtypen, da sie gleich mehrere der morphologischen Typen nebeneinander oder sogar in einander ergänzender Funktion aufweisen. Dies sei am Beispiel der deutschen Sprache erläutert: Am deutschen Verb ergänzt in der Regel ein Personalpronomen (isolierendes Morphem) die Verbendung (fusionierendes Morphem), da letztere allein Person und Numerus des Verbs häufig nicht eindeutig markiert.

Beispiel: er/ihr schwimm**t**, wir/sie schwimm**en**

Nur durch die Kombination von fusionierendem und isolierendem Morphem sind die grammatischen Merkmale des Verbs eindeutig markiert. Ein ähnliches Ergänzungsverhältnis besteht im Deutschen zwischen dem introflexiven und dem fusionierenden Typ: Die Tempusmarkierung des Verbs *schwimmen* geschieht in erster Linie durch das introflexive Morphem, welches durch das fusionierende Morphem unterstützt wird.

Beispiel: ich schwimm**e** – ich schw**a**mm**Ø** (ich schr**ei**b**e** – ich schr**ie**b**Ø**)

Im Hinblick auf die Mischung der Morphemtypen ist das Deutsche ein Extrem, in seiner Heterogenität vermutlich sogar unikal. Das Neuhochdeutsche hat sich vom Althochdeutschen, einer stark fusionierenden Sprache, erst im Laufe der Zeit zu diesem Mischtyp hin entwickelt. Das Russische ist im Wesentlichen durch den fusionierenden Typ bestimmt, es weist aber auch einige isolierende und agglutinierende Morpheme auf. Selten erscheint die introflexive Form. Der wesentliche Unterschied zwischen beiden Sprachen besteht darin, dass das Russische hauptsächlich synthetische Morpheme, d.h. Morpheme, die an das Grundmorphem gehängt werden, das Deutsche hingegen viele analytische Morpheme aufweist. Da im Russischen die grammatischen Kategorien im Wesentlichen am Wort selber ausgedrückt werden, könnte die Klassifizierung der Wortarten in weiten Bereichen nach morphologischen Kriterien vorgenommen werden. Insbesondere bei den unflektierbaren Wortarten wie zum Beispiel Präpositionen oder Konjugationen, die – weil sie weder konjugiert noch dekliniert oder kompariert werden – morphologisch nicht voneinander zu unterscheiden sind, werden aber auch semantische oder syntaktische Kriterien unabdingbar. In diesem Handbuch wird eine Klassifizierung gewählt, die neben der morphologischen Funktion auch semantische und syntaktische Funktionen zum Kriterium erhebt. Dies erscheint insbesondere deshalb sinnvoll, weil es einen umfassenden Vergleich der beiden Sprachen, sowohl nach ihren morphologischen als auch nach ihren syntaktischen und semantischen Eigenschaften hin, ermöglicht. Das Russische würde auch eine Klassifizierung erlauben, die nur morphologischen Kriterien folgt – zumindest, was die flektierbaren Wortarten betrifft –, das Deutsche erlaubt dies nicht. Die rein morphologische Klassifizierung hätte aber auch auch im Russischen verschiedene Nachteile. Zum einen würden dann alle unflektierbaren Wortarten wie z.B. Adverbien, Konjunktionen, Präpositionen in eine einzige Klasse fallen. Zum anderen wären bei den flektierbaren Wortarten diejenigen Wörter nicht klassifizierbar, die von einer in die andere Wortart wechseln, dabei aber ihre ursprüngliche Form in die neue Wortart miteinbringen. Dies beträfe z.B. alle substantivierten Partizipien, die ohne Zweifel zu den Substantiven zählen, auch wenn sie die Form eines Partizips beibehalten oder wie ein Adjektiv dekliniert werden, vgl. прошедшее ‚Vergangenheit' und ‚vergangen'.

Im Deutschen als morphologisch extrem heterogenem Mischtyp hingegen müssen – auch, weil diese Sprache so reich an isolierenden Morphemen ist – bei der Klassifizierung der Wortarten syntaktische oder semantische Kriterien die entscheidende Rolle spielen. Die Analyse der morphologischen Struktur des einzelnen Wortes kann nicht allein gewährleisten, dass seine grammatischen Funktionen – auch in Bezug auf die anderen Wörter im Satz (Satzglieder) – eindeutig extrahiert werden. Eine Klassifizierung nur auf diesem Wege ist daher nicht möglich.

Die vorliegende Grammatik ist nach den Wortarten untergliedert, den flektierbaren und den unflektierbaren. Die Darstellung jeder einzelnen Wortart beginnt mit der Beschreibung ihrer morphologischen Merkmale sowie ihrer semantischen und syntaktischen Funktionen. Dabei variiert die Reihenfolge, in der diese Eigenschaften besprochen werden, je nachdem, welche Anordnung jeweils am sinnvollsten erscheint. Auch zur Darstellung der Unterkategorien der Wortarten werden morphologische, semantische und syntaktische Besonderheiten herangezogen, jedoch nicht immer alle, sondern nur die jeweils relevanten. So hat z.B. das Genus des Substantivs keine besondere syntaktische Funktion, es werden daher nur die morphologischen Merkmale sowie die semantische Funktion des Genus besprochen.

Dieses Handbuch behandelt ohne Anspruch auf Vollständigkeit alle grundlegenden Kategorien des Russischen. Es kann und soll keine Grammatik ersetzen, sondern die grammatischen Strukturen des Russischen als mögliche Quellen für negativen Transfer vorstellen. Bei tiefer gehendem Interesse an der einen oder anderen Kategorie sollte deshalb eine moderne russische Grammatik zu Rate gezogen werden. Die Darstellung der deutschen Grammatik beschränkt sich auf die Punkte, die dem russischsprachigen Deutschlerner fremd sind und die er sich neu aneignen muss.

## Die flektierenden Wortklassen

Die Klassifizierung der flektierenden Wortklassen kann im Russischen anhand der morphologischen Flexionskategorien vorgenommen werden. In Rede stehen Kategorien wie Kasus, Numerus, Genus, Person, Tempus, Aspekt. Dabei ergeben sich zwei große Gruppen:

**Die Nomina**

a) nur Kasusflexion: Substantivische Pronomen
b) Kasus- und Numerusflexion: Substantive
c) Kasus-, Numerus- und Genusflexion: Adjektive

**Das Verb**

Person, Numerus, Tempus, Aspekt, Diathese, z.T. Genus und Modus

## Das Substantiv

**Semantisch:** In seiner semantischen Funktion dient das Substantiv ganz allgemein dem Ausdruck der Gegenständlichkeit. Als Gegenstände oder Klassen von Gegenständen werden hier Lebewesen, Sachen, Denkgegenstände, aber auch Ereignisse, Eigenschaften und Beziehungen aufgefasst.
**Syntaktisch:** Die syntaktischen Hauptfunktionen des Substantivs bestehen darin, das Subjekt und das Objekt des Satzes zu kennzeichnen. Außer diesen Funktionen übernimmt es in bestimmten Kasusformen die Rolle der Adverbialbestimmung oder des Attributs, seltener die des Prädikats.
**Morphologisch:** Im Russischen ist das Substantiv formal durch die klassifizierenden Kategorien Genus und Belebtheit und die morphologischen Kategorien Numerus und Kasus bestimmt. Das deutsche Substantiv verfügt ebenfalls über die Kategorien Genus, Numerus und Kasus, zeigt jedoch die Belebtheit des Gegenstandes nicht an. In beiden Sprachen ist das Substantiv kasusvariabel und in den meisten Fällen genuskonstant.

### Genus

Das Russische besitzt – wie das Deutsche – drei Genera: Maskulinum, Neutrum und Femininum. Auch geschlechtslose Substantive erhalten eine Genusform, sodass man das Genus in das rein grammatische Geschlecht und das natürliche Geschlecht (Sexus) untergliedern kann.
Das Genus der Substantive entspricht dem Sexus in der Regel bei Bezeichnungen von Menschen (*der Sohn – die Tochter*, *der Koch – die Köchin*) und häufig auch bei Bezeichnungen für Tiere (*der Hahn – die Henne*, *der Löwe – die Löwin*). Ausnahmen hiervon bilden insbesondere im Russischen, zum Teil aber auch im Deutschen, Berufsbezeichnungen, die maskulinen Geschlechts sind und dieses selbst dann beibehalten, wenn eine Frau den Beruf ausübt.

Beispiel: Petra ist Ingenieur. Петра – инженер.

Die Genuszugehörigkeit so genannter „unbelebter" Substantive ist demgegenüber in beiden Sprachen willkürlich, d.h. alle Substantive, die weder Mensch noch Tier bezeichnen, sind allein durch das grammatische Geschlecht bestimmt. Das Genus ist als eine klassifizierende Kategorie zu bezeichnen, weil die Substantive im Russischen und im Deutschen bis auf einige Ausnahmen genusfest sind, d.h. ihr Genus nicht wechseln und daher im Hinblick darauf auch nicht flektiert werden.

### Die russischen Formen

Im Russischen existiert – im Unterschied zum Deutschen – eine Korrelation zwischen Genus und Deklination, da die Genera Maskulinum, Femininum und Neutrum jeweils bestimmten Deklinationsmustern entsprechen. Dies bedeutet umgekehrt, dass im Russischen bereits die Endung des Nominativs Singular (bei der seltenen Nominativ-Endung -ь muss der Genitiv Singular als Zusatzinformation hinzugezogen werden) Auskunft darüber gibt, welches Genus das Substantiv hat. Es existieren drei Klassen, nach denen russische Substantive entsprechend ihrer Endungen klassifiziert werden.

**Die drei russischen Deklinationstypen**

| **Genus** | **Maskulinum** | **Neutrum** | **Femininum** | |
|---|---|---|---|---|
| Dekl. | I. | I. | II. | III. |
| Nom. Sg.[36] | **Null (Ø)**<br>Wortauslaut auf:<br>**Kons.**; й; -ь | -о;-**е**;-ё | **-а**; **-я** | -ь |
| Gen. Sg. | -а; -я | -а; -я | -ы; -и | -и |
| Beispiele | снег, май, огонь | лето, море, питьё | зима, земля | осень |

Das Genus der Substantive kommt nur im Singular zum Ausdruck; im Plural hat das Russische den formalen Ausdruck des Genus verloren. Nur der Nominativ und Genitiv Plural verfügen noch über Varianten des Genus.

### Das Deutsche im Vergleich

Im Deutschen besteht keine Korrelation zwischen Genus und Deklination. Für die Mehrzahl der Substantive lassen sich keine generalisierenden Regeln aufstellen, nach denen bestimmte Endungen bestimmten Genera – oder umgekehrt – bestimmten Genera bestimmte Endungen zuzuordnen wären. Das Genus der Substantive wird durch die Artikelform gekennzeichnet, weshalb diese im Prinzip bei jedem deutschen Substantiv mitgelernt werden muss. Konsonantische Endungen können z.B. alle drei Genera vertreten, vgl. *das Bett*, *die Stadt*, *der Gott*. Ebenso Endungen

36 Die wichtigsten Endungen sind fett markiert.

auf *-er*: *der Leser*, *das Opfer*, *die Oper* und *-el*: *der Hebel*, *die Regel*, *das Segel*. Deutschlerner treffen auf die zusätzliche Schwierigkeit, dass über das Genus eines Substantivs nur der bestimmte Artikel eindeutig Auskunft gibt. Die unbestimmten Artikelformen des männlichen und neutralen Genus sind hingegen identisch: *ein Gott*, *ein Bett*.

**Fehler beim Aneignen des Genus**

Hauptsächlich Anfänger verleihen dem zu erlernenden Substantiv das grammatische Geschlecht, welches das entsprechende russische Substantiv hat.

Beispiel: a. **meine Schicksal* (судьба (f.))
b. **die/meine Bett* (постель (f.))
c. **das Sommer* (лето (n.))
d. **das Begriff* (понятие (n.))
e. **der Institut* (институт (m.))
f. **unsere/meine/die Leben* (жизнь (f.))

Bei den beiden folgenden Beispielen kann eine falsche Analogie bezüglich des grammatischen Geschlechts der Muttersprache vorliegen – muss es aber nicht. Ursache des Fehlers könnte ebenso sein, dass der Lernende das natürliche Geschlecht zur Grundlage seiner Überlegungen gemacht hat und in falscher Analogie davon ausgeht, dass in diesen Fällen das natürliche Geschlecht mit dem grammatischen Geschlecht im Deutschen genauso korreliert wie im Russischen.

Beispiel: a. **die Mädchen* (девочка, девушка (f.))
b. **die Weib* (баба (f.))

Auch bei den Fremdwörtern, die dem Deutschen und Russischen gemein sind, kann es zu negativem Transfer kommen. Im Deutschen behalten insbesondere die Fremdwörter lateinischen oder griechischen Ursprungs das grammatische Geschlecht derjenigen Sprache, der sie entlehnt wurden. Aus diesem Grunde können zum Beispiel Fremdwörter, die auf *-a* enden sowohl Feminina: *die Regatta*, *die Skala* als auch Neutra sein: *das Thema*, *das Drama*, *das Schema*. Es gibt sogar Maskulina mit der Endung *-a*: *der Dschina*, *der Soma*, *der Wodka* (russ. водка hat wie beinahe alle Substantive mit der Endung *-a* feminines Genus).
Im Russischen wird das grammatische Geschlecht bei Entlehnungen in der Regel anhand der überkommenen Endung bestimmt. Daher sind Fremdwörter die auf *-a* enden – mit Ausnahme der Substantive, die männliche Personen bezeichnen – im Russischen Feminina. Fremdwörter hingegen, die konsonantisch enden, sind Maskulina, während Wörter, die auf *-o* oder *-e* enden, meistens Neutra sind. Wenn nun russischsprachige Deutschlerner das Genus bestimmter Fremdwörter vom Russischen ins Deutsche auf Grund von falscher Analogie übertragen, nehmen sie teilweise unter der Hand einen „doppelten" Transfer vor. Sie verwenden ja ein Wort, dessen Genus möglicherweise bereits bei seiner Einbürgerung ins Russische negativem Transfer unterlag.

| Beispiel: | a. **eine schwierige Thema* (gr.) | тема (f.) |
|---|---|---|
| | b. **die Schema* (gr.) | схема (f.) |
| | c. **das warme Kakao* (span.) | какао (n.) |
| | e. **ein These* (gr.) | тезиз (m.) |
| | f. **der Symbol* (gr.) | символ (m.) |
| | g. **der Universität* (lat.) | университет (m.) |
| | h. **eine Auffassungssystem, die...* (gr.) | система восприятия (f.) |

Falsche Analogie liegt auch dann vor, wenn sich der Lernende bei der Bestimmung des Genus von den morphologischen Regeln leiten lässt, die in seiner Herkunftssprache gelten. Die Rede ist hauptsächlich von dem russischen Gegensatzpaar Vokalendung = Femininum : Konsonantische Endung = Maskulinum. Fehler ergeben sich daher, weil Feminina und Neutra des Deutschen auf Grund ihrer konsonantischen Endung für Maskulina gehalten werden. Diese Tendenz wird bestärkt, wenn es sich um einsilbige Wörter handelt, die im Russischen sehr häufig maskulinen Geschlechts sind.

Beispiel: **Der Land*, **der Zeit* (старна (f.), время (n.))

Möglich ist bei dem Beispiel **Der Land* aber auch, dass eine Übergeneralisierung, ausgehend von Wörtern wie *der Sand* oder *der Strand* vorliegt.

Ebenfalls nicht zu negativem Transfer zählen Fehler wie **die Buchstabe*. Hier kann entweder schlicht mangelnde Beherrschung der Regeln vorliegen, oder eine Übergeneralisierung. Entweder kennt der russischsprachige Deutschlerner die Regel, dass die Endung *-e* meistens das feminine Genus markiert und wendet sie an. In diesem Fall handelt es sich um eine grammatische Übergeneralisierung.
Möglich ist aber auch eine lexikalische Übergeneralisierung, bei der von ähnlichen Wörtern mit femininem Genus wie *die Gabe*, *die Nabe* auf das falsche Genus von *Buchstabe* geschlossen wird. Falsche Analogien in Bezug auf die Endungen der Substantive gibt es auf der anderen Seite, wenn deutsche Maskulina, die auf den Murmellaut [ə] enden, mit einem femininen Artikel versehen werden, weil die Endung irrtümlicherweise für ein [ʌ], d.h. ein schwaches a-Phonem, gehalten wird, welches im Russischen die Feminina im Nominativ markiert. Dieser Fehler schleicht sich nicht über die Schrift, sondern über die Akustik ein, da mit dem Laut auch eine bestimmte morphologische Endung assoziiert wird, der im Russischen ein bestimmtes Genus entspricht.

Beispiel: **die Name*

Wie bereits zu sehen war, kann nicht immer eindeutig nachvollzogen werden, welcher von zwei oder gar drei möglichen Fehlertypen vorliegt. Nicht auszuschließen ist daher, dass in manchen Fällen gleich mehrere Fehlerursachen zu einem falschen Schluss führen bzw. ihn erhärten. Der Lernende könnte sich dann durch mehrere Faktoren in seiner Annahme bestärkt sehen. Im folgenden Beispiel ist eine Übergeneralisierung in Bezug auf die deutsche Wortbildung und Morphologie ebenso möglich wie eine falsche Analogie in Bezug auf die Morphologie der Herkunftssprache.

Beispiel: a. **das Reichtum*, parallel zu *das Eigentum* wie auch zu богатство (n.)
b. **der Klingel* parallel zu *der Deckel, der Löffel* und звонок (m.)
c. **der Luft* – hier könnte die konsonantische Endung mit dem maskulinen Genus identifiziert worden sein – parallel dazu hat aber das entsprechen de russische Wort воздух (m.) auch maskulines Genus

**Tipp für Deutschlerner:** Hilfreich für das Erlernen und Memorieren der Genera kann erstens sein, dass man sich bestimmte Zusammenhänge zwischen den drei Genera und verschiedenen Wortbildungstypen bewusst macht: So gehören substantivierte Infinitive meist dem Neutrum an: *das Lesen, das Kochen,* während bestimmte Suffixe in aller Regel mit dem femininen Genus einhergehen: *-heit, -keit, -ung, -tät* wie bei *die Gelegenheit, die Heiterkeit, die Stimmung, die Solidarität.* Auch die Endung *-e* zeigt sich häufig bei Substantiven mit femininem Genus, insbesondere bei Abstrakta, die von Adjektiven abgeleitet wurden wie etwa *die Dichte, die Schwärze.* Substantive auf *-chen, -lein* haben meistens neutrales Genus: *das Mädchen, das Männlein.* Andere Suffixe sind weniger eindeutig zuzuordnen: *der Reich-tum, das Bürger-tum* oder *das Erleb-nis, die Erkennt-nis.* Das Genus der Substantive kann jedoch nur teilweise mit Hilfe von Morphemen der Wortbildung bestimmt werden. Zweitens kann daher die Zuteilung nach semantischen Kriterien hilfreich für das Memorieren des Genus sein. Die folgende von Köpcke (1982) stammende Tabelle wurde leicht modifiziert.

**Klassifizierung des deutschen Genus nach semantischen Kriterien**

| Gebiet | Feminina | Neutra | Maskulina |
|---|---|---|---|
| Menschen & Tiere | weiblich | Kinder/Junge | männlich |
| unbelebte Natur | | Edelmetalle<br>Legierungen | Mineralien, Winde<br>Himmelsrichtungen,<br>Niederschläge |
| belebte Natur | Bäume, Blumen | | |
| geographische und astronomische Eigennamen | deutschsprachige und fremdsprachige Flussnamen, die auf *-a* und *-e* enden | Städte<br>Länder<br>Täler | fremdsprachige Flussnamen,<br>Seen, Berge, Sterne |
| Andere Eigennamen | Schiffe, Flugzeuge | Hotels, Cafés, Kinos | Autos, Züge |
| Substantivierungen | Grundzahlen | Abstrakta, Infinitive, Farben, Bruchzahlen | |
| andere Bezeichnungen | | physikalische Einheiten, chemische Elemente, Pejorativa, Diminutiva | alkoholische Getränke |

## Belebtheit

**Semantisch:** Im Russischen werden Substantive klassifizierend nicht nur nach ihrem Genus unterschieden, sondern auch gemäß ihrer Belebtheit morphologisch als belebt oder unbelebt markiert. Der grammatische Begriff der Belebtheit stimmt allerdings nicht mit dem naturwissenschaftlichen Begriff überein, da nur Menschen und Tiere als belebt markiert werden, Pflanzen hingegen nicht.
Grammatisch belebt sind außerdem: мертвец, мёртвый ‚der Tote, убитый ‚der Ermordete', утопленник ‚der Ertrunkene', покойник ‚der Verstorbene', nicht jedoch: труп ‚die Leiche'.

| | |
|---|---|
| Vgl. im Deutschen: | Ich habe den Toten gut gekannt, |
| aber nicht: | *Ich habe die Leiche gut gekannt. |

Belebt sind auch Substantive wie Puppen (кукла, марионетка, матрёшка), geschlachtete Tiere, mythologische Wesen wie z.B. Gott (бог), der Teufel (чёрт, дьявол) oder Engel (ангел). Als unbelebt gelten hingegen Gruppenbezeichnungen wie das Volk (народ), der Trupp (отряд), die Herde (стадо) und das Vieh (скот).
**Morphologisch:** Der Ausdruck der Belebtheitskategorie erfolgt im Singular nur bei maskulinen Substantiven der I. Deklination (Я знаю большого человека ‚Ich kenne den/einen großen Mann') sowie bei einigen Ausnahmen, die der II. Deklination angehören (Я знаю дядю ‚Ich kenne den/einen Onkel'). Im Plural erscheint die Kategorie bei Substantiven aller Genera und Deklinationen. Vgl. hierzu die folgenden zwei Beispielsätze: Я знаю молодых женщин, ‚Ich kenne (die) junge(n) Frauen' sowie Я знаю красивых лошадей ‚Ich kenne (die) schöne(n) Pferde'. Unter Berücksichtigung dieser Bedingungen lässt sich als Regel formulieren:

| **Substantiv** | **Kasusform** |
|---|---|
| belebt | Akkusativ = Genitiv |
| unbelebt | Akkusativ = Nominativ |

**Historisch:** Aufgrund phonetischer Veränderungen fielen bereits im Urslavischen einige Endungen des Nominativs und Akkusativs Singular zusammen, wodurch Subjekt und Objekt nicht mehr unterscheidbar waren. Da dies aufgrund der relativ freien Wortfolge des Russischen aber nötig ist, wurde zunächst nur bei Maskulina, die sozial voll berechtigte Personen bezeichneten, zum Ausdruck des Akkusativs Singular der Genetiv Singular verwendet. Später wurde die Kategorie expandiert.

### Kein negativer Transfer bei der Kategorie der Belebtheit

Interlinguale Fehler entspringen dieser Kategorie nicht, da sie im Deutschen nicht existiert. Es wurden auch keine Versuche des Transfers dieser Kategorie bemerkt – für den Lernenden ergibt sich ja der Vorteil, dass er sich auf das Erlernen der Kasusformen konzentrieren kann, ohne dabei die Unterscheidung zwischen Belebtheit und Unbelebtheit miteinbeziehen zu müssen.

## Numerus

**Morphologisch:** Im Russischen wird der Numerus durch zwei unterschiedliche Paradigmata der Kasusendungen gekennzeichnet.

| **Numerus** | **Singular** | **Plural** |
|---|---|---|
| **Nominativ I. (m.)** | Null (Ø) | -и, -ы |
| Beispiel | стол-Ø | стол-ы |
| **Nominativ I. (n.)** | -о, -е, -ё | -а, -я |
| Beispiel | мест-о | мест-а |
| **Nominativ II.** | -а | -и, -ы |
| Beispiel | ламп-а | ламп-ы |
| **Nominativ III.** | -ь | -и |
| Beispiel | степ-ь | степ-и |

Besonders regelmäßig ist die Endung der Maskulina und der Feminina im Nominativ Plural. Die meisten dieser Substantive enden auf -ы oder – nach palatalisierten Konsonanten – auf -и.

Der Ausdruck der Numerus durch die Kasusendungen ist die Regel. Ausnahmen davon bilden einige suppletive Formen, bei denen für Singular und Plural zwei verschiedene Wörter existieren:

человек (Nom. Sg. , Mensch') люди (Nom. Pl. ‚Leute')
ребёнок (Nom. Sg. ‚Kind') дети (Nom. Pl. ‚Kinder')

Treten in der Deklination wie in dem folgenden Beispiel gleiche Kasusendungen auf, dann wird der Numerus zusammen mit dem Kasus durch unterschiedliche Akzentsetzung gekennzeichnet: гор-ы́ (Gen. Sg.) – го́р-ы (Nom. Pl.)

Im Deutschen werden Singular- und Pluralformen nicht nur durch verschiedene Endungen gekennzeichnet, sondern auch durch Veränderungen im Stamm. Bei vielen maskulinen und neutralen Substantiven markiert ein Umlaut im Stamm zusammen mit der Endung den Plural, vgl. *Sturm – Stürm-e*, *Horn – Hörn-er*, *Baum – Bäum-e.* Diese Formenvielfalt bereitet allen Deutschlernern – egal, welcher Herkunftssprache – große Schwierigkeiten.

**Syntaktisch:** Die Subkategorien des Numerus, Singular und Plural, treten einander in den verschiedenen Kasusformen gegenüber, wodurch im Satz markiert wird, um welches Satzglied es sich bei dem jeweiligen Substantiv handelt – Subjekt, Objekt oder Attribut.

**Semantisch:** Der Numerus als logisch-grammatische Kategorie verweist auf die Anzahl der durch das Substantiv bezeichneten Gegenstände sowie deren innere Gegliedertheit. Die logischen Kategorien Einheit und Vielheit finden ihren grammatischen Ausdruck in der binären Opposition von Singular und Plural.

**Historisch:** Das Germanische und Urslavische kannten noch einen dritten Numerus, den Dual. Er diente ursprünglich der Bezeichnung von natürlicher Paarigkeit oder der Zweiheit von Personen oder Gegenständen. Während der Dual im Germanischen relativ früh verloren ging, existierte er im Altrussischen noch bis ins Mittelalter, kam dann aber funktional außer Gebrauch. Formal ging er zum Teil – sowohl regelhaft als auch als Ausnahme – in die Pluralbildung mit ein. Heute werden alle erhaltenen ehemaligen Dualformen als Pluralformen aufgefasst.[37]

### Singularia tantum und Pluralia tantum

Zwei kleine Gruppen von Substantiven existieren nur in einem der beiden Numerus, was häufig mit der Beschaffenheit der bezeichneten Materie zusammenhängt. Diese Sonderformen lassen sich semantisch bei Sammel- und Stoffnamen darauf zurückführen, dass bestimmte Quantitäten entweder als Einheit (Singularia tantum) oder als Vielheit (Pluralia tantum) aufgefasst werden.

Im Russischen wie im Deutschen sind Stoffnamen wie молоко ‚Milch' und золото ‚Gold' Singularia tantum. Des Weiteren zählen Kollektivnamen wie человечество ‚Menschheit' in beiden Sprachen zu den Singularia tantum. Im ersten Fall wird eine Stoffmasse bezeichnet, deren einzelne Teile den gleichen Namen wie das Ganze tragen. In zweitem Fall wird eine Gruppe von Personen als unteilbares Ganzes aufgefasst. Stoffnamen können aber auch Pluralia tantum sein. Dies betrifft im Russischen Einheiten wie сливки ‚Sahne' und драво ‚Brennholz'.

### Russische Singularia tantum

Bestimmten Substantiven, die im Deutschen über beide Numeri verfügen, entsprechen im Russischen Singularia tantum. Es handelt sich um Stoffnamen für Massen kleiner Körper, bei denen ein Teil für die Gesamtheit steht:

| | | | |
|---|---|---|---|
| картофель | ‚Kartoffel(n)' | малина | ‚Himbeere(n)' |
| горох | ‚Erbse(n)' | виноград | ‚Weintraube(n)' |
| миндаль | ‚Mandel(n)' | землянка | ‚Erdbeere(n)' |
| лук | ‚Zwiebel(n)' | черника | ‚Blaubeere(n)' |
| морковь | ‚Möhre(n)' | крыжовник | ‚Stachelbeere(n)' |
| фасоль | ‚Bohne(n)' | | |

37 Vgl. folgende Ausnahmen mit den Formen der Tabelle: Maskulinum: глаз (Nom. Sg.) ‚das Auge' – глаза (Nom. Pl.) ‚die Augen', рог (Nom. Sg.) ‚das Horn'– рога (Nom. Pl.) ‚die Hörner'. Neutrum: колено (Nom. Sg.) ‚das Knie' – колени, statt колена (Nom. Pl.) ‚die Knie', ebenso: плечо (Nom. Sg.) ‚die Schulter' – плечи neben плеча ‚die Schultern' (beide Nom. Pl.). Paradoxerweise setzen sich heute wieder die ursprünglichen Dualformen durch, während Formen wie колена und плеча – die Endung -a ist gegenwärtig die allgemeine Form des Neutrums im Nominativ Plural und wurde zu Puškins Zeiten noch regelhaft gebraucht – veralten. Der Nominativ Plural der beiden Neutra уши ‚Ohren' und очи ‚Augen', vererbt dagegen die Dualformen aus indoeuropäischer Zeit weiter.

Diese im Russischen singularisch gebrauchten Bezeichnungen werden im Deutschen in vielen Zusammenhängen pluralisch ausgedrückt: *Fleisch mit Kartoffeln* мясо с картофелем, *Himbeeren sammeln* собирать малину.

**Russische Pluralia tantum**

Es gibt im Russischen eine Reihe von Pluralia tantum, deren deutsche Entsprechungen entweder über beide Numeri verfügen oder Singularia tantum sind (z.B. *Obst*, *Gemüse*).

| **Zeitabschnitte** | | **Feiertage und Familienereignisse** | |
|---|---|---|---|
| будни | ‚der Alltag' | именины | ‚der Namenstag' |
| сумерки | ‚die Dämmerung' | крестины | ‚Tauffeier' |
| сутки | ‚Tag & Nacht' (24 h) | похороны | ‚Begräbnis' |
| | | | |
| **Stoffnamen für Material** | | **für Lebensmittel** | |
| консервы | ‚die Konserve' | овощи | ‚Gemüse' |
| духи | ‚Parfum' | фрукты | ‚Obst' |
| дрова | ‚Brennholz' | дрожжи | ‚Hefe' |
| | | | |
| **Substantive, die paarweise auftretende Gegenstände bezeichnen, wie z.B. Beinkleider,** | | **Zangen und Scheren** | |
| брюки, штаны | ‚Hose(n)' | ножницы | ‚Schere' |
| панталоны | ‚Schlüpfer' | клещи | ‚Zange' |
| плавки | ‚Badehose' | кусачки | ‚Beißzange' |
| | | | |
| **oder Fußbekleidung und verschiedene andere Erscheinungen** | | | |
| боты | ‚Stiefel' | очки | ‚die Brille' |
| полусапожки | ‚Stiefeletten' | ворота | ‚das Tor' |
| туфли | ‚Schuhe' | усы | ‚der Schnurrbart' |
| | | | |
| **Substantive, welche aus mehreren Teilen bestehende Gegenstände bezeichnen** | | | |
| деньги | ‚Geld' | соты | ‚Waben' |
| часы | ‚Uhr' | весы | ‚Waage' |
| кандалы | ‚Ketten' | вилы | ‚Heugabel' |
| оковы | ‚Fesseln' | отбросы | ‚Abfall' |

Außerdem weicht der Numerus zweier Lehnwörter im Deutschen und im Russischen voneinander ab: Das russische Wort мебель ist ein Singularium tantum, während im Deutschen beide Numeri existieren: *das/die Möbel*. Das russische Wort джунгели ist hingegen ein Pluralium tantum, auf deutsch aber ein Singularium tantum: *der Dschungel*.

## Negativer Transfer im Bereich des Numerus

Die deutsche Pluralbildung bereitet Lernenden vieler Herkunftssprachen Schwierigkeiten. Fehler in diesem Bereich rühren häufig nicht aus negativem Transfer. In den folgenden Fällen falscher Pluralbildungen kann Unwissen ebenso Ursache des Fehlers sein wie eine Übergeneralisierung.

Beispiel: *Rat der Instituten

Um eine Sonderform handelt es sich bei dem folgenden Beispiel. Hier ist im Kreise russischer Emigranten eine Volksetymologie entstanden:

Beispiel: *Arbeitsljosy

Diese Volksetymologie lebt davon, dass das Wort *arbeitslos* in die Bestandteile *Arbeit* und „*slose*“ zerlegt wird. Der Bestandteil *slose* klingt ähnlich wie das russische Wort слёзы, welches ‚Tränen‘ bedeutet. Lautlich wird dabei die deutsche Pluralendung *-e*, die einer Vokalreduzierung zu [ə] unterliegt, durch die auch mehr oder weniger vokalreduzierte und dadurch ähnlich klingende russische Pluralendung -ы [ɨ] ersetzt.

Negativer Transfer liegt hingegen vor, wenn russischsprachige Deutschlerner – wie in den folgenden Fällen – typisch russische Singularia tantum kalkieren:

Beispiel: a. *Wir essen Speck mit Kartoffel[38]
b. *Eis aus frische Erdbeere

Transferfehler entstehen ebenso, wenn der Lernende die russischen Pluralia tantum auch im Deutschen bildet.

Beispiel: a. *Gib mir bitte die Scheren
b. *Finde meine Brillen nicht
c. *Meine Uhren arbeiten nicht
(jeweils ein Gegenstand ist gemeint)

Insbesondere bei Entlehnungen aus dem Deutschen kommt es zu Fehlern, die bei der Pluralbildung zwischen Entlehnung und falscher Analogie angesiedelt sind:

Beispiel: *zwei Spritze

Vermutlich denkt der Lernende, dass das deutsche Wort wie seine beinahe gleichlautende russische Entsprechung шприц (m.) im Singular endungslos ist und daher *Spritz* lautet. Von dieser falschen Analogie ausgehend wird dann möglicherweise entsprechend dem deutschen Deklinationstyp I. (Muster: Singular endungslos, Plural auf *-e*) die Pluralform *Spritze* gebildet.

---

38 Ein ähnliches Beispiel findet sich auch bei Haberzettl (1998:126), bei dem unter anderem der Deutscherwerb zweier russischer Kinder behandelt wird:
I: Und Kartoffeln? Was hat sie mit den Kartoffeln gemacht?
*A:* Sie hat KARTOFFEL gegeben – bei Willi und bei Vater.
[statt: „Die KARTOFFELN hat sie Willi und dem Vater gegeben.“].

## Kasus

**Syntaktisch:** Die Funktion der Kategorie des Kasus besteht darin, die verschiedenen Beziehungen, welche die Substantive zu anderen Satzgliedern eingehen, zu kennzeichnen. Der Kasus kennzeichnet, ob ein Substantiv im Satz die Rolle des Subjekts, des Objekts oder des Attributes einnimmt.
**Morphologisch:** Die Kennzeichnung geschieht in beiden Sprachen dadurch, dass Substantive, aber auch die mit ihnen zusammenhängenden Adjektive, Pronomen, Artikel und Partizipien mit verschiedenen Kasusendungen versehen, d.h. dekliniert werden. Darin unterscheiden sich das Russische und das Deutsche von Sprachen, die über kein Kasussystem verfügen und syntaktische Beziehungen wie z.B. diejenigen zwischen Subjekt und Objekt, allein über die Wortfolge darstellen.
**Semantisch:** Im Unterschied zu Numerus, Genus oder Tempus ist beim Kasus kein Bezug auf außersprachliche Erscheinungen festzustellen. Er hat somit keine eigene Bedeutung, sondern dient ausschließlich dem Ausdruck innersprachlicher Beziehungen.

### Die Deklination der Substantive

Anhand der Variationen, die die Substantivendungen je nach Kasus, Genus, Numerus – und im Russischen: Belebtheit – aufweisen, lassen sich im Russischen drei und im Deutschen vier Deklinationstypen unterscheiden. Die Unterscheidung der Formklassen der Substantive erfolgt im Russischen nach den Singularbildungen der drei Genera Maskulinum, Femininum und Neutrum (s. „Genus“, S. 69). Im Deutschen korrelieren die Genera dagegen nicht immer mit den Deklinationstypen: Die Feminina bilden den Deklinationstyp I., die Maskulina den Deklinationstyp II., während die Deklinationstypen III. und IV. sowohl für die Maskulina als auch für die Neutra gelten. Die Formklassen des Deutschen werden anhand des Verhältnisses zwischen Singular- und Pluralbildungen aufgestellt.

### Die Deklination der russischen Substantive phonematisch dargestellt

Voraussetzung: Die Palatalisierung der Konsonanten (s. oben, S. 34).

| Vokalphoneme | | | /a, o, u, e, i/ | |
|---|---|---|---|---|
| Nicht-palatal. (harter) Kons. | п б ф в м т д с з н л р | es folgt | а, о, у, э, ы | oder ъ |
| Palatalisierter (weicher) Kons. | п’ б’ ф’ в’ м’ т’ д’ с’ з’ н’ л’ р’ | es folgt | я, ё, ю, е, и (е) | oder ь |

Folgende Konsonanten(gruppen) weichen von diesem Schema ab:

- die (Velarlaute) г, к, х
- die Zischlaute ш, ж, ч, щ
- der Affrikat ц
- der Konsonant й

**Die Substantivdeklination phonematisch**

| Singular | I | | II | III |
|---|---|---|---|---|
| | mask. | neutr. | fem. | fem. |
| **Nom.** | -Ø | -o | -a | -Ø |
| **Gen.** | -a | | -i | -i |
| **Dat.** | -u | | -e | -i |
| **Akk.** | bel. = Gen.<br>unbel. = Nom | wie Nom. | -u | wie Nom. |
| **Instr.** | -om | | -oj | -ju |
| **Präp.** | -e | | -e | -i |

| Plural | I | | II | III |
|---|---|---|---|---|
| | mask. | neutr. | fem. | fem. |
| **Nom.** | -i | -a | -i | -i |
| **Gen.** | -ov/-ej | -Ø | -Ø | -ej |
| **Dat.** | -am | | | |
| **Akk.** | belebt. wie Gen./unbelebt wie Nom. | | | |
| **Instr.** | -ami | | | |
| **Präp.** | -ach | | | |

**Grundschema I**: Nach den paarig harten Konsonanten (Ausnahmen s. Variante 1) folgen den oben angegebenen Vokalphonemen die entsprechenden nicht-jotierten Vokalbuchstaben.

**Grundschema II**: Nach allen paarig weichen Konsonanten, die also auf ь oder я, е, ё enden, und denen, die auf /j/ = й enden, folgt der entsprechende jotierte Vokalbuchstabe, wobei o zu ё (wenn betont) bzw. e (wenn unbetont) wird (Ausnahmen s. Variante 4).

Im Genitiv Plural Maskulinum folgt nicht die Endung -ов sondern (-ей (-ej)).

Im Maskulinum folgt im Prinzip auch die Endung Vokal + й diesem Schema, nur lautet der Gen. Pl. bei betonter Endung -ёв, bei unbetonter Endung -ев.

Es folgen einige **Varianten dieser Grundschemata**.

**zu Grundschema I:**

| | |
|---|---|
| 1) Nach г, к, х | folgt statt dem ы > и |
| 2) Nach ж, ш, ч, щ | folgt statt dem ы > и, |
| bei unbetonter Endung | wird o > e, außerdem |
| | lautet der Genitiv Pl. der I. Dekl. -ей |
| 3) Nach ц | folgt statt dem и > ы |
| | wird bei unbetonter Endung o > e |

**zu Grundschema II:**

| | |
|---|---|
| 4) Bei den Endungen -ий, -ие, -ия | wird е > и |

# Die Deklinationen der russischen Substantive

## Typ I Maskulina

| | Stamm | harte Kons. | | | weiche Kons. | |
|---|---|---|---|---|---|---|
| **S** | **Nom. Sg.** | **-г, -к, -х** | **andere** | **-ь** | **-й** | **-ий** |
| **i** | | | | | | |
| **n** | Nom. | учени́к | стол | рубль | геро́й | санато́рий |
| **g** | Gen. | ученика́ | стола́ | рубля́ | геро́я | санато́рия |
| **u** | Dat. | ученику́ | столу́ | рублю́ | геро́ю | санато́рию |
| **l** | Akk. | ученика́ | стол | рубль | геро́я | санато́рий |
| **a** | Instr. | ученико́м | столо́м | рублём | геро́ем | санато́рием |
| **r** | Präp. | ученике́ | столе́ | рубле́ | геро́е | санато́рии |
| **P** | Nom. | ученики́ | столы́ | рубли́ | геро́и | санато́рии |
| **l** | Gen. | ученико́в | столо́в | рубле́й | геро́ев | санато́риев |
| **u** | Dat. | ученика́м | стола́м | рубля́м | геро́ям | санато́риям |
| **r** | Akk. | ученико́в | столы́ | рубли́ | геро́ев | санато́рии |
| **a** | Instr. | ученика́ми | стола́ми | рубля́ми | геро́ями | санато́риями |
| **l** | Präp. | ученика́х | стола́х | рубля́х | геро́ях | санато́риях |
| | Bedeutung | ‚Schüler‘ | ‚Stuhl‘ | ‚Rubel‘ | ‚Held‘ | ‚Sanatorium‘ |
| | **Belebtheit** | **belebt** | **unbelebt** | | **belebt** | **unbelebt** |

## Typ I Neutra

| | Stamm | harte Kons. | | | weiche Kons. | |
|---|---|---|---|---|---|---|
| **S** | **Nom. Sg.** | **-о** | **-ко** | **-е** | **-ье** | **-ие** |
| **i** | | | | | | |
| **n** | Nom. | ме́сто | я́блоко | по́ле | уще́лье | зда́ние |
| **g** | Gen. | ме́ста | я́блока | по́ля | уще́лья | зда́ния |
| **u** | Dat. | ме́сту | я́блоку | по́лю | уще́лью | зда́нию |
| **l** | Akk. | ме́сто | я́блоко | по́ле | уще́лье | зда́ние |
| **a** | Instr. | ме́стом | я́блоком | по́лем | уще́льем | зда́нием |
| **r** | Präp. | ме́сте | я́блоке | по́ле | уще́лье | зда́нии |
| **P** | Nom. | места́ | я́блоки | поля́ | уще́лья | зда́ния |
| **l** | Gen. | мест | я́блок | поле́й | уще́лий | зда́ний |
| **u** | Dat. | места́м | я́блокам | поля́м | уще́льям | зда́ниям |
| **r** | Akk. | места | я́блоки | поля́ | уще́лья | зда́ния |
| **a** | Instr. | места́ми | я́блоками | поля́ми | уще́льями | зда́ниями |
| **l** | Präp. | места́х | я́блоках | поля́х | уще́льях | зда́ниях |
| | Bedeutung | ‚Platz, Ort‘ | ‚Apfel‘ | ‚Feld‘ | ‚Schlucht‘ | ‚Gebäude‘ |

**Typ II + III Feminina**

| | | II | | | | III |
|---|---|---|---|---|---|---|
| | **Stamm** | **hart** | | **weich** | | |
| **S** | **Nom. Sg.** | **Kons. + -а** | **-га, -ка, -ха** | **- я** | **-ия** | **-ь** |
| **i** | | | | | | |
| **n** | Nom. | сестра́ | подру́га | неделя́ | фами́лия | мы́шь |
| **g** | Gen. | сестры́ | подру́ги | неде́ли | фами́лии | мы́ши |
| **u** | Dat. | сестре́ | подру́ге | неде́ле | фами́лии | мы́ши |
| **l** | Akk. | сестру́ | подру́гу | неде́лю | фами́лию | мы́шь |
| **a** | Instr. | сестро́й | подруѓой | неде́лей | фами́лией | мы́шью |
| **r** | Präp. | сестре́ | подру́ге | неде́ле | фами́лии | мы́ши |
| | | | | | | |
| **P** | Nom. | сёстры | подру́ги | неде́ли | фами́лии | мы́ши |
| **l** | Gen. | сестёр | подру́г | неде́ль | фами́лий | мыше́й |
| **u** | Dat. | сёстрам | подру́гам | неде́лям | фами́лиям | мыша́м |
| **r** | Akk. | сестёр | подру́г | неде́ли | фами́лии | мыше́й |
| **a** | Instr. | сёстрами | подру́гами | неде́лями | фами́лиями | мыша́ми |
| **l** | Präp. | сёстрах | подру́гах | неде́лях | фами́лиях | мыша́х |
| | Bedeutung | ‚Schwester‘ | ‚Freundin‘ | ‚Woche‘ | ‚Nachname‘ | ‚Maus‘ |

## Die Deklination der deutschen Substantive

Anhand des Verhältnisses verschiedener Singular- und Pluralendungen lassen sich für das Deutsche folgende vier Deklinationstypen aufstellen:

- Typ I: Singularformen endungslos, Nominativ Plural endungslos oder auf *-n*/*-en*, *-s* oder *-e*. Umlaut bei endungslosem und *-e* Nominativ Plural.
- Typ II: Genitiv Singular *-s*, *-es*, Nominativ Pl. endungslos oder *-e*, *-er*, *-s*.
- Typ III: Singular- und Pluralformen außer Nominativ Sg. enden *-n* oder *-en*.
- Typ IV: Genitivendung auf *-s*, *-ns*, *-es*, alle Kasus des Plurals auf *-n*, *-en*.

**Typ I Feminina**

| | | **Endung im Nom. Plural:** | | | |
|---|---|---|---|---|---|
| **Singular** | **Artikel** | **Ø** | **-n/-en** | **-s** | **-e** |
| Nom. | die | Mutter | Frau | Lok | Labsal |
| Gen. | der | Mutter | Frau | Lok | Labsal |
| Dat. | der | Mutter | Frau | Lok | Labsal |
| Akk. | die | Mutter | Frau | Lok | Labsal |
| | | | | | |
| **Plural** | | | | | |
| Nom. | die | Mütter | Frauen | Loks | Labsale |
| Gen. | der | Mütter | Frauen | Loks | Labsale |
| Dat. | den | Müttern | Frauen | Loks | Labsale |
| Akk. | die | Mütter | Frauen | Loks | Labsale |

**Typ II Maskulina**

| Genitiv Singular Endung auf: | | | | | |
|---|---|---|---|---|---|
| **Singular** | **Artikel** | **-s** | **-es** | **-s** | **-es** |
| Nom. | Der | Lehrer | Leib | Uhu | Tisch |
| Gen. | Des | Lehrers | Leibes | Uhus | Tisches |
| Dat. | dem | Lehrer | Leib | Uhu | Tisch |
| Akk. | den | Lehrer | Leib | Uhu | Tisch |
| **Nominativ Plural auf:** | | | | | |
| **Plural** | | **endungslos** | **-er** | **-s** | **-e** |
| Nom. | die | Lehrer | Leiber | Uhus | Tische |
| Gen. | der | Lehrer | Leiber | Uhus | Tische |
| Dat. | den | Lehrern | Leibern | Uhus | Tischen |
| Akk. | die | Lehrer | Leiber | Uhus | Tische |

**Typ II Neutra**

| Genitiv Singular Endung auf: | | | | | |
|---|---|---|---|---|---|
| **Singular** | **Artikel** | **-s** | **-es** | **-s** | **-es** |
| Nom. | das | Fenster | Brett | Auto | Schaf |
| Gen. | des | Fensters | Brettes | Autos | Schafes |
| Dat. | dem | Fenster | Brett | Auto | Schaf |
| Akk. | das | Fenster | Brett | Auto | Schaf |
| **Nominativ Plural auf:** | | | | | |
| **Plural** | | **endungslos** | **-er** | **-s** | **-e** |
| Nom. | die | Fenster | Bretter | Autos | Schafe |
| Gen. | der | Fenster | Bretter | Autos | Schafe |
| Dat. | den | Fenstern | Brettern | Autos | Schafen |
| Akk. | die | Fenster | Bretter | Autos | Schafe |

**Typ III Maskulina**

| | | Endungen in allen Kasus (außer Nom. Sg.) | |
|---|---|---|---|
| **Singular** | **Artikel** | **-n** | **-en** |
| Nom. | Der | Hase | Mensch |
| Gen. | Des | Hasen | Menschen |
| Dat. | Dem | Hasen | Menschen |
| Akk. | Den | Hasen | Menschen |
| **Plural** | | | |
| Nom. | die | Hasen | Menschen |
| Gen. | der | Hasen | Menschen |
| Dat. | den | Hasen | Menschen |
| Akk. | die | Hasen | Menschen |

**Typ IV Maskulina**

| | | Genitiv Singular Endung auf: | | |
|---|---|---|---|---|
| **Singular** | **Artikel** | **-s** | **-ns** | **-es** |
| Nom. | der | See | Buchstabe | Staat |
| Gen. | des | Sees | Buchstabens | Staates |
| Dat. | dem | See | Buchstaben | Staat |
| Akk. | den | See | Buchstaben | Staat |
| | | **Nominativ Plural auf:** | | |
| **Plural** | | **-n** | **-n** | **-en** |
| Nom. | die | Seen | Buchstaben | Staaten |
| Gen. | der | Seen | Buchstaben | Staaten |
| Dat. | den | Seen | Buchstaben | Staaten |
| Akk. | die | Seen | Buchstaben | Staaten |

**Typ IV Neutra**

| | | Genitiv Singular Endung auf: | | |
|---|---|---|---|---|
| **Singular** | **Artikel** | **-s** | **-ns** | **-es** |
| Nom. | das | Ohr | Herz | Bett |
| Gen. | des | Ohres | Herzens | Betttes |
| Dat. | dem | Ohr | Herz(en) | Bett |
| Akk. | das | Ohr | Herz | Bett |
| | | **Nominativ Plural auf:** | | |
| **Plural** | | **-n** | **-en** | **-en** |
| Nom. | die | Ohren | Herzen | Betten |
| Gen. | der | Ohren | Herzen | Betten |
| Dat. | den | Ohren | Herzen | Betten |
| Akk. | die | Ohren | Herzen | Betten |

## Fehler auf Grund der Deklination

Die Deklination der deutschen Substantive bereitet den Lernenden besonders große Schwierigkeiten. Die Ursache für Fehler wie **eine Blumen* und **die Bäumen* etc. ist meistens nicht in negativem Transfer zu suchen, sondern in intralingualen Problemen mit dem komplexen Formensystem des deutschen Substantivs. Dabei sind fehlerhafte Bildungen sowohl des Nominativs als auch aller anderen Kasus häufig zu beobachten:

Beispiel: a. *des imperfektiven Aspekt (Gen.)
b. *dieses Phänomen findet sich in dieser Sprachen... (Dat.)
c. *Ich untersuche die grammatische Mitteln... (Akk.)

## Die Kasusfunktionen im Vergleich der Sprachen

Das Russische verfügt über sechs Kasus, das Deutsche über vier. Außer den vier Kasus Nominativ, Genitiv, Dativ und Akkusativ gehören zum Russischen außerdem die Kasus Instrumental und Präpositiv. Der Nominativ tritt nur ohne, der Präpositiv nur mit Präposition auf. Alle anderen Kasus treten sowohl ohne Präposition (als reine Kasus) als auch mit Präposition auf. Funktional stimmen die vier Kasus, die beide Sprachen gemeinsam haben, weitgehend überein. Welche Funktionen die Kasus im Einzelnen haben, und in welchen Fällen sie in den beiden Sprachen voneinander abweichen, wird weiter unten dargestellt.
Kasusfunktionen können danach unterschieden werden, ob der Kasus des in Frage stehenden Substantivs von einem Nomen, also einem Substantiv oder Adjektiv (nominal), von einer Präposition (präpositional) oder von einem Verb (verbal) gefordert wird. Alle genannten Wortarten – insbesondere aber die Verben, Adjektive und Präpositionen – können die Kasusform eines ihnen untergeordneten Substantivs bzw. substantivischen Pronomens bestimmen. Diese syntaktische Abhängigkeitsbeziehung heißt Rektion. Je nachdem, ob die Rektion den lexikalisch-grammatischen Eigenschaften des „Regens", des übergeordneten, regierenden Wortes, entspringt oder nicht, spricht man von starker respektive schwacher Rektion. Alle Wortarten können Mehrfach-Rektionen haben.

Der Kasus eines Substantivs kann regiert werden durch:

| | |
|---|---|
| Verben: | Ich wünsche[39] dir (Dat.) eine gute Nacht. (Akk.)<br>Я желаю тебе (Dat.) спокойной ночи. (Gen.) |
| Präpositionen: | Ich gehe über die Brücke. (Akk.)<br>Я иду через мост. (Akk.) |
| Adjektive: | mit dem Bruder zufrieden sein (Dat.)<br>довольный братом (Instr.) |
| Substantive:<br>(Deverbativa) | die Leitung der Arbeit (Gen.)<br>руководство работой (Instr.) |

Im Folgenden werden die syntaktischen Funktionen der russischen Kasus, unterschieden nach verbalem und nominalem Gebrauch, mit Schwerpunkt auf den Unterschieden zum Deutschen beschrieben. Die präpositionale Rektion wird in dem Kapitel über Präpositionen der Übersichtlichkeit halber tabellarisch dargestellt. Denn die Präpositionen und ihre verschiedenen Übersetzungen treten nicht nur in schier unüberschaubarer Anzahl auf, sondern haben häufig auch Mehrfach-Kasus.

39 Das Verb *wünschen* regiert im Russischen und Deutschen unterschiedliche Kasus.

## Nominativ

Der Nominativ verkörpert im Russischen wie im Deutschen die neutrale Grundform des Kasussystems. Als „Ausgangskasus" (исходный падеж) tritt er nur in nominaler Funktion auf. Seine wichtigste Funktion besteht darin, das grammatische Subjekt des Satzes (in Handlungssätzen somit den Urheber) zu markieren. Auf Grund seiner syntaktischen Unabhängigkeit steht der Nominativ allen anderen Kasus gegenüber, welche man unter der Bezeichnung „oblique (abhängige) Kasus" zusammenfasst. Zudem tritt er als Prädikatsnomen im nominalen Teil eines aus Kopula und Nomen zusammengesetzten Prädikats auf. Im Deutschen sind die Satzglieder durch die Präsensformen von *sein* verbunden, im Russischen durch eine Null-Kopula:

| Beispiel: | Мой дядя | – | (Ø) инженер. | ‚Mein Onkel (ist) Ingenieur.' |
|---|---|---|---|---|
| | Стул | – | (Ø) это мебель. | ‚(Der) Stuhl (ist) (ein) Möbel.' |
| | (Subjekt) | | (Prädikatsnomen) | |

### Negativer Transfer

Das Fehlen der Kopula *sein* im russischen Präsenssatz führt häufig dazu, dass Lernende russischer Herkunftssprache die muttersprachlichen Verhältnisse kalkieren und die geforderte Form im deutschen Satz nicht zum Ausdruck bringen (s. „Die Präsensform des Verbs быть", S. 156). Dies hat Äußerungen zur Folge, in denen zwei Nominativ-Substantive unvermittelt nebeneinander stehen.

Beispiel: *Moskau Hauptstadt Russlands

## Genitiv

Der Genitiv steht als überwiegend nominaler Kasus den verbalen Kasus Nominativ, Akkusativ und Dativ gegenüber. In dieser seiner Hauptfunktion ist er als Kasus des Attributs zu bestimmen. In beiden Sprachen – insbesondere aber im Russischen – fungiert er daneben auch als Objekt- und Adverbialkasus.

### Die nominalen Funktionen

Der Genitiv dient in beiden Sprachen als Attribut, wenn er verschiedene Verhältnisse zweier, durch Substantive bezeichnete Gegenstände zum Ausdruck bringt. Es kann sich dabei um Verhältnisse des Besitzes, z.B. дом брата ‚das Haus des Bruders', des Instruments, der Beziehung, der Beschaffenheit, der Konkretisierung, aber auch des Maßes, z.B. литр воды ‚ein Liter Wasser' handeln. Viele attributive Genitivkonstruktionen des Russischen erscheinen im Deutschen als zusammengesetzte Substantive, so z.B. лай собаки ‚Hundegebell', порыв ветра ‚Windstoß', кочан капусты ‚Kohlkopf', клубень картофеля ‚Kartoffelknolle'. Darauf sollte der russischsprachige Deutschlerner aufmerksam gemacht werden. Ebenfalls nominal ist die partitive Funktion: In Wortfügungen mit Kardinalzahlwörtern, unbestimmten Quantitätswörtern (много домов ‚viele Häuser' (im Dt. kein Genitiv)) und Quantitätssubstantiven (большинство домов ‚die Mehrheit der Häuser').

**Der Vergleich mit dem Deutschen**

Der Kreis der attributiven Genitivkonstruktionen, die analog zu den zahlreichen russischen Bildungen ins Deutsche übertragen werden können, ist beschränkt. So können Beziehungen, die im Russischen instrumentalen Charakter haben, z.B. удар кинжала (wörtl.: ‚Stoß des Dolches') im Deutschen nicht durch eine Wortfügung mit dem Genitiv wiedergegeben werden. Sie werden dort entweder durch ein zusammengesetztes Wort: ‚Dolchstoß' oder durch eine Präpositionalgruppe: ‚Stoß mit dem Dolch' wiedergegeben.

**Negativer Transfer**

Am häufigsten treten in Wortfügungen mit unbestimmten Quantitätswörtern Nachahmungsfehler auf, wenn russischsprachige Deutschlerner den Genitivus partitivus wie in der eigenen Sprache verwenden. Auffällig wird dies insbesondere dann, wenn versucht wird, eine Genitivform einzusetzen – wenn also die interlinguale Identifizierung russischer Rektionsverhältnisse durch die entsprechende deutsche Deklinationsform ergänzt wird.

Beispiel: a. *...und viel Herzens gehabt.
b *Meine Meinung ist daß Deutschland viel Waldes hat.

Häufig werden aber auch attributive Fügungen des Typs Substantiv + Substantiv (zweiteres im Genitiv) in für das Deutsche unüblicher Weise gebildet. Die russische Übersetzung im folgenden Beispiel a. zeigt, dass der entsprechende Satz im Russischen nicht durch diese Reihung von Genitiven erzeugt werden würde. Es handelt sich dabei also um keine Kalkierung wie in Beispiel b., also eine Wort-für-Wort-Übertragung, sondern um eine interlinguale Identifizierung, bei der die syntaktische Konstruktion als Struktur übertragen wird.

Beispiel: a. ?Es wird der Versuch der Untersuchung des kommunikativen Verhaltens der sozialen Persönlichkeiten unternommen.
b. ?Aufgabe der vorliegenden Arbeit besteht in der Untersuchung und Bestimmung der Bedingungen des trennbaren bzw. untrennbaren Gebrauchs der Partikelverben...

Wenn attributive Fügungen zweier oder mehrerer Substantive im Deutschen möglich und richtig sind, kommt es zu intralingual bedingten Schwierigkeiten bei der Verwendung der Präposition *von* an Stelle der Artikel *der/des*, was in der deutschen Sprache gegenwärtig immer häufiger üblich ist. Hier ist Überproduktion bzw. Hyperkorrektur ebenso zu finden wie Unterproduktion.

Beispiel: a. *Für Unterscheidung der obturationellen Gelbsucht von anderen Arten **von** Gelbsucht hat diese Probe keine wesentliche Bedeutung…
b. ?...dient dem Ausdruck **der** konkreten, nicht wiederholten Handlungen,

die in einem bestimmten Zeitraum verlaufen. (statt: entweder mit Präposition *von* oder ohne Artikel und Präposition)

c. *...der progressiven Aspektfunktion, einer **von** Grundbedeutungen des imperfektiven Aspekt.

### Die verbalen Funktionen

Von transitiven Verben regiert, tritt der Genitiv im Russischen auf, um in Fällen der Negation oder der Partition das direkte Objekt (Akkusativobjekt) zu ersetzen. Bei der Verneinung gilt die Einschränkung, dass das Objekt a) indefinit und b) in seiner Existenz negiert sein muss. Im Unterschied dazu geht es beim definiten bzw. determinierten Objekt darum, dass die Verbhandlung in Bezug auf einen konkreten Gegenstand negiert wird. Dies wird im Russischen durch das Akkusativobjekt wiedergegeben (s. „Definitheit“, S. 206).

| | |
|---|---|
| Ich mag Tee.<br>Я люблю чай.<br>Ich mag keinen Tee.<br>Я не люблю чая. | Ich mag den/diesen Tee.<br>Я люблю (этот) чай.<br>Ich mag diesen Tee nicht.<br>Я не люблю (этот) чай. |
| Ich sehe einen Baum.<br>Я вижу дерева.<br>(indef. Obj.=Gen.)<br>Ich sehe keinen Baum.<br>Я не вижу (никакого) дерева.<br>(Negation von indef. Obj.=Gen.) | Ich sehe den Baum.<br>Я вижу дерево.<br>(def. Obj.=Akk.)<br>Ich sehe den Baum nicht.<br>Я не вижу дерево.<br>(Negation von def. Obj.=Akk.) |

### Negativer Transfer

In einigen Fällen kommt es zu Genitivkonstruktionen, denen vermutlich eine Nachahmung der russischen Negation zu Grunde liegt.

Beispiel: a. *Hab dort kein**es** Tier**es.**
b. *Ich habe heute kein**er** Zeit.

### Verbaler Genitivus partitivus

Der verbale Genitivus partitivus bringt zum Ausdruck, dass sich die Handlung nur auf einen Teil der durch das Substantiv bezeichneten Substanz bezieht.

Beispiel: Приноси мне воды! wörtlich: ‚Hol’ mir des Wassers!‘

### Negativer Transfer

Auch eine Nachahmung des russischen Genitivus Partitivus ist ab und zu in deutschen Sätzen russischsprachiger Lernender anzutreffen.

Beispiel: a. *Bei der Zubereitung der Emulsion nimmt man 35 $cm^3$ **destillierten Wassers...**
b. *Ich kaufe **der** Milch.

### Besonderheiten der Rektion

Einige russische Verben regieren anders als ihre deutschen Entsprechungen den Genitiv. Sie lassen sich in vier semantische Gruppen zusammenfassen. Hier die wichtigsten Beispiele, wobei der Aspektpartner gegebenenfalls in Klammern steht.

a) Verben des Meidens und Fürchtens

| | | | |
|---|---|---|---|
| (ис)пугаться | ‚sich erschrecken' | бояться | ‚sich fürchten' |
| чуждаться | ‚etw./jmd. meiden' | стыдиться | ‚sich schämen' |
| (с)трусить | ‚Angst haben' | (по)гнуситься | ‚sich ekeln' |
| беречься | ‚sich hüten vor' | дичиться | ‚sich scheuen' |

b) Verben des Suchens, Wünschens, Bittens und Strebens

| | | | |
|---|---|---|---|
| искать | ‚suchen' | желать | ‚wünschen' |
| (по)просить | ‚bitten' | домогаться | ‚sich bewerben' |
| жаждать | ‚dürsten' | доби(ва)ться | ‚streben nach' |

c) Verben des Wollens, Forderns und der Erwartung

| | | | |
|---|---|---|---|
| ждать | ‚warten' | подождать | ‚warten' |
| ожидать | ‚(er)warten' | дождаться | ‚erwarten' |
| (за)хотеть | ‚wollen' | (по)требовать | ‚fordern' |

d) Verben der Wertschätzung oder Würdigung

| | | | |
|---|---|---|---|
| стоить | ‚sich lohnen' | заслуживать | ‚etw. verdienen' |
| удостаивать/удостоить | | ‚würdigen durch, auszeichnen mit' | |
| удостаиваться/удостоиться | | ‚gewürdigt werden durch' | |

e) Verben der Berührung oder des Ausgerichtetseins

| | |
|---|---|
| касаться/коснуться | ‚etw. betreffen' |
| держаться/придерживаться | ‚sich halten an' |
| (по)слушаться | ‚gehorchen' |

### Negativer Transfer

Weicht die Rektion eines russischen Verbs von der Rektion seiner deutschen Entsprechung ab, können Fehler auftreten. Bei negativem Transfer des russischen Genitivs kommt es zu Äußerungen folgenden Typs:

Beispiel: a. *Ich wünsche dir **des** Glück**es.**
(Я желаю тебе счастья.)
b. *Sie hat miech schon geвwartet.
(Она уже ждала меня.)

Ebenso wie *wünschen* regiert das Verb *betreffen* im Deutschen den Akkusativ, im Russischen aber den Genitiv, was bei falscher Analogie zu Fehlern führt, wie:

Beispiel: a. *Was atelisch**er** Verben betrifft...
b. *Was **der** unbegrenzt-andauernd**en** Unterfunktion betrifft...

## Dativ

Mit Hilfe des Dativs wird in beiden Sprachen das indirekte, nicht unmittelbar betroffene Objekt bezeichnet. Vom Akkusativ unterscheidet er sich außerdem durch eine weniger enge Beziehung zum Verb. Der Dativ hat meist verbale Funktion.

### Die nominalen Funktionen in unpersönlichen Sätze

In unpersönlichen Sätzen wird im Russischen der Träger eines Zustandes häufig mit einem Dativpronomen benannt (s. „Unpersönliche Sätze“, S. 190).

| | | |
|---|---|---|
| Beispiel: | Мне хорошо. | wörtlich: ‚Mir (ist) gut‘ |
| | Мне тридцать лет. | wörtlich: ‚Mir (sind) dreißig Jahre‘ |
| | Мне хочется пить/спать. | wörtlich: ‚Es will mir trinken/schlafen‘ |
| | Мне жалько. | wörtlich: ‚Es (ist) mir schade‘ |

### Negativer Transfer

Im Deutschen macht sich häufig die interlinguale Identifizierung russischer unpersönlicher Konstruktionen mit einem Dativpronomen bemerkbar:

Beispiel: a. *Ihm sind 19 Jahre
b. *Mir will trinken/schlafen
c. *Es macht mir schade

### Die verbalen Funktionen: Besonderheiten der Rektion

Im Russischen regieren im Unterschied zu ihren deutschen Äquivalenten Verben der folgenden semantischen Gruppen den Dativ.

a) Verben des feindlichen Verhaltens bzw. Störens

| | | | |
|---|---|---|---|
| (при)грозить | ‚drohen‘ | наскучить | ‚jmd. langweilen‘ |
| досадить/досаждать | ‚ärgern‘ | (на)грубить | ‚grob sein‘ |
| изменять/изменить | ‚sich rächen‘ | (по)мешать | ‚jmd. stören‘ |
| (вос)препятствовать | ‚jmd. hindern‘ | (ото)мстить | ‚sich rächen‘ |
| надоесть/надоедать | ‚lästig sein‘ | (по)завидовать | ‚jmd. beneiden‘ |

b) Verben des freundlichen Verhaltens, der Freude, der Verwunderung

| | | | |
|---|---|---|---|
| симпатизировать | ‚sympathisieren‘ | (об)радоваться | ‚sich freuen‘ |
| удивляться/удивиться | ‚staunen‘ | (по)дивиться | ‚sich wundern‘ |

c) Verben des Lernens und Lehrens

| | | | |
|---|---|---|---|
| (на)учить | ‚lehren‘ | (на)учиться | ‚lernen‘ |
| обучать/обучить | ‚unterrichten‘ | (вы)учиться | ‚lernen‘ |

d) Verschiedene andere Verben

| | | | |
|---|---|---|---|
| звонить/позвонить | ‚jmd. anrufen‘ | аккомпанировать | ‚musikalisch begleiten‘ |

### Negativer Transfer bei der Rektion des Dativs

Beispiel:

a. *Das hat ihm gestört. (Это ему мешал)
b. *Ich wundere dem, dass… (Я удивляюсь этому)
c. *Ich lehre dich dem Handwerk. (Я тебя учу ремеслу)
d. *die Mutter ruft dem Arzt an. (Мать звонит врачу)

### Akkusativ

Der Akkusativ gilt als der Gegenkasus zum Nominativ, da seine Hauptfunktion darin besteht das direkte grammatische Satzobjekt zu markieren mithin den Menschen oder Gegenstand, auf den ein durch den Nominativ bezeichnetes Subjekt einwirkt. Der Akkusativ ist sowohl im Deutschen als auch im Russischen ein rein verbaler Kasus. Er wird in der Regel von transitiven Verben regiert, die sich auf das direkte Satzobjekt, d.h. das von der Handlung unmittelbar betroffene Objekt beziehen. Syntaktisch zeichnet sich der Akkusativ daher durch eine besonders enge Verbbeziehung aus.

### Die verbalen Funktionen: Besonderheiten der Rektion

Anders als beim Genitiv, Dativ und Instrumental lassen sich die russischen Verben, welche in Abweichung zu ihren deutschen Entsprechungen den Akkusativ regieren, nicht in semantische Gruppen zusammenfassen. Eine Auswahl der wichtigsten Verben:

| | |
|---|---|
| поздравлять/поздравить | ‚gratulieren‘ |
| встречать/встретить | ‚begegnen‘ |
| прощать/простить | ‚verzeihen‘ |
| выручать/выручить | ‚helfen‘ |
| отговаривать/отговорить | ‚abraten‘ |
| напоминать/напомнить | ‚gemahnen an‘ |
| (при)ревновать | ‚eifersüchtig sein auf jmd. (wegen)‘ |

### Negativer Transfer bei der verbalen Rektion des Akkusativs

Fehler auf Grund von Übertragungen der russischen Rektionsverhältnisse ergeben sich auch bei Verben, die im Russischen – anders als im Deutschen – den Akkusativ regieren. Die folgenden Verben stellen eine Auswahl dar:

### Regieren im Deutschen den Dativ:

Beispiel:

a. *Ich danke dich. (statt: dir) (Я по/благодарю тебя.)
b. *Ich begegne den Bruder. (statt: dem) (Я втречаю брата.)
c. *Ich gratuliere dich. (statt: dir) (Я поздравляю тебя.)
d. *Verzeihen Sie mich? (statt: mir) (Простите меня?)

### Regieren im Deutschen den Genitiv:

Beispiel: *Ich erinnere mich Ihre Worte. (statt: ihrer) (Я вспоминаю ваше слова.)

### Unterschiedliche Transitivität russischer und deutscher Verben

In Bezug auf die Transitivität weichen einige russische Verben von ihren deutschen Entsprechungen ab. Diese Verben sind im Deutschen rein intransitiv, im Russischen hingegen sowohl intransitiv als auch transitiv. Daraus entspringen unkorrekte Sätze, denen eine Präposition zu fehlen scheint. Der wahre Grund für die Fehlerhaftigkeit liegt aber darin, dass im Russischen solche Sätze wegen der Transitivität des Verbs möglich sind.

Beispiel: *Technik kann gewinnen den Menschen. (statt: besiegen)
(Техника может побеждать человека.)
(побеждать = intransitiv: ‚siegen', transitiv: ‚gegen jmd. gewinnen')

### Der Akkusativ in Adverbialbestimmungen

Der Akkusativ dient zudem in Adverbialbestimmungen der Bezeichnung des Maßes oder des Preises.

Beispiel: Танк весит тонну. ‚Der Panzer wiegt eine Tonne.'
Газета стоит марку. ‚Die Zeitung kostet eine Mark.'

## Instrumental

Der Instrumental drückt eine Objektbeziehung des Instruments oder des Mittels aus, mit dessen Hilfe eine Handlung ausgeführt wird. In diesem Sinne erscheint in Passivkonstruktionen und unpersönlichen Sätzen der Urheber bzw. die wirkende Ursache im Instrumental. Das Substantiv im Kasus Instrumentalis gibt eine Antwort auf die Fragen кем? (im Sinne von: ‚durch wen?') und чем? (im Sinne von: ‚wodurch, womit?').

Beispiel: Bestimmung des Werkzeugs oder Instruments:
резать ножом ‚mit dem Messer schneiden'
Bestimmung des Urhebers (im Passivsatz):
Книга прочитана мною. ‚Das Buch wird von mir gelesen.'

### Der Instrumental im Vergleich mit dem Deutschen

Im Frühmittelalter gab es auch im Deutschen einen Kasus Instrumentalis. Dieser war am Substantiv durch die Endung -u (z.B. wort-**u**), später durch -o gekennzeichnet. Im Althochdeutschen hieß es daher:

Beispiel: suert**u** hauwan ‚**mit** dem Schwert schlagen'
húngir**u** nistírbist ‚**durch** Hunger stirbst du nicht'

Häufig trat der deutsche Instrumental – wie der heutige russische Instrumental auch – im Verbund mit der Präposition *mit* auf. Noch im Verlauf der Epoche der althochdeutschen Sprache starb dieser Kasus aus.

**Die nominalen Funktionen**

Zu den nominalen Funktionen s. „Kasusrektionen anderer Wortarten", S. 88.

**Die verbalen Funktionen**

Der Instrumental wird häufig verwendet, um das Prädikatsnomen – ein Substantiv, das Teil des Prädikates ist – zu bezeichnen. Das Substantiv als Prädikatsnomen steht mit Verben zusammen, die als Kopula fungieren, indem sie Subjekt und Prädikat miteinander verbinden. Diese Verben sind auf Grund dieser „vermittelnden" Funktion desemantisiert, d.h. ihrer Bedeutung weitgehend entleert:

| | |
|---|---|
| быть | ‚sein' |
| считаться | ‚gelten' |
| оставаться/остаться | ‚bleiben' |
| становиться/стать | ‚werden' |
| казаться/оказаться | ‚den Anschein erwecken' |

**Negativer Transfer**

Im Deutschen steht das Prädikatsnomen, wenn es sich auf das Satzsubjekt bezieht, im Nominativ: *Peter wird Ingenieur*. Einige russischsprachige Deutschlerner versuchen aber, die Satzkonstruktionen mit dem russischen prädikativen Instrumental formal nachzuahmen, indem sie statt des Nominativs den Dativ verwenden.

Beispiel: *Peter wird dem Ingenieur.
(Пётр будет/станет инженером.)

Im Deutschen bezeichnet der Akkusativ das Prädikatsnomen, wenn es sich auf das Objekt des Satzes bezieht: *Sie nennen ihn einen Banditen*. Im Russischen stünde in solchen Fällen das Prädikat im Instrumental, was einige Lernende ebenfalls in eine Dativkonstruktion übertragen:

Beispiel: *Sie nennen ihn einem Banditen.
(Они называют/зовут его бандитом.)

**Verbale Rektion:** Der Instrumental wird außerdem regiert von:

a) Verben des Leitens, Regierens, Lenkens und Besitzens

| | |
|---|---|
| командовать | ‚jmd. oder etw. kommandieren' |
| дирижировать | ‚etw. dirigieren' |
| владеть | ‚etw. besitzen, beherrschen' |
| руководить | ‚jmd. oder etw. führen, leiten' |
| предводительствовать | ‚jmd. oder etw. anführen, befehligen' |

| | |
|---|---|
| заведовать, ведать | ‚etw. verwalten‘ |
| править | ‚jmd. oder etw. regieren, lenken‘ |

b) Verben, die semantisch nicht zu systematisieren sind

| | |
|---|---|
| интересоваться | ‚sich interessieren‘ |
| пользоваться | ‚etw. benutzen‘ |
| болеть | ‚krank sein‘ |
| заниматься/заняться | ‚sich beschäftigen mit‘ |
| гордиться | ‚stolz sein‘ |
| дышать | ‚atmen‘ |
| вонять | ‚stinken‘ |

### Negativer Transfer

Ab und zu lässt sich beobachten, dass die deutschen Entsprechungen von Verben, die im Russischen den Instrumental regieren – möglicherweise auf Grund von falscher Analogie – mit einem indirekten Objekt im Dativ kombiniert werden.

Beispiel: a. *Er dirigiert dem Orchester.
(Он дирижирует оркестром.)
b. *Ich interessiere mich dem Sport.
(Я интересуюсь спортом.)

### Der Instrumental in Adverbialbestimmungen

In Adverbialbestimmungen dient der Instrumental zur Angabe:

- **der Zeit**: вечером ‚abends‘,
- **des Ortes**: (идти) лесом ‚durch den Wald gehen‘,
- **der Art und Weise**: громким голосом ‚mit lauter Stimme‘.

### Präpositiv

Der Präpositiv erfüllt keine selbständige Kasusfunktion, weil er von fünf bestimmten Präpositionen regiert wird.

Im Wesentlichen dient er der Ortsangabe nach folgenden Präpositionen:

| | | |
|---|---|---|
| **в** | в гамбурге | ‚in Hamburg‘ |
| **на** | на улице | ‚auf der Straße‘ |
| **при** | при входе | ‚beim Eingang‘ |

Zum Ausdruck von zeitlichen Bestimmungen folgt er nach den Präspositionen:

| | | |
|---|---|---|
| **на** | на рассвете | ‚bei Tagesanbruch‘ |
| **по** | по окончании | ‚nach Beendigung‘ |
| **при** | при коммуниизме | ‚zu Zeiten des Kommunismus‘ |

Außerdem erscheint der Präpositiv zum Ausdruck von Objektbeziehungen:

| | | |
|---|---|---|
| **о** | говорить о подруге | ‚über die Freundin sprechen‘ |

### Der Vergleich der Kasus mit dem Deutschen

Weder im Deutschen noch im Russischen erscheinen die Kasusformen rein synthetisch, d.h. sie werden nicht ausschließlich durch die flexivischen Endungen der Substantive zum Ausdruck gebracht. Das Russische zählt auf Grund dessen, dass der Präpositiv sich außer der Verbendung auch eines analytischen Mittels – der Präposition – bedient, zum synthetisch-analytischen Mischtyp. Im Unterschied dazu kommt der Kasus im Deutschen in allen Kasusformen durch eine Mischung von synthetischer und analytischer Form zum Ausdruck. Nur die Kombination von Artikel und flexivischer Kasusendung bringt ihn eindeutig zum Vorschein.

Beispiel: der Artikel, des Artikels, dem Artikel, den Artikel

## Kasusrektionen anderer Wortarten

### Die Rektion der russischen Substantive

Für die russischen Kasus Genitiv, Dativ, Akkusativ und Instrumental gilt: Alle Substantive, die von Verben mit bestimmter Rektion deriviert, d.h. wortbildend abgeleitet wurden, regieren dieselben Kasus wie die dieser Ableitung zu Grunde liegenden Verben.

Beispiel: командовать лодкой (Infinitiv + Subst. im Instrumental)
‚das Boot kommandieren'
командование лодкой (Subst. Nom. + Subst. im Instr.)
‚das Kommando über das Boot'

### Negativer Transfer

Ebenso wie bei der Rektion der Verben kann die interlinguale Identifizierung mit der Rektion der russischen Substantive zu Fehlern führen.

### Die Rektion der russischen Präpositionen

Präpositionen stehen immer mit einem Nomen – also einem Substantiv, einer Substantivfügung oder einem Pronomen zusammen – dessen Kasus sie regieren. Die meisten Präpositionen sind polysem, d.h. sie haben mehrere verschiedene Bedeutungen. Einige polyseme Präpositionen regieren außerdem mehrere Kasus, so regiert die Präposition по:

- den Dativ: идти по улице ‚die Straße entlang'
- den Akkusativ: по колени ‚bis zu den Knien'
- den Präpositiv: по окончании школы ‚nach Beendigung der Schule'

Präpositionen können aber auch mehrere Kasus fordern, ohne große Bedeutungsunterschiede aufzuweisen. So erscheinen в ‚in' und на ‚auf' sowohl mit Akkusativ als auch mit Präpositiv (s. „Die Präposition", S. 171). Die semantische wie syntaktische Mehrdeutigkeit steht dem eindeutigen Verständnis der Präpositionen jedoch nicht im Wege, da diese jeweils an einen bestimmten Kreis von Substantiven, Verben usw. geknüpft sind, wodurch ihre jeweilige Bedeutung eindeutig bestimmt ist.

**Der Vergleich mit dem Deutschen**

Auch im Deutschen sind die Präpositionen polysem und regieren bis zu drei Kasus. Neun Präpositionen regieren sowohl den Akkusativ als auch den Dativ. Sie alle geben eine räumliche Relation an: ***in*, *an*, *auf*, *über*, *unter*, *vor*, *hinter*, *neben*** und ***zwischen***. Dabei zeigen sie in vielen Kontexten den in der Tabelle dargestellten Bedeutungsunterschied:

| **mit dem Dativ:**<br>Bewegung *innerhalb eines Raumes* | **mit dem Akkusativ:**<br>Bewegung, *welche die Grenze eines Raumes überschreitet* |
|---|---|
| *an* einem Tisch sitzen<br>*zwischen* zwei Parteien stehen<br>*vor* der Tür auf und ab gehen<br>sich *in* einem Unwetter befinden | sich *an* einen Tisch setzen<br>sich *zwischen* zwei Parteien stellen<br>*vor* die Tür treten<br>*in* ein Unwetter geraten |

Einige Präpositionen sind zwar nicht polysem, regieren dafür aber mehrere Kasus, wie zum Beispiel die drei folgenden:

| | |
|---|---|
| wegen, trotz<br>und während | des Schießens (Genitiv)<br>dem Schießen (Dativ) |
| außer | Landes (Genitiv)<br>dir (Dativ)<br>Betrieb (Akkusativ) |
| dank | seines Fleißes (Genitiv)<br>seinem Fleiß (Dativ) |

**Negativer Transfer**

Auf interlingualer Ebene kommt es häufig zur interlingualen Identifizierung der präpositionalen Rektion des Russischen. Beispiele für die richtige Präposition, aber deren russische Rektion und nicht deren deutsche:

Beispiel:
a. *ohne sichtbar**er** Gelbsucht (ohne + Akkusativ)
**без** видим**ой** желтух**и** (без + Genitiv)
b. *Der Vater arbeitet **für seiner Familie.** (für + Akkusativ)
Отец работает **для своей** семьи. (для + Genitiv)
c. *Er geht **entlang des Flusses**. (Akk. + nachgestellt: *entlang*)
Он идёт **вдоль реки.** (вдоль + Genitiv)

# Das Pronomen

**Syntaktisch:** Nach ihrer syntaktischen Funktion unterteilt man die Pronomen im Wesentlichen in zwei Gruppen:

a) Substantivische Pronomen, die im Satz die Stelle von Subjekten und Objekten vertreten
b) Adjektivische Pronomen, die als Attribute oder an Stelle prädikativ gebrauchter Adjektive auftreten

**Semantisch:** Pronomen zeichnen sich durch ihre verweisende Semantik aus. Im Gegensatz zu den anderen flektierenden Wortarten Substantiv, Verb und Adjektiv bezeichnen bzw. beschreiben sie nicht ein Element der außersprachlichen Wirklichkeit (Gegenstand oder Handlung), sondern weisen auf dieses hin, ohne es zu nennen oder inhaltlich zu bestimmen. Ihre Bedeutung konkretisiert sich daher erst im Kontext, in dem sie meist als Ersatz eines bereits gebrauchten Substantivs, Adjektivs oder eines Numerales auftreten. Nach semantischen Kriterien geordnet, ergeben sich zehn Gruppen.

| semantische Kriterien | syntaktische Kriterien |
|---|---|
| **Personal**pronomen<br>**Reflexiv**pronomen<br>**Reziprok**pronomen<br>**Interrogativ**pronomen | **substantivisch** |
| **Possessiv**pronomen<br>**Demonstrativ**pronomen<br>**Determinativ**pronomen<br>**Relativ**pronomen<br>**Indefinit**pronomen<br>**Negativ**pronomen | **adjektivisch** |

**Morphologisch:** Das gemeinsame morphologische Merkmal der Pronomen ist ihre Deklinierbarkeit. Sie unterscheiden sich jedoch darin, ob sie substantivisch oder adjektivisch und nach welcher der Kategorien Kasus, Genus und Numerus sie gebeugt werden.

## Substantivische Pronomen

### Personalpronomen

**Semantisch:** Die Personalpronomen bezeichnen den Sprecher oder den bzw. die Hörer. Die 1. Person Singular я ‚ich' und die 2. Person Singular ты ‚du' bezeichnen den Sprechenden bzw. einen Angesprochenen sowohl männlichen als auch weiblichen Geschlechts. Die 1. Person Plural мы ‚wir' bezeichnet den Sprechenden plus einen oder mehrere Hörer, die 2. Person Plural hingegen den Gesprächspartner plus eine Person oder mehrere andere Personen. Die Pronomen der 3. Personen können auch auf Personen verweisen, die nicht am Gespräch teilhaben. Im Unterschied zu den Pronomen der 1. und 2. Person müssen sie sich daher auch nicht auf den konkreten Redeakt beziehen. Die Personalpronomen der 3. Person Singular werden im Unterschied zu allen anderen nach dem Genus des Gegenstandes oder der Person differenziert.

**Morphologisch:** Die Formen der Personalpronomen я, ты, мы sind morphologisch dadurch gekennzeichnet, dass sie in den obliquen Kasus einen anderen Stamm als im Nominativ aufweisen. Die Pronomen der 3. Person weichen formal dadurch von den anderen Pronomen ab, dass ihre Singularformen nicht geschlechtsneutral, sondern diesbezüglich unterschieden sind.

**Die russischen Personalpronomen**

| **Numerus** | **Singular** | | | | **Plural** | | |
|---|---|---|---|---|---|---|---|
| **Person** | **1.** | **2.** | **3.** | | **1.** | **2.** | **3.** |
| Genus / Kasus | | | **m. n.** | **f.** | | | |
| Nominativ | я | ты | он оно | она | мы | вы | оно |
| Genitiv | меня | тебя | (н)его | (н)её | нас | вас | (н)их |
| Dativ | мне | тебе | (н)ему | (н)ей | нам | вам | (н)им |
| Akkusativ | меня | тебя | (н)его | (н)её | нас | вас | (н)их |
| Instrumental | мной | тобой | (н)им | (н)ею | нами | вами | (н)ими |
| Präpositiv | обо мне | о тебе | о нём | о ней | о нас | о вас | о них |

**Die deutschen Personalpronomen**

| **Numerus** | **Singular** | | | | **Plural** | | |
|---|---|---|---|---|---|---|---|
| **Person** | **1.** | **2.** | **3.** | | **1.** | **2.** | **3.** |
| **Genus / Kasus** | | | **m. n.** | **f.** | | | |
| Nominativ | ich | du | er es | sie | wir | ihr | sie |
| Genitiv | meiner | deiner | seiner | ihrer | unser | euer | ihrer |
| Dativ | mir | dir | ihm | ihr | uns | euch | ihnen |
| Akkusativ | mich | dich | ihn es | sie | uns | euch | sie |

## Negativer Transfer

Schwierigkeiten kann es beim Gebrauch der deutschen femininen Personalpronomen im Dativ Singular (*ihr*) und Plural (*ihnen*) geben, weil die Paradigmata der Feminina in der 3. Person Singular und Plural im Deutschen ansonsten identisch sind. Hier handelt es sich in der Regel um Übergeneralisierungen.

Beispiel: * Erfolg für die Frauen! Der Präsident schenkte **ihr** Blumen (statt: **ihnen**)

Oft kommt mit der Übertragung ins Deutsche die Rektion des russischen Verbs zur Geltung (s. „Die Kasusfunktionen im Vergleich der Sprachen“, S. 85).

Beispiel: *Ich begechnete **ihn.** Я встретил его. (+Akk.)

### Reflexivpronomen

Im Singular wie im Plural gibt es für alle Personen das Reflexivpronomen себя. Dekliniert wird es wie das Personalpronomen ты, wobei es keine Form im Nominativ aufweist.

себя = mich, dich, sich, uns, euch

### Ersetzung des Reflexivpronomens durch das Possessivpronomen свой

Im Russischen werden für alle Personen die Formen eines besonderen Possessivpronomens (свой) benutzt, wenn es sich auf das Subjekt desselben Satzes zurückbezieht. Man kann in diesen Fällen in Ergänzung zu *sein* oder *ihr* in der deutschen Übersetzung auch *eigen* einsetzen.

| | |
|---|---|
| Он любит его сестру.<br>‚Er liebt seine (dessen) Schwester.‘<br>(die seines Freundes z. B.) | Он любит свою сестру.<br>‚Er liebt seine (eigene) Schwester.‘ |

### Das Deutsche im Vergleich

Anders als das Russische weist das Deutsche Rückläufigkeit nicht nur durch die beiden Reflexivpronomen *sich* und *sein* aus. Vielmehr gebraucht man auch die entsprechenden Personalpronomen reflexiv. Dabei weisen die 1. Person Singular und Plural und 2. Person Singular und Plural jeweils eigene Formen auf: *mich-mir-mein, dich-dir-dein, wir-uns-unser, ihr-euch-euer.* Nur die Formen der 3. Person Singular und Plural sind identisch: *sie-sich-ihr.*

### Negativer Transfer

Die Sätze in den folgenden Beispielen sind ganz offensichtlich bedingt durch negativen Transfer. An Stelle der Form des im Deutschen erforderten reflexiven Personalpronomens – hier *uns* und *dir* – wählten russischsprachige Deutschlerner regelmäßig die der 3. Personen, also *sich.* Diese klassische Kalkierung, also wortwörtliche Übersetzung, beruht darauf, dass im Russischen der Rückbezug bei allen Personen durch eine einzige Form ausgedrückt wird. Dass die Wahl regelmäßig auf das deutsche *sich* fällt, wird sicher dadurch begünstigt, dass es immer mit dem Infinitiv genannt wird, beim Lernen der Verben also besonders häufig auftaucht, z.B. in: *sich erinnern*.

Beispiel: a. *Kaufst du **sich** Limonad?
b. *...und wir haben gebaut **sich** selbst ein Haus.
(И мы сами **себе** построили дом.)

Auch in Bezug auf die Bedeutung des Possessivpronomen свой finden immer wieder Übertragungen aus dem Russischen ins Deutsche statt.

Beispiel: a. *...und es passiert manchmal, dass die Artikel trotzdem aufgenommen werden (...). Dies ist jedoch eine Ausnahme, über die man sich, wenn es um **seinen** Artikel geht, freuen kann. (statt: um den eigenen)
b. *Dann fahren vir zu dem Eltern, lassen dort bis morgen unser Kind fahren weiter zu **seinen** Frueindien. (statt: unseren)

### Reziprokpronomen

Semantisch verwandt mit den Reflexivpronomen себя ‚sich' ist das Reziprokpronomen друг друга ‚einander', da sich beide häufig gegenseitig ersetzen können: они поссорились друг с другом ‚sie stritten miteinander', они поссорились между собой', wörtlich: ‚sie stritten zwischen sich'. Der russische Ausdruck друг друга, wörtlich: ‚einer dem anderen', ist zweigliedrig und wird ebenso mit wie ohne Präposition gebraucht (z.B. друг на друга ‚einer auf dem anderen'). Das Deutsche besitzt demgegenüber das eingliedrige reziproke Pronomen *einander*. Es kann mit Präfixen verwendet werden, die sich aus Präpositionen ableiten, z.B. *miteinander*, *gegeneinander*, *untereinander*. Der Gebrauch dieses Pronomens sollte ausreichend geübt werden, weil sich die Anwendungsbereiche im Russischen und Deutschen voneinander unterscheiden.

### Interrogativpronomen

**Semantisch:** Die Funktion des Interrogativpronomens besteht darin, dass es die Unkenntnis über eine Person oder einen Gegenstand zum Ausdruck bringt, indem es danach fragt. Man unterscheidet absolute und determinative Interrogativpronomen sowie Umstandswörter voneinander. Das maskuline Genus des Pronomens кто ‚wer' verschmilzt mit der Kategorie der Belebtheit und das neutrale Genus des Pronomens что ‚was' mit der Kategorie der Unbelebtheit. In manchen Kontexten kann mit что auch nach Tieren – die ja sonst grammatisch belebt sind – gefragt werden:

Beispiel: Что это – волк или собака?
‚Was ist das: ein Wolf oder ein Hund?'

**Syntaktisch:** Interrogativpronomen werden in Fragesätzen verwendet.
**Morphologisch:** Die Interrogativpronomen werden von einem Stamm gebildet, der mit к- oder ч- anlautet.

**Die russischen Interrogativpronomen**

| Kasus | Person | Nicht-Person |
|---|---|---|
| Nom. | кто | что |
| Gen. | кого | чего |
| Dat. | кому | чему |
| Akk. | кого | что |
| Instr. | кем | чем |
| Präp | (о) ком | (о) чём |

Die determinativen Interrogativpronomen который ,welcher', ,der/die/das (wievielte)', какой ,welcher', ,was für ein', werden wie Adjektive dekliniert. Das Pronomen каков ist nur in bezug auf die Kategorien Genus und Numerus veränderlich: каков, -а, -о, -ы ,wie', ,was für ein', ,welcher'.

## Der Vergleich mit dem Deutschen

Das System der deutschen Interrogativpronomen (Fragepronomen) unterscheidet sich vom russischen System nicht wesentlich.

**Die deutschen Interrogativpronomen**

| Kasus | Person | Nicht-Person |
|---|---|---|
| Nom. | wer | was |
| Gen. | wessen | wessen |
| Dat. | wem | – |
| Akk. | wen | was |

## Negativer Transfer

Gelegentlich wird in Sätzen, die mit der Phrase *Was für ein...?* beginnen, der Artikel weggelassen. Dieser Fehler fällt streng genommen in den Bereich der Definitheit bzw. Determination (s. „Definitheit und der deutsche Artikel", S. 206).

Beispiel: ***Was für** Mensch ist gekommen?

Das Pronomen что ,was' wird im Russischen auch im Sinne von ,warum', ,wozu' gebraucht. Wenn diese Konstruktionen wörtlich übersetzt werden, entstehen umgangssprachliche Sätze des folgenden Typs:

Beispiel: ?**Was** kommst du so früh?
(statt: ,Warum kommst du so früh?')
Что ты приходишь так рано?

## Adjektivische Pronomen

### Possessivpronomen

**Morphologisch:** Die Personalpronomen werden durch folgende Possessivpronomen ergänzt: Die Formen der 3. Personen entsprechen den Genitivformen der Personalpronomen und sind unveränderlich.

| | | | |
|---|---|---|---|
| я-мой, свой | = mein | | |
| ты-твой, свой | = dein | | |
| он-его, свой | = sein | она-её, свой = ihr | оно-его, свой = sein |
| мы-наш, свой | = unser | | |
| вы-ваш, свой | = euer, ihr | | |
| они-их, свой | = ihr | | |

**Syntaktisch:** Die Possessivpronomen stehen in Korrelation mit den Personalpronomen oder Nomen.

**Semantisch:** Die Possessivpronomen der 1. und 2. Person drücken ein Besitzverhältnis aus, das die am Dialog teilnehmenden Personen – der Sprechende oder ein bzw. mehrere Angesprochene – zu einem Gegenstand oder einer Person einnehmen. Die Possessivpronomen der 3. Personen (его und её) können nur verwendet werden, wenn der durch sie benannte Besitzer nicht Subjekt des Satzes ist. Andernfalls muss das reflexive Possessivpronomen свой (hier: ‚sein') verwendet werden.

### Der Vergleich mit dem Deutschen

Die Possessivpronomen der 1. und 2. Person: мой, твой, наш, ваш werden genauso gebraucht wie ihre deutschen Entsprechungen ‚mein', ‚dein', ‚unser', ‚euer'. Während in den 3. Personen des Russischen die Formen der Possessivpronomen den Formen der Personalpronomen entsprechen, verfügt das Deutsche über Extraformen für die Possessivpronomen der 3. Personen: *er-sein, sie-ihr, es-sein.*

### Negativer Transfer

Beim Possessivpronomen benutzen russischsprachige Deutschlerner für die 3. Person Singular Femininum die Form des Maskulinums und Neutrums *sein.* Es handelt sich um eine Kalkierung des Russischen, wo in der 3. Person Singular für alle drei Genera ein- und dasselbe Pronomen свой verwendet wird.

Beispiel: a. *Die Eltern verantworten für **seinen** Kinder.
b. *Er nahm **seine** Handtasche. (statt ... **ihre** Handtasche)

Bei der Höflichkeitsform kann es zur Verwendung der 2. Person Plural, die im Russischen üblich ist, statt der 3. Person Plural, die im Deutschen obligatorisch ist, kommen.

Beispiel: *Sind das **eure** Kinder? (statt: Sind das **Ihre** Kinder?)

In den 3. Personen wird das deutsche Possessivpronomen *sein* ähnlich wie das russische reflexive Possessivpronomen свой immer dann gebraucht, wenn der Eigner einer damit näher bestimmten Person oder eines Gegenstandes mit dem Subjekt des Satzes identisch ist. Die deutsche Form *sein* wird allerdings nicht wie im Russischen auch in der 1. und 2. Person gebraucht, sodass es zu ähnlichen Fehlern wie mit dem russischen Reflexivpronomen kommen kann.

Beispiel: Я вижу **своего** брата. *Ich sehe **sein** Bruder.
(gemeint ist der eigene Bruder)

## Demonstrativpronomen

**Semantisch und syntaktisch:** Die Demonstrativpronomen этот ‚dieser' und тот ‚jener' und ihre Formen bezeichnen zwei semantisch entgegengesetzte Positionen: Erstere verweisen auf räumlich und zeitlich Nahegelegenes, letztere auf räumlich und zeitlich Entferntes. Diese Pronomen weisen im Satz auf Substanzen, Merkmale und Umstände hin. Die Pronomen такой und таков ‚solcher', ‚so einer' weisen auf die Qualität des Beziehungswortes hin. Im Unterschied zu такой wird таков nur prädikativ gebraucht. Den deutschen Demonstrativpronomen ‚derselbe, dieselbe, dasselbe, dieselben' entsprechen im Russischen Kombinationen aus den Formen von тот, der Partikel же und dem Determinativpronomen самый (s. „Determinativpronomen", S. 101): тот же, тот самый und тот же самый.
**Morphologisch:** Die Pronomen этот ‚dieser' und тот ‚jener' weichen in ihrer Deklination in einigen Kasus von der adjektivischen Deklination ab. Das Pronomen такой ‚solch einer', ‚so einer' wird nach der gemischten Adjektivdeklination gebeugt. Das Pronomen таков ‚solch', ‚so einer' ist hingegen nur nach Genus und Numerus veränderlich: таков, -а, -о, -ы.

### Der Vergleich mit dem Deutschen

Die russischen Demonstrativpronomen entsprechen in Bedeutung und Verwendung im Prinzip ihren deutschen Übersetzungen. Nur das Demonstrativpronomen тот entspricht nicht nur dem deutschen Demonstrativpronomen ‚dieser', sondern auch den Pronomen ‚der', ‚die', ‚das' in Relativsätzen.

Beispiel: Кто много говорит, **тот** мало делает.
‚Wer viel spricht, **der** tut wenig.'

### Negativer Transfer

Der Gebrauch der deutschen Demonstrativpronomen *dieser*, *jener* und *solcher* stellt für russischsprachige Deutschlerner soweit keine besondere Schwierigkeit dar, wie sie funktional nicht von ihren russischen Entsprechungen abweichen. Fehler entstehen nur auf der Ebene der Deklination, wo sie z.B. durch Vertauschungen des Kasus verursacht sein können. Sätze des folgenden Typs resultieren daher nicht aus negativem Transfer, sondern sind mangeldem Wissen oder Verwechslungen in Bezug auf die deutsche Deklination geschuldet.

Beispiel: *nach **diesen** Unfal...

Es kommt häufig auch zu einer Kalkierung der russischen Verwendung des Demonstrativpronomens это, wenn es um die Definition oder Erläuterung eines Gegenstandes geht. In solchen Fällen wird erst der Gegenstand genannt und dann mit Hilfe von это die Erläuterung eingeleitet: Москва – это столица России. (wörtlich: ‚Moskau – das ist die Hauptstadt Russlands.')).

Beispiel: a. *Abendblatt – **das** die Zeitung, wo viele Anzeigen drin.
b. *Gadjuka – **das** ist Erzählung von Schlange.
c. *Rotari-Club – **das** Gruppe, die spielt immer Montags Spiele.

Erscheinungen wie eine Überproduktion des Pronomens *dieser* an Stelle von *der* rühren daher, dass diese beiden deutschen Demonstrativpronomen – wie im Vergleich mit dem Deutschen ausgeführt – im Russischen nur eine gemeinsame Entsprechung haben. Außerdem können Unsicherheiten mit dem Gebrauch des deutschen bestimmten Artikels diesen Fehler befördern. In Fällen, in denen die Definitheit des Substantivs explizit zum Ausdruck gebracht werden soll, kann daher – den russischen Strukturen entsprechend – ein Demonstrativpronomen bevorzugt werden (s. „Definitheit und der deutsche Artikel" S. 206).

Beispiel: a. ?Wenn **diese** Verben mit den Adverbialien, die auf einen Zielpunkt hin weisen, auftreten, sind **diese** Verben transitiv, denn **diese** Adverbialien implizieren...
b. ?In **diesem** folgenden Beispiel ist die grammatische Funktion dargestellt.
c. ?In **dieser** Analyse richte ich mich an in **dieser** Arbeit zugrundegelegten Theorie von Weiß über relevanten für weitere Analyse Begriffe...
d. ?Wenn **dieser** Lokalisator (es gibt nur einen Lokalisator) mit einer Phase der aktionalen Situation zusammenfällt, ist **diese** Situation episodisch, und wenn **dieser** Lokalisator außerhalb einer Phase der aktionalen Situa tion ist, ist die Situation nicht-episodisch

Um auf ein Substantiv zurückzuverweisen, das bereits vorher im Text mit einem bestimmten Artikel erwähnt wurde, wird im Deutschen in der Regel ein Personal- oder ein Possessivpronomen in demonstrativer Funktion verwendet. Hier bevorzugen russischsprachige Deutschlerner in Nachahmung der russischen Strukturen das Demonstrativpronomen *dieser*, *diese*, *diesen* unter Wiederholung des Substantivs (Kalkierung).

Beispiel: a. *Da, wo die aktionale Situation mit den zeitlichen Lokalisatoren zusammenfällt, ist **diese Situation** progressiv. (statt: sie)
b. *Glovinskaja berücksichtigt dabei nicht, dass diese Merkmale ein semantisches Komplex ist und bei der Bestimmung der grammatischen Funktion man sowohl die Merkmale als auch anwenden kann, zumal diese **Merkmale** die lexikalische Bedeutung der Verben wiederspiegeln. (statt: sie)

c. *Aus dem bereits dargestellten Überblick der früher durchgeführten Erforschungen zum Phänomen der Belebtheitsfunktion folgt, dass das zentrale Merkmal **dieser Belebtheitsfunktion** ist folgendes... (statt: ihr zentrales Merkmal)

Fehler treten bei der Bildung von Sätzen mit der Fügung *solch ein* auf, welche gelegentlich durch *solcher*, *solche* ersetzt wird.

Beispiel: *Das war **solche** schöne Tag, ich habe mich gefroin...

Aber auch der Gebrauch von *solcher* oder *solche* anstatt der Demonstrativpronomen *der* und *die* ist häufig anzutreffen.

Beispiel: ?Man kann die ganze Menge von **solchen** Beispiele darstellen, aber das besondere Interesse wecken **solche** Beispiele, wo...

Schwierigkeiten können auch die deutschen Demonstrativpronomen *derselbe, dieselbe, dasselbe, dieselben* bereiten, die im Russischen durch Zusammensetzungen verschiedener Wörter gebildet werden: тот же, тот самый und тот же самый.

## Determinativpronomen

**Semantisch und syntaktisch:** Determinativpronomen bestimmen – wie der Name schon sagt – einen Gegenstand näher. Das Determinativpronomen весь ‚ganz, alle (im Pl.)' weist auf die vollständige Erfassung oder die Gesamtheit des Gegenstandes hin. Die Bedeutung der drei Pronomen каждый, всякий, любой ‚jeder' unterscheidet sich nur durch Nuancen: Das Wort каждый bedeutet ‚jeder einzelne', всякий hingegen ‚jeglicher', ‚von jeder Art' und любой ‚jeder beliebige'. Das Pronomen сам ‚selbst', ‚selber' bezieht sich meistens auf Lebewesen, vor allem aber auf Personen, während das Pronomen самый ‚selbst', ‚unmittelbar', ‚äußerst', ‚direkt' Unbelebtes zum Gegenstand hat. Das Pronomen сам hat entweder die Bedeutung ‚selbst', ‚selber' oder es bedeutet ‚allein'.

Beispiel: Он сам это сказал. ‚Er selbst hat das gesagt.'
Он сам это сделает. ‚Er wird das allein tun.'

**Syntaktisch:** Die Pronomen весь, сам und самый zeichnet aus, dass sie im Unterschied zu allen weiteren Pronomen auch andere Pronomen näher bestimmen.

Beispiel: **Ты сам** этого хотел. ‚**Du selbst** wolltest es.'

**Morphologisch:** Die Pronomen каждый und всякий folgen der Deklination von Adjektiven mit hartem Stammauslaut, всякий wird nach der gemischten Deklination der Adjektive gebeugt. In einigen Kasus unterscheiden sich die Determinativpronomen весь und сам von der adjektivischen Deklination.

## Der Vergleich mit dem Deutschen

Außer сам finden die dargestellten Pronomen in etwa deutsche Entsprechungen. Das Pronomen сам ist in allen slavischen Sprachen mehrdeutig. Es kann ebenso

‚selbst' wie ‚allein' bedeuten. Im Unterschied zu den deutschen Pronomen ‚selbst, selber' und ‚allein' ist das russische Pronomen deklinierbar und kongruiert in Numerus, Genus und Kasus mit seinem Beziehungswort.

### Negativer Transfer

Das Pronomen *selbst* wird von russischsprachigen Deutschlernern gelegentlich mit dem Wörtchen *allein* verwechselt. Dadurch entstehen dann fehlerhafte Sätze wie die folgenden:

Beispiel: a. *Sie blieb **selbst** auf der Welt.
b. *Ich hätte **allein** so gehandelt.

Die Bedeutungen des Pronomens самый führen hingegen zu folgendem Fehlertyp:

Beispiel: *Er wohnt am **selben** Fluss.
Он живёт на **самой** реке.
(im Sinne von: ‚Er wohnt unmittelbar am Fluss.')

## Relativpronomen

**Semantisch und syntaktisch:** Relativpronomen haben die syntaktische Funktion in Satzgefügen den Nebensatz einzuleiten. Sie verweisen auf das Subjekt oder das Objekt, welches im übergeordneten Satz besprochen wurde.
**Morphologisch:** Ihrer Form nach sind die russischen Relativpronomen Homonyme der Interrogativpronomen. Sie stimmen in Numerus und Genus mit dem Beziehungswort im Hauptsatz überein. Ihr Kasus hängt davon ab, welche Funktion sie im Relativsatz ausüben, d.h. ob sie auf das vorangegangene Subjekt oder Objekt verweisen. Die russischen Relativpronomen который, которая, которое werden wie Adjektive dekliniert.

### Der Vergleich mit dem Deutschen

Den russischen Formen который, которая, которое und ihre verschiedenen Kasus- und Numerusformen entsprechen im Deutschen die Relativpronomen ‚der', ‚die', ‚das', aber auch ‚welcher', ‚welche', ‚welches' und ihre deklinierten Formen, z.B. ‚dem', ‚dessen', ‚derer', ‚deren'.

### Negativer Transfer

Der Gebrauch der deutschen Relativpronomen bereitet Lernenden mit russischer Herkunftssprache keine besonderen Schwierigkeiten. Sie müssen lediglich darauf hingewiesen werden, dass in den meisten Fällen *der* dem Pronomen *welcher* vorzuziehen ist, denn sonst besteht die Gefahr, dass sie in Analogie zum Russischen ausschließlich das mit dem Interrogativpronomen identische Pronomen *welcher* gebrauchen. Fehler bei der Deklination des Relativpronomens entstehen nicht auf Grund negativen Transfers, sondern sind auf mangelnde Beherrschung der Deklinationsformen und daraus resultierende Verwechslungen zurückzuführen.

Beispiel: a. *Ich zeige dir Hund, **der** ich haben möchte...
b. *Bemerkenswert sind einige von Apresjan dargestellte Beispiele, in **den** die Situationen betrachtet werden...
c. *danach werde ich auch versuchen, eine objektive und grechte Einschätzung der Leiterin der 1. Abteilung Ärztin Manichina M.I. zu machen, **derer** Intrigen nach ... Aussagen aller Zeugen die Vorwürfe <an mich> veranlassten.

## Indefinitpronomen

**Semantisch und syntaktisch:** Zu den Indefinitpronomen werden in beiden Sprachen eine Reihe von substantivisch und adjektivisch gebrauchten Pronomen gerechnet, die verschiedene Grade der Unbekanntheit oder Unbestimmtheit von Personen oder Gegenständen, auf die sie deuten, zum Ausdruck bringen. Im Deutschen gehören zu den Indefinitpronomen unter anderem: *alle*(*s*), *einige*, *irgendeiner*, *irgendwelche*, *jeder*, *keiner*, *mancher*, *mehrere*, *man*, *jemand*, *irgendwer*, *niemand*, *etwas*, *nichts*.

**Morphologisch:** Im Russischen werden die Indefinitpronomen gebildet, indem an die Interrogativpronomen кто, что, какой, который bestimmte Präfixe (не-, кое-) oder Postfixe (-то, -нибудь, -либо) geknüpft werden. Aus der Fügung mit не- entstehen folgende Pronomen:

Beispiel: некто ‚jemand'
нечто ‚etwas'
некоторый ‚ein gewisser'

Die Partikel -нибудь bedeutet ‚irgend-':

Beispiel: кто-нибудь ‚irgendjemand'
какой-нибудь ‚irgendeiner'
что-нибудь ‚irgendetwas'

## Negativer Transfer

In diesem Bereich besteht vor allen Dingen in semantischer Hinsicht ein gewisser Unterschied zwischen dem Deutschen und dem Russischen: Während im Deutschen häufig die Angabe *irgend* redundant ist, also statt *irgendjemand* oder *irgendetwas* eher *jemand* oder *etwas* gesagt wird, wird im Russischen obligatorisch eine entsprechende Partikel voran- oder nachgestellt. Das folgende Beispiel dokumentiert dies dadurch, dass die Schreiberin offenbar im Nachherein empfand, dass *was* zur Benennung der Sache nicht ausreicht, und *irgendwas* ergänzt hat.

Beispiel: *... so dass die Kinder sollen die Schul lernen. Und haben auch alle **was** gelernt **irgendwas.** (И все **что-то** выучили, **что-то.**)

Es kommt hier außerdem zu intralingualen Fehlern folgenden Typs:

Beispiel: *Ich war in irgend**welcher** Ausstellung... (statt: irgendeiner)

### Negativpronomen

**Morphologisch:** Negativpronomen entstehen aus der Zusammensetzung von Interrogativpronomen und einer vorangestellten Partikel ни-.

Beispiel: никто ‚niemand'
ничто ‚nichts'
никакой ‚keiner(lei)'

Sie werden wie die entsprechenden Interrogativpronomen dekliniert. Ferner gehören zu den Negativpronomen некого und нечего, die keine Nominativform besitzen und nur in Infinitivkonstruktionen vorkommen.

**Semantisch:** Negativpronomen bringen in Sätzen mit verneintem Prädikat das Fehlen einer Person oder eines Gegenstandes zum Ausdruck.

**Syntaktisch:** Negativpronomen mit der Partikel ни- tauchen nur in Sätzen mit so genannter doppelter Verneinung[40] auf, in denen das Prädikat durch die Partikel не negiert wird und dienen der Verstärkung der Verneinung.

Beispiel: В комнате я **никого не** видел.
‚Im Zimmer sah ich **niemanden** (**nicht.**)' (wörtl.)

In Infinitivkonstruktionen kann das Fehlen des Objektes durch некого und нечего angezeigt werden:

Beispiel: Нечего делать. ‚(Da ist) nichts zu machen.'
Нечего читать. ‚(Es gibt) nichts zu Lesen.'

### Der Vergleich mit dem Deutschen und negativer Transfer

Es kommt zu Schwierigkeiten im Zusammenhang mit der korrekten Verwendung von *nicht* und *kein*, da diese im Russischen in vielen Kontexten nicht unterschieden sind, ihre Verwendung im Deutschen hingegen sehr komplexen Regeln unterliegt.

Beispiel: *Sie spricht fast **nicht** Deutsch.

Bei der Verwendung deutscher Negativpronomen kommt es bei Anfängern auf Grund der Übertragung aus dem Russischen zu einer fehlerhaften Dopplung der Verneinung. In der Regel wird jedoch schnell gelernt, dass im Deutschen einfach verneint werden muss.

Beispiel: a. *Und wir **keine** Kleidung haben wir **nicht** gehabt.
b. ***Nichts** haben wir **nicht** mehr gehabt.
c. ***Kein** Schul war **nicht.**
d. *Wir **nirgendwo nicht** waren.

Der folgende Satz reflektiert in dem Wörtchen *was*, dass die Anzeige des Fehlens eines Gegenstandes im Russsichen nicht allein durch die Partikel не ‚nicht' geleistet ist: Wörtlich hieße ничто „nicht-was". Mit Verneinungspartikel wird dieses

40 Eine echte doppelte Verneinung ist im Russischen eine Bejahung: не мочь не, нельзя не ‚nicht umhin können'.

Pronomen im Genitiv benutzt, z.B.: У нас нечего не было. ‚Wir hatten nichts.‘. Offenbar beruht der folgende Fehler in Bezug auf das Negativpronomen auf einer Kalkierung.

Beispiel: *Damals haben wir **nicht was** gehabt.

# Das Verb

**Semantisch:** In seiner semantischen Funktion bezeichnet das Verb eine Handlung oder ein Sein in der Zeit.
**Syntaktisch:** Als einer der beiden Grundpfeiler jeder grammatischen Struktur steht das (finite) Verb dem Nomen, d.h. dem Substantiv oder Pronomen gegenüber. Während das Nomen Gegenstände oder Personen bezeichnet, dient das Verb dem Ausdruck ihrer Bewegung, Handlung oder ihres Zustands. In seiner syntaktischen Funktion als Prädikat bildet das Verb den Kern des Satzes, indem es alle anderen Satzglieder auf sich bezieht.
**Morphologisch:** Die russischen wie die deutschen Verben verfügen über die morphologischen Kategorien Tempus, Modus, Genus verbi (Aktiv/Passiv/Reflexiv), Person und Numerus.
Das Russische verfügt außerdem über die Kategorien Aspekt und Genus (im Präteritum und Konjunktiv).
Insbesondere in der Kategorie des Tempus unterscheiden sich die beiden Sprachen stark voneinander. Das Russische kennt nur drei Tempora, da auch der Aspekt temporale Funktionen übernimmt. Das Deutsche, das die grammatische Kategorie des Aspekts nicht kennt, verfügt hingegen über doppelt soviele Tempusformen.

## Semantisch-grammatische Gruppen

Nach der Art und Weise, wie eine Handlung oder ein Zustand sich in der Zeit abspielen, unterscheidet man im Allgemeinen telische und atelische Verben, d.h. Verben, die auf eine Grenze (Telos) zustreben und andere, die dies nicht tun. Telische Verben wie zum Beispiel открыть ‚öffnen‘ werden auch als Ereignisverben bezeichnet, atelische Verben unterteilt man weiter in Verlaufsverben wie болтать ‚plaudern‘ und Zustandsverben wie существовать ‚existieren‘. Diese Unterteilung ist insbesondere für den Aspekt relevant.
Eine weitere wichtige semantische Unterscheidung ist die in Bezug auf die Transitivität der Verben. Transitive Verben wie бросать ‚werfen‘ können sich auf das direkte, d.h. das Akkusativobjekt beziehen, intransitive Verben wie etwa болтать ‚plaudern‘ können dies nicht. Diese Eigenschaft ist entscheidend für das Genus verbi: Nur transitive Verben können Passivformen bilden.
Eine mit der Transitivität und der grammatischen Kategorie des Genus verbi in Zusammenhang stehende Gruppe bilden die Reflexivverben, die von transitiven und intransitiven Verben bestimmter Semantik abgeleitet werden können. Die Refle-

xivverben selbst sind intransitiv. Sie sind im Russischen durch das Postfix -ся, das an das Verb angehängt wird, im Deutschen durch das Reflexivpronomen *sich* gekennzeichnet.

Eine weitere Unterscheidung kann zwischen unpersönlichen und persönlichen Verben vorgenommen werden. Persönliche Verben bilden in zweigliedrigen Sätzen das Prädikat, sie erscheinen zusammen mit dem Satzsubjekt. Unpersönliche Verben hingegen treten in eingliedrigen Sätzen auf, d.h. in Sätzen ohne Satzsubjekt. Ihr Formenbestand ist eingeschränkt.

Die semantisch-grammatischen Gruppen sind ebenso für die russischen wie für die deutschen Subkategorien des Verbs relevant. Die Unterschiede, die sich in den beiden Sprachen in Bezug auf die Zugehörigkeit einzelner Verben zu den verschiedenen Gruppen ergeben, werden in den entsprechenden Kategorien zur Sprache kommen. Telezität kommt in der Kategorie Aspekt und Aspektualität zur Sprache, Transitivität und Reflexivverben sind Thema in der Kategorie Genus verbi, der Unterschied zwischen persönlichen und unpersönlichen Verben wird in der Syntax behandelt (s. „Unpersönliche Sätze“, S. 190). Auf Unterschiede in der Transitivität wird außerdem im Kapitel über den Akkusativ (s. „Kasus, Akkusativ“, S. 91) eingegangen.

## Numerus und Person

**Morphologisch:** Das Deutsche verfügt wie das Russische über drei Personen und zwei Numeri. Beide Sprachen markieren Numerus und Person im Präsens (das Russische auch im Futur perfektiver Verben) durch synthetische Mittel, d.h. durch Endungen, die an den Verbstamm (Infinitiv- oder Präsensstamm) angehängt werden.

| Person/Numerus | Russisch | Deutsch |
|---|---|---|
| 1. Singular | -у(-ю) | -e |
| 2. Singular | -(е/и)шь | -(e)st |
| 3. Singular | -(е/и)т | -(e)t |
| 1. Plural | -(е/и)м | -en |
| 2. Plural | -(е/и)те | -(e)t |
| 3. Plural | -у(-ю)т/-а(-я)т | -en |

Das Deutsche hat überdies zum Teil innere Flexionen: Die starken Verben mit dem Stammvokal *-a-*, *-o-* und *-au-* haben z.B. einen Umlaut: *ich fahre – du fährst, ich stoße – du stößt, ich laufe – du läufst.* Die starken Verben mit dem Stammvokal *-e-* erhalten hingegen eine Brechung (*e*/*i*-Wechsel): *ich steche-du stichst.*

Hinzu kommt, dass Person und Numerus bei verschiedenen Verbformen erst mit Hilfe eines isolierenden Morphems, des Personalpronomens, eindeutig identifizierbar werden. Denn im Deutschen haben – im Unterschied zum Russischen – manche

Endungen gleich zwei oder mehrere Funktionen. Die Endung der dritten Singular stimmt in der Regel mit der 2. Plural überein. Die Form der 1. Plural und der 3. Plural sowie des Infinitivs sind auch identisch. Das hat Auswirkungen auf die Syntax: Weil Satzglieder wie Subjekt und Objekt nicht eindeutig durch die Kongruenz des Substantivs mit dem konjugierten Verb identifizierbar sind, muss dies im Deutschen (außerdem) durch die Wortfolge gekennzeichnet werden. Zum Beispiel: Das Subjekt steht in der Regel vor, das Objekt nach dem Verb (s. „Syntax, Satzgliedstellung“, S. 195).
**Syntaktisch:** Durch die Kennzeichnung des Numerus und der Person am Verb wird dieses im Satz dem Substantiv zugeordnet, das denselben Numerus und dieselbe Person aufweist. Die morphologische Markierung des Verbs zeigt an, welchem Substantiv des Satzes die Verbhandlung zuzuordnen ist. Im Russischen entspricht jede Endung nur einer Person, somit ist diese Zuordnung auch fast nie zweideutig. Beide Sprachen haben gemeinsam, dass in subjektlosen Sätzen die so genannten unpersönlichen Verben in der 3. Person Singular stehen (wie z.B. das Verb темнеет ‚es dämmert‘). In den Sätzen mit unpersönlichen Verben tauchen jedoch Unterschiede im Satzbau auf. Denn das Deutsche verlangt, dass das grammatisches Subjekt, im Satz vor dem Verb stehend, durch das Pronomen *es* benannt wird, wohingegen das Russische ganz ohne Personalpronomen auskommt (s. „Syntax, Unpersönliche Sätze“, S. 190).

**Semantisch:**
**Die Kategorie des Numerus:** Die Kategorie des Numerus ist in jeder konjugierten Verbform enthalten und bringt am Verb ebenso wie am Substantiv zum Ausdruck, ob es sich um eine Einzahl bzw. eine Nicht-Gegliedertheit, oder eine Vielzahl bzw. eine Gegliedertheit von Personen, Gegenständen oder Abstrakta handelt. Die Kategorie des Numerus ist eng an die Kategorie der Person gebunden.
**Die Kategorie der Person:** Die Kategorie der Person wird gemeinsam mit dem Numerus durch jede konjugierte Verbform gekennzeichnet. Sie drückt das Verhältnis des Sprechenden zum Subjekt des Satzes aus. Für „Sprechende“ – Sprecher und Subjekt sind dabei identisch – wird die erste Person verwandt. „Angesprochene“ werden in der zweiten Person, „Besprochene“ in der dritten Person genannt. Der Begriff der Person gilt für beide Numeri, sowohl für den Singular als auch für den Plural. Er wird jedoch im Plural leicht modifiziert. Wenn ein Personenkreis in der 1. Plural benannt wird, bedeutet dies nicht, dass alle sprechen, sondern nur, dass der Sprecher gemeinsam mit diesen Personen eine Handlung vollzieht.

## Negativer Transfer

Die Aneignung der Verbkategorien Person und Numerus bereitet russischsprachigen Deutschlernern – abgesehen von der Memorierung der entsprechenden Formen – keine weiteren Schwierigkeiten. Diesen Kategorien entspringen keine transferbedingten Fehler.

## Die Klassifizierung der russischen Verben

**Konjugationstypen:** Das Russische unterscheidet anhand der Personalendungen, die an den Präsensstamm des Verbs angefügt werden, zwei Konjugationsmuster: die e-Konjugation und die и-Konjugation.

Alle Formen des russischen Verbs werden entweder vom Infinitivstamm oder vom Präsensstamm abgeleitet. Der Präsensstamm wird von der 3. Person Plural abgeleitet, der Infinitivstamm von der Infinitivform.

Beispiel: Infinitivstamm: **зна**-ть, **нес**-ти, **говори**-ть, **учи**-ть.
Präsensstamm: **зна**-ют, **нес**-ут, **говор**-ят, **уч**-ат.

**Die Personalendungen der e-Konjugation:** знать ‚wissen', нести ‚tragen'

| **Pers./Num.** | **Endung** | **Beispiel 1. Variante** | **Beispiel 2. Variante** |
|---|---|---|---|
| 1. Sg. | -ю (-у) | зна-ю | нес-у |
| 2. Sg. | -ешь (-ёшь) | зна-ешь | нес-ёшь |
| 3. Sg. | -ет (-ёт) | зна-ет | нес-ёт |
| 1. Pl. | -ем (-ём) | зна-ем | нес-ём |
| 2. Pl. | -ете (-ёте) | зна-ете | нес-ёте |
| 3. Pl. | -ют (-ут) | зна-ют | нес-ут |

Die 1. Person Singular und die 3. Person Plural enden nach einem Vokal, einem Weichheitszeichen (-ь) sowie nach -л im Präsensstamm auf die Buchstaben -ю, -ют, nach allen übrigen Auslauten auf -у, -ут. Bei den anderen vier Personalendungen (2. und 3. Singular und Plural) wechselt der Vokal von -e auf -ë, wenn die Endung betont ist.

**Personalendungen der и-Konjugation:** говорить ‚sagen', учить ‚lehren'

| **Person/Numerus** | **Endung** | **Beispiel 1. Variante** | **Beispiel 2. Variante** |
|---|---|---|---|
| 1. Sg. | -ю (-у) | говор-ю | уч-у |
| 2. Sg. | -ишь | говор-ишь | уч-ишь |
| 3. Sg. | -ит | говор-ит | уч-ит |
| 1. Pl. | -им | говор-им | уч-им |
| 2. Pl. | -ите | говор-ите | уч-ите |
| 3. Pl. | -ят (-ат) | говор-ят | уч-ат |

Die 1. Person Singular und die 3. Person Plural enden in der Regel auf -ю und -ят. Nur nach Zischlauten im Präsensstamm enden sie auf -у und -ат.

## Die Hauptklassen des russischen Verbs

Die russischen Verben werden auf Grundlage des Verhältnisses zwischen Präsensstamm und Infinitivstamm sowie anhand des Konjugationstyps klassifiziert. Weiterhin unterscheidet man die Verben nach ihrer Produktivität, d.h. der Fähigkeit, nach gleichem Muster neue Verben zu bilden. Man unterscheidet fünf produktive Verbklassen (90 Prozent des russischen Verbbestandes) und fünfzehn unproduktive Verbgruppen.

### Die fünf produktiven Verbklassen und ihre Stammverhältnisse[41]

| **Konjugation** | **е-** | | | | **и-** |
|---|---|---|---|---|---|
| **Verbklasse**[42] | **I** | **II** | **III** | **IV** | **V** |
| Endung des Infinitivstamms: | -а- (ть) | -е- (ть) | -ова- (ть)<br>-ева- (ть) | -ну- (ть) | -и- (ть) |
| Beispielverb | дела-ть | беле-ть | рис-ова-ть | г-ну-ть | говори-ть |
| Endung des Präsensstamms: | -а- (ют) | -е- (ют) | -у- (ют) | -н- (ут) | -Ø- (ат)<br>-Ø- (ят) |
| Beispielverb | дела-ют | беле-ют | рис-у-ют | г-н-ут | говор-ят |
| deutsche Bedeutung | ‚machen, tun' | ‚weiß werden' | ‚zeichnen' | ‚biegen' | ‚sagen, sprechen' |

Zur Verbklasse V.

Die meisten Verben der и-Konjugation sind mehrsilbige Verben, bei denen das Suffix -и- im Präsens ausfällt. Deshalb lautet der Präsensstamm auf einen Konsonanten aus. Bei bestimmten Konsonanten tritt beim Konjugieren in der 1. Person Singular ein Konsonantenwechsel ein. Labiale bzw. Labiodentale werden um ein -л- ergänzt: б-бл, в-вл, м-мл, п-пл, ф-фл.

Beispiel: кормить ‚füttern': кормлю, кормишь, кормит...

Die Dentallaute wandeln sich zu Zischlauten: д-ж, з-ж, с-ш, т-ч, т-щ, ст-щ.

Beispiel: водить ‚führen': вожу, водишь, водит...

Eine Reihe unregelmäßiger Verben konstituiert sich aus weiteren 15 unproduktiven Verbgruppen sowie einigen Sonderfällen (s. Russische Grammatik, wie z.B. Mulisch 1993).

---

41 Vom Standpunkt der Phonologie lauten die Endungen der 3. Person Plural in der e-Konjugation immer -ут und in der i-Konjugation immer -ат. Daraus ergibt sich, dass die Verben, die auf -ю in der 1. Person Singular und auf -ют und -ят in der 3. Person Plural enden, phonologisch folgenden Präsensstamm haben: дела[j]-, беле[j]-, рису[j]-, und говор[']. Das bedeutet, dass die 3. Person Plural von делать phonologisch lautet: дела-j-ут=дела-ют. Der Einfachheit halber wird in der vorliegenden Darstellung vom Schriftbild ausgegangen.

42 In Klammern stehen jeweils die Infinitiv- bzw. Präsensendungen der 3. Person Plural.

## Die Klassifizierung der deutschen Verben

Morphologisch werden die deutschen Verben auf Grund ihrer flexivischen Eigenheiten in den drei Stammformen[43] Präsens, Präteritum und Partizip II in folgende Klassen unterteilt: Schwache Verben, welche die Mehrzahl aller Formen bilden, starke Verben, Verben mit Mischformen und unregelmäßige Verben.[44]

| Verbtyp | Infinitiv | 1. Stammform Präsens | 2. Stammform Präteritum | 3. Stammform Partizip II |
|---|---|---|---|---|
| stark | fahren | fahre | fuhr | gefahren |
| schwach | fragen | frage | fragte | gefragt |
| gemischt | saugen | sauge | saugte<br>sog | gesaugt<br>gesogen |
| unregelmäßig | sein | bin | war | gewesen |

Die schwachen Verben zeichnet der gleichbleibende Stammvokal aus. Die Bildung der 2. und 3. Stammform geschieht mit Hilfe eines die Endung erweiternden „*t*".
Bei den starken Verben verändert sich der Stammvokal in der 2. Stammform (Ablaut), während die 3. Stammform die Endung *-en* erhält. Es gibt eine Reihe von Mustern, die sich häufig nur durch die Länge des Stammvokals unterscheiden.
Zu den gemischten Formen zählen entweder Verben, die beide Konjugationsmuster erlauben (vgl. *saugen* in obiger Tabelle) oder Verben, die beide Konjugationsmuster mischen, z.B. *mahlen: mahle – mahlte* (schwach) – *gemahlen* (stark).

### Die starken Verben

#### 1. Drei verschiedene Stammvokale

| Infinitiv | Stammvokale | 1. Stammform | 2. Stammform | 3. Stammform |
|---|---|---|---|---|
| schwimmen | i-a-o | schwimme | schwamm | geschwommen |
| finden | i-a-u | finde | fand | gefunden |
| bitten | i-a:-e | bitte | bat | gebeten |
| liege | i:-a:-e | liege | lag | gelegen |
| sprechen | e-a:-o | spreche | sprach | gesprochen |
| stehlen | e:-a:-o: | stehle | stahl | gestohlen |
| gebären | ä-a:-o: | gebäre | gebar | geboren |
| hängen | ä-i-a | hänge | hing | gehangen |

43 Den Infinitivstamm erhält man durch Abstreichen der Endungen *-en* oder *-n*. Bei den Stammformen wird jeweils die 1. Person Singular angegeben.

44 Es werden hier nur Ausschnitte dargestellt, zur kompletten Konjugation vgl. DUDEN 4 (1998:114-144/§207-242).

**2. Die zweite Stammform hat einen anderen Stammvokal**

| Infinitiv | Stammvokale | 1. Stammform | 2. Stammform | 3. Stammform |
|---|---|---|---|---|
| schaffen | a-u-a | sch**a**ffe | sch**u**f | gesch**a**ffen |
| tragen | a:-u-a: | tr**a**ge | tr**u**g | getr**a**gen |
| fallen | a-i:-a | f**a**lle | f**ie**l | gef**a**llen |
| braten | a-i:-a: | br**a**te | br**ie**t | gebr**a**ten |
| kommen | o-a-o | k**o**mme | k**a**m | gek**o**mmen |
| stoßen | o:-i:-o: | st**o**ße | st**ie**ß | gest**o**ßen |
| rufen | u:-i:-u: | r**u**fe | r**ie**f | ger**u**fen |
| laufen | au-i:-au | l**au**fe | l**ie**f | gel**au**fen |
| heißen | ei-i:-ei | h**ei**ße | h**ie**ß | geh**ei**ßen |

**3. Die erste Stammform hat einen anderen Stammvokal**

| Infinitiv | Stammvokale | 1. Stammform | 2. Stammform | 3. Stammform |
|---|---|---|---|---|
| schmelzen | e-o-o | schm**e**lze | schm**o**lz | geschm**o**lzen |
| bewegen | e:-o:-o: | bew**e**ge | bew**o**g | bew**o**gen |
| kriechen | i:-o-o | kr**ie**che | kr**o**ch | gekr**o**chen |
| fliegen | i:-o:-o: | fl**ie**ge | fl**o**g | gefl**o**gen |
| gären | ä-o:-o: | g**ä**re | g**o**r | geg**o**ren |
| schwören | ö:-o-o | schw**ö**re | schw**o**r | geschw**o**ren |
| verlöschen | ö-o-o | verl**ö**sche | verl**o**sch | verl**o**schen |
| lügen | ü:-o:-o: | l**ü**ge | l**o**g | gel**o**gen |
| saufen | au-o-o | s**au**fe | s**o**ff | ges**o**ffen |
| gleiten | ei-i-i | gl**ei**te | gl**i**tt | gegl**i**tten |
| meiden | ei-i:-i: | m**ei**de | m**ie**d | gem**ie**den |

## Intralinguale Fehler

Nicht nur russischsprachigen, sondern Deutschlernern aller Herkunftssprachen fällt es schwer, sich die komplexen Verbformen des Deutschen anzueignen. Konjugationsfehler treten insbesondere beim Präteritum auf. Dabei sind die beiden folgenden Fehler vermutlich darauf zurückzuführen, dass die Konjugation der schwachen Verben übergeneralisiert wurde, was dazu führt, dass (möglicherweise sogar in Anlehnung an sich reimende schwache Verben wie *ich siegte*, *kriegte*) die folgenden zwei starken Verben ebenso gebeugt wurden.

Beispiel: a. *Ich fliegte...
b. *Auf dem Bett liegte...

In denselben Fehlerbereich fallen auch Übergeneralisierungen bei der Bildung von Partizipien, welche in der schwachen Konjugation mit der Endung *-t* ausgestattet werden müssen, in der starken hingegen auf *-en* ausgehen.

Beispiel: *weggefahrt, *eingesteigt, *getrinkt

Ebenso verhält es sich in Bezug auf die Personalformen des Präsens bei Fehlern des folgenden Typs.

Beispiel: *... und verhaltet sich dementsprechend...

Auch hier wurden offenbar die Personalformen aus der Konjugation der schwachen Verben übertragen. Der russischsprachige Deutschlerner hat deshalb auch nicht beachtet, dass bei starken Verben mit dem Stammvokal *-a-* in der 2. und in der 3. Person Singular ein Umlaut eintritt (*ich verhalte mich, du verhältst dich, er verhält sich...*).

## Aspektualität, Temporalität und Verbalcharakter

Jede Handlung ist in Bezug auf die Zeit durch zwei Komponenten bestimmt. Die eine Komponente besteht in ihrem inhärenten spezifischen zeitlichen Ablauf (z.B. einmalig, momentan, andauernd, wiederholt), die andere in ihrem zeitlichen Bezug zum Rede- bzw. Perzeptionsmoment. Diese beiden zeitlichen Bezüge der Handlung bilden die Grundlage der eng miteinander verwobenen funktional-semantischen Kategorien Aspektualität und Temporalität. Auf der Ebene der Lexik manifestieren sich die Funktionen der beiden Kategorien in allen Sprachen der Welt – auf der grammatischen Ebene hingegen nicht.
Im Russischen sind beide funktional-semantischen Kategorien grammatikalisiert; sie konstituieren morphologisch die verbalen Kategorien Aspekt und Tempus. Am deutschen Verb hingegen ist nur die Temporalität grammatikalisiert – in Form des Tempus. Aspektualität bringt das Deutsche nur lexikalisch oder kontextuell, d.h. mit Hilfe von Modalverben, Adverbien und Partikeln zum Ausdruck.

### Temporalität

Die Kategorie der Temporalität umfasst die zeitlichen Perspektiven, die zwischen einer besprochenen Handlung und dem Zeitpunkt ihrer Betrachtung – dem Redemoment bzw. dem Perzeptionsmoment (dem Moment, in dem ein Hörer oder Leser die Erzählung wahrnimmt) – bestehen oder hergestellt werden. Im Verhältnis zum Betrachtzeitpunkt wird die Handlung als vorzeitig, gleichzeitig oder nachzeitig charakterisiert. Temporale Bezüge werden in beiden Sprachen hauptsächlich durch Verben oder verbale Kategorien, aber auch durch andere Wortarten, wie z.B. Adverbien des Typs *nachdem* und *während*, ausgedrückt.

### Aspektualität

Die Kategorie der Aspektualität eröffnet verschiedene Perspektiven auf die in der Zeit ablaufende Handlung. Sie gibt darüber Auskunft, ob es sich um ein in sich abgeschlossenes ganzheitliches Ereignis, eine im Verlauf befindliche Handlung oder einen zeitlich nicht begrenzbaren Zustand handelt.
Die Aspektualität ist im Russischen hauptsächlich bei den Verben zu suchen, sie kann aber ebenso durch andere Wortarten, wie z.B. Adverbien und Adverbialbe-

stimmungen wie *plötzlich, während, jählings, auf einmal, immer, in einer Stunde...* zum Ausdruck gebracht werden. Im Deutschen beeinflusst die so genannte lexikalisch-aktionale Funktion der Verben zwar teilweise den Ausdruck der Aspektualität, spielt jedoch keine große Rolle. Aspektualität kommt in der deutschen Sprache hauptsächlich dann zum Tragen, wenn Temporaladverbien oder Temporalnebensätze verwendet werden.
Die Kategorie der Aspektualität umfasst alle im Folgenden kurz umrissenen Kategorien: Die lexikalisch-aktionale Funktion der Verben, die Aktionsarten und den Aspekt.

**Lexikalisch-aktionale Funktionen: der Verbalcharakter**

Die Begriffe „lexikalisch-aktionale Funktion" und „Verbalcharakter" bezeichnen ein und denselben Sachverhalt: Auf Grund ihrer lexikalischen Bedeutung weisen Verbhandlungen in Bezug auf ihr Ablaufschema in der Zeit Unterschiede auf. Diese Unterschiede bestehen vornehmlich darin, in wie viele Phasen sich eine Verbhandlung, d.h. aktionale Situation, unterteilen lässt. Die bis hierher genannten Bestimmungen der Verbhandlungen existieren ganz abgesehen von kontextuellen oder grammatischen Umständen in allen Sprachen, da sie lexikalisch begründet sind. Im Russischen kommt nun hinzu, dass die jeweilige lexikalisch-aktionale Grundfunktion eines Verbs Basis für die Bildung der grammatischen Kategorie des Aspekts bildet: Jede Verbhandlung unterliegt auf Grund ihrer jeweiligen lexikalisch-aktionalen Beschaffenheit in Bezug auf die Aspektbildung einer Vorauswahl. Anhand ihrer verschiedenen lexikalisch-aktionalen Funktionen lassen sich zunächst vier Haupttypen von Verben unterscheiden.
Den ersten Typ von Verben (auch transformativ oder transitorisch genannt) zeichnet im Russischen aus, dass ihre Handlung lexikalisch-aktional typisch für die Bedeutung des russischen perfektiven Aspekts ist. Die Verbhandlung stellt ein einphasiges, sich auf eine innere Grenze zu bewegendes 'Ereignis' dar, wie: открыть ‚öffnen', пасть ‚fallen', сесть ‚sich setzen'.
Der zweite Typ konstituiert sich aus Verbhandlungen (auch durativ oder kursiv genannt), die typisch für den russischen imperfektiven Aspekt sind, da ihre als 'Verlauf' definierte Handlung mehrphasig ist, sich auf keine innere Grenze zubewegt (und dadurch häufig kontinuierlich ist): играть ‚spielen', болтать ‚plaudern', сидеть ‚sitzen'.
Der dritte Typ ist eine Mischgruppe aus den beiden oberen Typen: Es handelt sich um Verbhandlungen, die einerseits wie bei den Ereignisverben sich auf eine innere Grenze zu bewegen, andererseits wie Verlaufsverben mehrere Phasen umfassen, so genannte 'Ereignis-Verlaufsverben', z.B. писать ‚schreiben', бежать ‚laufen', читать ‚lesen'.
Der vierte Typ (stative, statische Verben) zeichnet sich dadurch aus, dass die Verbhandlung einen gleichbleibenden 'Zustand' darstellt, der keine Phasen kennt, weil er nicht zeitbezogen und nicht sensumotorisch wahrnehmbar ist. Verbhandlungen

dieser Art gehören im Russischen ausschließlich zum imperfektiven Aspekt. Typische Verben: знать ‚wissen', владеть ‚besitzen'.
Im Russischen gibt es nun – im Unterschied zum Deutschen – in der Regel (mindestens) zwei Partnerverben pro Verbhandlung, ein Ausgangsverb und ein abgeleitetes Verb. Und hier wird es grammatisch: Die beiden Partner haben die gleiche unveränderbare lexikalisch-aktionale Funktion. Auf dieser unveränderlichen Basis stellen sie mit Hilfe grammatischer Mittel, d.h. morphologischer Kennzeichnungen, die Handlung jeweils aus einer der beiden aspektuellen Perspektiven dar. Das durch die spezifische lexikalisch-aktionale Funktion des Verbs vorgegebene zeitliche Ablaufschema ist dabei eine abstrakte Größe und nicht zu verwechseln mit einer bestimmten Zeitspanne. Die Dauer einer Handlung hängt zwar damit zusammen, ob sie viele, nur eine oder keine Phasen besitzt, aber nicht davon ab. Sie wird vielmehr durch die Umstände bestimmt, unter denen sich die jeweilige Handlung abspielt und ist für ihre Bestimmung daher auch nicht relevant.

### Aktionsarten im Deutschen und Russischen

Durch Affigierung, d.h. durch Anfügen eines Präfixes oder Suffixes können so genannte „Aktionsarten" abgeleitet werden, welche es sowohl im Deutschen als auch im Russischen gibt. Im Russischen besteht zwar ein enger Zusammenhang zwischen Aspekt und Aktionsart, beide Kategorien sollten jedoch nicht miteinander verwechselt werden:
Bei den Aktionsarten handelt es sich um ein reines Wortbildungsphänomen. Der aspektuelle Verbalcharakter bzw. die lexikalisch-aktionale Funktion des abgeleiteten Verbs unterscheidet sich dabei häufig von der des Ausgangsverbs. Dadurch ändert sich auch der Aspekt des abgeleiteten Verbs. Da dieses Verb aber bei der aktionsartlichen Ableitung immer auch seine lexikalische Bedeutung ändert, mithin die Aktionsartbildung immer auch mit der Entstehung eines neuen Lexems verbunden ist, bildet es keine Aspektpartnerschaft mit dem Ausgangsverb. Aktionsarten werden im Deutschen und im Russischen hauptsächlich durch Präfigierung von Basisverben hervorgebracht. In der Forschung besteht bis zu diesem Punkt Einigkeit. Die Meinungen gehen jedoch auseinander, was nun zu den Aktionsarten zu zählen ist. Hier seien sechs Typen von Aktionsarten exemplarisch angeführt.[45]

**Die diminutive Aktionsart** entsteht im Deutschen über das Suffix *-l-*, z.B.:

| | | | |
|---|---|---|---|
| husten | > hüste**l**n | lachen | > läche**l**n, |
| kranken | > kränke**l**n | streichen | > streiche**l**n |
| tanzen | > tänze**l**n | | |

Im Russischen wird sie oft mit Hilfe des Suffixes -ива- (-ыва-) gebildet, z.B.:

хворать (ipf.) ‚kranken' > хвар**ыва**ть (ipf.) ‚(öfter) kränkeln'

45 Vgl. für das Deutsche Helbig/Buscha (2001:62-63), für das Russische Isačenko (1975:388-418), zur Vertiefung der Problematik Lehmann (1999:217-219, 223-233).

**Die intensive Aktionsart** bescheinigt der Handlung eine hohe Intensität. Bei einigen deutschen Intensiva ist die Ableitungsbeziehung nur vor dem Hintergrund sprachhistorischen Wissens erkennbar, z.B.:

| | | | |
|---|---|---|---|
| reißen | > ritzen | schlucken | > schluchzen |
| rücken | > rutschen | schneiden | > schnitzen |

Im Russischen wird die intensive Aktionsart hauptsächlich in der Umgangssprache gebildet. Sie bringt, oft mit Hilfe des Suffixes -ну-, die Funktion der Ganzheitlichkeit zum Ausdruck.

| | | |
|---|---|---|
| дергать (ipf.) | > дергануть (pf.) | ‚reißen – kräftig reißen' |
| мазать (ipf.) | > мазануть (pf.) | ‚schmieren – heftig schmieren' |

**Die iterative Aktionsart** ist heute auch unproduktiv. Es handelt sich um Verben, die durch das Suffix *-r-* die Wiederholtheit der Handlung markieren, z.B.:

| | |
|---|---|
| klappen | > klappe**r**n |
| platschen | > plätsche**r**n |

Eine wiederholte oder gewohnheitsmäßig ausgeführte Handlung drücken im Russischen manche Verben mit dem Suffix -ыва-/-ива- aus, wie z.B.:

| | | |
|---|---|---|
| говорить (ipf.) | > говар**ива**ть (ipf.) | ‚sprechen – öfter sprechen' |
| читать (ipf.) | > чит**ыва**ть (ipf.) | ‚lesen – zu lesen pflegen' |

**Die ingressive Aktionsart** ist besonders häufig zu finden. Zu ihr gehören Verben, die mit Hilfe der Präfixe *an-*, *auf-* und *er-* den Beginn einer Handlung markieren.

| | | |
|---|---|---|
| blühen | > **er**blühen oder | > **auf**blühen |
| wachen | > **er**wachen oder | > **auf**wachen |

Den Beginn einer Handlung markiert im Russischen oft das Präfix за-, z.B.:

| | | |
|---|---|---|
| говорить (ipf.) | > **за**говорить (pf.) | ‚sprechen – anfangen zu sprechen' |

**Die egressive Aktionsart** wird vorwiegend durch die Präfixe *er-* und *ver-* gekennzeichnet, die dann die Beendigung einer Handlung markieren, z.B.:

| | |
|---|---|
| blühen | > **ver**blühen |
| reichen | > **er**reichen |

Das Ende einer Handlung markiert im Russischen häufig das Präfix от-.

| | | |
|---|---|---|
| цвести (ipf.) | > **от**цвести (pf.) | ‚blühen – verblühen' |

**Die kausative Aktionsart** kennzeichnet die Verursachung bzw. Veranlassung einer Handlung. Kausativa wie die folgenden sind im Deutschen nur sehr selten zu finden.

| | | | |
|---|---|---|---|
| sinken | > s**e**nken | springen | > spr**e**ngen |
| sitzen | > s**e**tzen | | |

Russische Kausativa stammen zum großen Teil aus altslavischer und altrussischer Zeit und wurden mit Hilfe des Wurzelablauts gebildet, z.B.:

| | | |
|---|---|---|
| пить (ipf.) | > поить (ipf.) | ‚trinken – tränken' |
| сидеть (ipf.) | > садить (ipf.) | ‚sitzen – setzen' |

Wie das folgende Kapitel zeigen wird, können neu abgeleitete lexikalische Verben zwar formal und funktional klassifiziert werden. Bestimmte Affixe, Präfixe und Suffixe können den Verben lexikalische Bedeutungen verleihen, welche die Handlung in Bezug auf Quantität oder Qualität näher spezifizieren. Dadurch entstehen Klassen von Verben mit bestimmter aktionaler Bedeutung. Der Zusammenhang zwischen Aktionsart und Aspekt ist jedoch anders bestimmt als vielfach bisher angenommen. Es handelt sich nicht um ein Verhältnis zweier Kategorien der gleichen sparachlichen Ebene, die sich überschneiden, sondern um zwei verschiedene Kategorien, eine lexikalische und eine lexikalisch-grammatische, deren eine (die Aktionsarten) sich in die andere (die Aspektopposition) hinein auflöst.
Denn wie auch immer ein Verb lexikalisch quantitativ oder qualitativ näher spezifiziert sein mag, ob als Ingressivum: расцвести ‚aufblühen', ‚erblühen', als Iterativ-Diminutivum: покашливать ‚hüsteln' oder als Egressivum: отцвести ‚verblühen', es bleibt immer dem Regime der grammatischen Kategorie des Aspekts untergeordnet. Von einigen dieser Verben wird ein Aspektpartner, d.h. ein Verb des oppositiven Aspekts abgeleitet.

| | | |
|---|---|---|
| цвести (ипф.) | > **рас**цвести (пф.) | > расцвет**а**ть (ипф.) |
| цвести (ипф.) | > **от**цвести (пф.) | > отцвет**а**ть (ипф.) |
| кашлять (ипф.) | > **по**кашлять (пф.) | > покашл**ива**ть (ипф.) |

Andere lexikalisch abgeleiteten Verben bleiben einaspektig, sog. tantum-Verben.

| | |
|---|---|
| любить (ipf.) | > полюбить (pf.) |
| ‚lieben' | ‚sich verlieben' |

Einige der üblicherweise als Aktionsarten aufgelisteten Verben bilden Aspektpartnerschaften mit dem Ausgangsverb ihrer Ableitung. Dies betrifft insbesondere die Ingressiva, Egressiva sowie die so genannten Delimitativa, welche von Verben mit der lexikalisch-aktionalen Grundbedeutung 'Verlauf' abgeleitet werden. Diese Sorte von Ausgangsverben können in der Regel verschiedene Aspektpartnerschaften eingehen. Die Bedeutung der Ganzheitlichkeit der Handlung wird erreicht, indem von dem imperfektiven Ausgangsverb ein perfektiver Partner mittels Präfigierung abgeleitet wird. Das Präfix ergänzt die Bedeutung des Verbs um eine zeitliche Begrenzung, wodurch die Verbhandlung ganzheitliche Bedeutung erhält.

| | |
|---|---|
| за- (anfangen zu ...) | |
| по- (eine Zeitlang ...) | } дышать |
| от- (aufhören zu ...) | ‚atmen' |

Während Ingressiva den Beginn einer Handlung bezeichnen und Egressiva ihr Ende, bezeichnen Delimitativa – welche häufig mit Hilfe des Präfixes по- abgeleitet werden – Verbhandlungen, die eine Weile andauern.

## Aspekt

Der Aspekt ist die für die slavischen Sprachen typischste grammatische Kategorie. Für fast jede Handlung, die im Deutschen durch ein einziges Verb bezeichnet wird, hat das Russische zwei Verben. Diese Verben bilden Partnerschaften, die dadurch gekennzeichnet sind, dass die aspektuelle Funktion jeweils eines der beiden Partner dem Verbalcharakter bereits inhärent ist, d.h. ihrer lexikalisch-aktionalen Funktion entspricht, während die aspektuelle Funktion des Partnerverbs der gemeinsamen lexikalisch-aktionalen Funktion nicht entspricht. Dieses Verb wird in der Regel vom ersten Verb morphologisch – durch Anfügen eines Präfixes oder Suffixes – abgeleitet. Verben werden dann als Aspektpartner angesehen, wenn das formal abgeleitete Verb seiner lexikalischen Bedeutung nach mit dem Ausgangsverb identisch ist.

### Die russischen Aspektformen

Von Verben des imperfektiven Aspekts mit der lexikalisch-aktionalen Funktion Ereignis-Verlauf, d.h. von Verben, deren Handlung unbegrenzt ist, aus mehreren Phasen besteht und ohne Zustandswechsel ist, wie *graben*, *lesen*, *sprechen*, *spielen* und *plaudern* werden Verben des perfektiven Aspekts in der Regel durch ein Präfix, wie z.B. вы- ‚aus-' oder про- ‚durch-' abgeleitet. Dadurch wird die Handlung entweder räumlich oder anderweitig spezifiziert, ohne dass sich jedoch die lexikalische Bedeutung wesentlich verändert.

Beispiel: копать (ipf.) > выкопать (pf.) ‚graben-ausgraben'
читать (ipf.) > прочитать (pf.) ‚lesen-durchlesen'

Die Verbhandlung kann aber auch durch ein Präfix zeitlich begrenzt werden. Dann wird eine ihrer Phasen fokussiert (man spricht deshalb auch von Phasenaktionsarten). Die Präfigierung mit zeitlicher Begrenzung geschieht im Russischen im Wesentlichen mit Hilfe von vier Präfixen (по- ‚eine Zeitlang', про- ‚eine bestimmte Zeit hindurch', за- ‚anfangen zu' und от- ‚aufhören zu').

Beispiel: говорить (ipf.) > поговорить (pf.)
‚sprechen – eine Zeitlang sprechen' (delimitativ)
говорить (ipf.) > заговорить (pf.)
‚sprechen – anfangen zu sprechen' (ingressiv)
говорить (ipf.) > отговорить (pf.)
‚sprechen – aufhören zu sprechen' (egressiv)

Viele Ereignis-Verlaufsverben werden durch perfektivierende Präfixe sowohl in „räumlicher" als auch in „zeitlicher" Hinsicht spezifiziert, die reinen Verlaufsverben wie *schlafen*, *spazieren*, *sitzen* und *weinen* hingegen erhalten bei ihrer Perfektivierung aus lexikalisch-aktionalen Gründen in aller Regel nur „zeitlich" begrenzende Präfixe.

Zustandsverben wie знать ‚wissen' oder владеть ‚besitzen' sind hingegen Imperfektiva tantum, d.h. von ihnen kann kein perfektiver Partner abgeleitet werden. Werden sie dennoch präfigiert, erhalten die abgeleiteten Verben eine andere Bedeutung:

Beispiel: знать ‚wissen' + Präfix у- > **у**знать ‚erkennen'

Die Handlung eines typischen perfektiven Verbs zeichnet sich durch ihre innere Begrenztheit oder Ganzheitlichkeit aus. Sie hat den Charakter eines „Ereignisses". Von perfektiven werden imperfektive Verben durch Suffigierung abgeleitet, d.h. durch das Anfügen eines der Suffixe -а-, -ва- oder -ива- (-ыва-) an den Verbstamm. Das suffigierte imperfektive Verb kennzeichnet im Unterschied zum perfektiven Verb die Handlung als wiederholte oder andauernde.

| Beispiel: | дать (pf.) | > да**ва**ть (ipf.) | ‚geben' |
|---|---|---|---|
| | назвать (pf.) | > наз**ыва**ть (ipf.) | ‚nennen' |

Ursprünglich wurden in der Aspektologie Aspektpaare unterstellt. Für diese Paare galten strenge Kriterien. Der klassische Typ eines Aspektpaares ist funktional eindeutig, lexikalisch identisch und zeichnet sich formal dadurch aus, dass beide Partner präfigiert sind und einer von ihnen suffigiert ist.

**Ableitungsweg eines typisches Aspektpaares:**

говорить ‚sagen', ‚sprechen' + Präfix > **у**говорить ‚überreden'
**у**говорить + Suffix > уговар**ива**ть ‚überreden'

Heute nimmt man eher Aspektpartnerschaften an, bei denen von einem Ausgangsverb mehrere Ableitungsbeziehungen gestiftet werden können, wie zum Beispiel bei: говорить (ipf.) > **по**говорить (pf.) und говорить (ipf.) > **за**говорить (pf.).

**Die wichtigsten Aspektfunktionen**

| **imperfektiver Aspekt** | **perfektiver Aspekt** |
|---|---|
| verlaufend | ganzheitlich |
| wiederholt | einmalig |
| zum Resultat strebend | das Resultat erreichend[46] |

**Der Vergleich mit deutschen Verbformen**

Ansatzweise vergleichbar mit dem Prinzip der russischen Aspektpartner wäre das deutsche Verbpaar *frieren – gefrieren* – allerdings auch nur, soweit es nicht auf Personen bezogen ist. Die lexikalische Bedeutung des präfigierten Verbs *ge-frieren* ist hier identisch geblieben mit der des Verbs *frieren*, von dem es formal abgeleitet wurde. Darin unterscheidet sich dieses Verbpaar von allen anderen Ableitungsbe-

46 Die Funktion „zum Resultat strebend/das Resultat erreichend" haben nur telische Verben wie etwa открыть – открывать ‚öffnen'. Telisch sind Verben, deren Handlung auf eine innere, von der Natur der Situation her vorgebene Grenze zustrebt.

ziehungen, die im Deutschen zwischen einem Simplex (einem einfachen, nicht zusammengesetzten Verb) und einem davon durch Präfigierung abgeleitetem Verb bestehen, wie:

| Beispiel: | rinnen – **ge**rinnen | fallen – **ge**fallen |
|---|---|---|
| | zerren – **ent**zerren | handeln – **miss**handeln |

An den vier genannten Beispielen wird deutlich, dass die Präfigierung zu einer Veränderung der lexikalischen Bedeutung des Verbs geführt hat. Im Deutschen ist dies die Regel. Diese beispielhaft gebildeten „Verbpaare“ haben keine gemeinsame lexikalische Basis – wie dies hingegen bei russischen Aspektpartnern des Typs говорить-заговорить, говорить-поговорить, говорить-отговорить der Fall ist – von der ausgehend sie dann ausschließlich dazu dienen, die Opposition „verlaufende (beziehungsweise wiederholte) Handlung“ versus „abgeschlossene Handlung“ darzustellen.

## Tempus

Die semantische Funktion des Verbs besteht darin, eine Handlung als in der Zeit ablaufend darzustellen. Die Kategorie des Tempus bringt in diesem Sinne das zeitliche Verhältnis zwischen der besprochenen Handlung und dem Redemoment bzw. dem Moment, in dem der Hörer die Erzählung wahrnimmt, dem Perzeptionsmoment, zum Ausdruck.

Im Russischen dient das Tempussystem ebenso wie im Deutschen dem Ausdruck sowohl eines absoluten als auch eines relativen Zeitbezugs.

Ist die Handlung auf den Redemoment bezogen, spricht man vom absoluten Gebrauch der Tempusformen (Deixis).

Wird diese Handlung ihrerseits in ein zeitliches Verhältnis zu einer anderen Handlung gestellt, dann ist letztere nur mittelbar – durch die erste Handlung – auf den Rede- bzw. Perzeptionsmoment bezogen. In diesen Fällen spricht man vom relativen Gebrauch der Tempusformen (Taxis).

Der absolute und der relative Gebrauch der Tempusformen bringt Zeitlichkeit zum Ausdruck, indem er die Handlung in ein Verhältnis zu einem bestimmten Bezugspunkt (Sprechzeit oder Zeitpunkt einer anderen Handlung) stellt. Erst dieser Bezug macht die Handlung als vorzeitige, gleichzeitige oder nachzeitige darstellbar.

In beiden Sprachen werden jeweils diverse Tempusfunktionen durch eine Form zum Ausdruck gebracht. Das Russische verfügt über drei Temporalformen, die mit den zwei Aspekten zusammenwirken. Aus dieser Kombination ergeben sich fünf Formen des Aspekt-Tempus-Systems, vier synthetische (ipf. Präsens, pf. Präsens (mit Futurfunktion), pf. Präteritum und ipf. Präteritum) und eine analytische (ipf. Futur). Das Deutsche verfügt hingegen über sechs Tempusformen, zwei synthetische (Präsens, Präteritum) und vier analytische (Futur I, Futur II, Perfekt, Plusquamperfekt).

**Die russischen Aspekt-Tempus-Formen und Funktionen**

| Aspekt / Tempus | imperfektiv | perfektiv |
|---|---|---|
| **Präteritum** | ipf. Präteritum<br>я кушала суп | pf. Präteritum<br>я скушала суп |
| **Präsens** | ipf. Präsens<br>я кушаю суп | --------- |
| **Futur** | ipf. Futur<br>я буду кушать суп | pf. Futur<br>я скушаю суп |

Das Russische verfügt über keine Temporalformen, die den relativen Tempusgebrauch ausdrücken. Ob relativer oder absoluter Tempusgebrauch vorliegt, muss daher häufig aus dem jeweiligen Kontext erschlossen werden.

### Das russische Präsens

Das Präsens wird ausschließlich von Verben des imperfektiven Aspekts gebildet. Es entsteht durch das Anfügen der Personalendungen der e- und и-Konjugation an den Präsensstamm.

Beispiel: делать (Inf.) делаю, делаешь, делает...
говорить (Inf.) говорю, говоришь, говорит...

Die Präsensfunktionen des Russischen und des Deutschen sind vergleichbar. Vielfach wird das Präsens für das Tempus der Gegenwart (aktuelles Präsens) gehalten. Auch wenn dies eine dominate Funktion ist, dient es jedoch ebenso dem Ausdruck zeitlich ungebundener (nicht-aktuelles Präsens) wie vergangener und futurischer (Transpositionen des Präsens) Handlungen. Es ist deshalb semantisch als ein zeitindifferentes Tempus zu betrachten.
Hauptfunktion der Präsensform ist in beiden Sprachen nichtsdestoweniger das aktuelle Präsens: Handlungsmoment und Redemoment fallen zusammen bzw. der Redemoment ist ein Teil Handlungsmomentes. Rein logisch gesehen ist die Gegenwart eine Fiktion, der flüchtige Zeitpunkt, der die Vergangenheit von der Zukunft scheidet. Sprachlich wird die Gegenwart jedoch als Zeitspanne dargestellt. Der folgende Satz vermittelt die Vorstellung einer parallel zum Redemoment verlaufenden Handlung ohne zeitliche Begrenzung.

Beispiel: Смотри, он читает!
'Schau, er liest!'

Im nicht-aktuellen Präsens werden Handlungen (Zustände oder Eigenschaften) dargestellt, die keinen Bezug auf den Redemoment haben, weder den der Gleichzeitigkeit, noch den der Vor- oder Nachzeitigkeit. Bestehendes, Geltendes und Wiederholtes wird hier mittels der Präsensform vom Sprecher als gegenwärtiges Geschehen dargestellt.

### Die wesentlichen Funktionen des nicht-aktuellen Präsens

Iteratives Präsens (wiederholte Handlung)

Beispiel: Он каждый вечер читает.
‚Er liest jeden Abend.'

Statives Präsens (Handlung als ständige Eigenschaft oder Zustand)

Beispiel: Он стоит семерых.
‚Er ist sieben Mann wert.'

Generelles Präsens (allgemeingültige Feststellung)

Beispiel: Земля движется вокруг Солнца.
‚Die Erde dreht sich um die Sonne.'

### Transpositionen des Präsens

Einige Präsensformen können auch Futurbedeutung annehmen. Im Russischen sind jedoch die Möglichkeiten der Verwendung des „Präsens pro Futuro" begrenzt. Nur wenige, und zwar insbesondere Verben der zielgerichteten (determinierten) Bewegung werden in dieser Funktion gebraucht.

Beispiel: Куда ты идёшь сегодня вечером?
‚Wohin gehst du heute abend?'

Im Unterschied dazu hat das Präsens im Russischen weit häufiger als im Deutschen Vergangenheitsbedeutung (historisches Präsens).

Beispiel: В 1887 году Горький читает Маркса.
‚Im Jahre 1887 liest Gorki Marx.'

### Das deutsche Präsens im Vergleich

Die Bedeutungen des deutschen Präsens entsprechen denen des russischen, allerdings mit dem entscheidenden Unterschied, dass nicht nur – wie im Russischen – ein bestimmter Teil der Verben die oben angeführten Präsensbedeutungen ausdrücken kann, sondern alle Verben. Das deutsche Präsens stellt ebenso wie das Russische aktuelle und nicht-aktuelle Handlungen dar. Der Satz *Er kocht eine Suppe* wird – auch ohne weitere Spezifizierung durch den Kontext – in der Regel als aktuelles Präsens aufgefasst. Er kann aber auch nicht-aktuell oder futurisch verstanden werden. Der Kontext oder Adverbien präzisieren, ob eine Handlung futurisch oder präsentisch ist.

Beispiel: Er isst (**gerade/jetzt**) eine Suppe.
(aktuelles Präsens)
Er isst **ab und zu** eine Suppe.
(nicht-aktuelles Präsens)
Er isst **gleich/morgen** eine Suppe.
(futurische Bedeutung)

Das Präsens pro Futuro kommt im Deutschen regelmäßig vor, auf dieser Ebene wird häufiger transponiert als im Russischen (zu Fehlern s. „Das Futur", S. 126).

### Negativer Transfer

Besonders auffällig ist ein für die deutschen Tempusverhältnisse übermäßiger Gebrauch des historischen Präsens. Diese Überproduktion kann aus einer Analogie zu den russischen Strukturen herrühren. Mögliche Ursache kann aber auch eine intralingual bedingte Unsicherheit bei der Bildung der deutschen Vergangenheitsformen sein.

Beispiel: Mein Traum
Es war eine sehr Gute Nacht. Das Wetter war schön und ruhig. Ich habe ein Traum gesehen. Im Traum ich hätte Flügel. Für mich war es ganz toll. Und ich dachte, Jetzt **kann** ich Meine Verwandte **besuchen**. Meine Verwandte **wohnen** sehr weit und in der richtigen Leben ich **sehne** an Sie. Darum vielleicht habe ich diesen Traum gesehen. Ich fliegte und fliegte von einem Ort Zum anderen. Ich suchte ganze lange Zeit, wo **ist** denn meine Heimat? Aber ich konnte nichts finden, es war sehr dunkel und ich **schaues** nach unten und konnte mich nicht erinnern wie aussieht meine Stadt.

### Das russische Futur

Die Futurformen von Verben des perfektiven und des imperfektiven Aspekts unterscheiden sich – erstere werden synthetisch, letztere analytisch gebildet.
Allgemeine Funktion beider Futurformen ist es, den Handlungsmoment zeitlich nach dem Redemoment zu lokalisieren.

### Die Form perfektiver Verben

Das russische Futur perfektiver Verben wird wie das Präsens der imperfektiven Verben gebildet: die Personalendungen der е- und и-Konjugation werden an den Präsensstamm der perfektiven Verben geknüpft.

| Beispiel: | сделать (Inf.) ‚etw. tun' | сделаю, сделаешь, сделает... |
|---|---|---|
| | поговорить (Inf.) ‚sagen' | поговорю, поговоришь, поговорит... |

In ihrer Funktion, die Handlung als eine ganzheitliche, konkret vollzogene darzustellen, spiegeln perfektive Verben in der Präsensform die Erwartung des sich in der Zukunft vollziehenden Geschehens wieder. Denn eine Handlung, deren Vollzug unterstellt ist, kann zwar bereits im Redemoment beginnen, muss aber logisch gesehen ihren Abschluss in der Zukunft finden.

Beispiel: Через час я почитаю газету.
‚In einer Stunde werde ich Zeitung lesen.'
Он сейчас дочитает книгу.
‚Er liest jetzt das Buch zu Ende.' (Er ist gerade noch mit dem Lesen beschäftigt, hat aber gleich ausgelesen.)

Der erste Satz spiegelt die Funktion „konkrete ganzheitliche Einzelhandlung in der Zukunft“ wieder, der zweite Satz zeigt eine konkrete Einzelhandlung, die in der Gegenwart schon begonnen hat, aber erst in der Zukunft ihr Resultat erreicht. Als weitere Funktion ist die dem deutschen Futur II entsprechende Funktion der Vorzukunft anzusehen.

### Die Form imperfektiver Verben

Das russische Futur imperfektiver Verben wird im Unterschied zu dem Futur perfektiver Verben analytisch gebildet, durch die Konstruktion: Futurform des Verbs быть ‚sein‘ + Infinitiv bestimmter imperfektiver Verben.

Beispiel: Я буду читать.
‚Ich werde lesen.‘

### Die Futurformen des Verbs быть ‚sein‘

| | | |
|---|---|---|
| я | буду | ‚ich werde‘ |
| ты | будешь | ‚du wirst‘ |
| он, она, оно | будет | ‚er, sie, es wird‘ |
| мы | будем | ‚wir werden‘ |
| вы | будете | ‚ihr werdet‘ |
| они | будут | ‚sie werden‘ |

Die Hauptfunktionen des imperfektiven Futurs: Das imperfektive Futur stellt entweder eine konkrete Einzelhandlung in ihrem Verlauf in der Zukunft dar,

Beispiel: Через час я буду читать газету.
‚In einer Stunde werde ich Zeitung lesen.‘

...oder zukünftig wiederholte Handlungen:

Beispiel: Каждый вечер я буду читать газету.
‚Jeden Abend werde ich Zeitung lesen.‘

...oder einen allgemeinen Hinweis auf die Tatsache der Handlungsausführung.

Beispiel: Ты будешь читать газету на каникулах?
‚Wirst du in den Ferien Zeitung lesen?‘

### Das deutsche Futur im Vergleich

Das Deutsche weist zwei Formen des Futurs auf: Futur I (ich werde essen) und Futur II (ich werde gegessen haben). Funktional gesehen verteilen sich die im Russischen vorfindlichen Bedeutungen wie folgt:

- Futur I dient entweder zur Bezeichnung eines Sachverhalts in der Zukunft oder des vermuteten Geschehens in der Gegenwart.
- Futur II dient der Bezeichnung der Vorzukunft oder eines vermuteten Geschehens in der Vergangenheit – mit oder ohne resultativem Charakter.

Im Deutschen verweist nicht nur die Futur-, sondern auch die Präsensform häufig auf zukünftiges Geschehen. Die Futurform hat oft ein noch unbestimmtes zukünftiges Ereignis zum Inhalt und weist dann eine modale Bedeutungsnuance auf. Demgegenüber dient die Präsensform dem Ausdruck einer bestimmten Zukunft.

Beispiel: Ich mache das selbst.
Ich erledige das (morgen).
Keine Angst – sie kommt bestimmt.

## Negativer Transfer

Schwierigkeiten bereitet vor allem der Gebrauch des Präsens pro Futuro. Das Präsens in Zukunftsfunktion wird im Russischen nur mit einigen wenigen Verben verwendet, daher mag seine häufige Verwendung im Deutschen russischsprachigen Lernenden als ungewöhnlich erscheinen. Auf Grund einer interlingualen Identifizierung mit den russischen Strukturen überproduzieren sie die deutschen Futur-I-Formen des Verbs *werden* (*Ich werde*, *du wirst*, *er/sie/es wird...*). Es entstehen dadurch schwerfällige oder hyperkorrekte Sätze.

Beispiel: a. ?Wenn wir uns treffen **werden**, dann **werde** ich alles erzählen.
b. ?Es kommt alles auf den ersten Kontakt an. Ist er positiv gewesen, dann **wird** alles gut gehen. Dagegen ist er negativ gewesen, dann **wird** nicht mehr viel zu retten sein.

Ansonsten kommt es zu Schwierigkeiten mit einer besonderen Form des deutschen Futurs, welche die modale Bedeutungsnuance „Vermutung" trägt. Es handelt sich dabei um ein Gefüge aus einer finiten Form von *werden* und dem Infinitiv von *sein*, z.B. *Er wird noch ein Kind sein.* Russischsprachige Deutschlerner bilden hier häufig Sätze, die zwar die Futurform von *sein* enthalten, nicht jedoch die ergänzende Infinitivform *sein*, die außerdem erforderlich ist. Im Russischen wird in entsprechenden Kontexten lediglich die finite Futurform von *sein* im Zusammenhang mit bestimmten Schaltwörtern (z.B. пожалуй ‚wohl') verwendet.

Beispiel: a. *Ich denke, der Kampf **wird** in Hamburg, aber wahrscheinlich der Kampf **wird** in Köln.
b. *Er läßt sagen (ausrichten), daß wir jetzt losfahren, daß wir wohl um 8 Uhr bei Dir **werden** und daß Du schon fertig sein sollst.

## Das Präteritum

### Die Form des Präteritums perfektiver und imperfektiver Verben

Das russische Präteritum hat keine Personalendungen, sondern Endungen, die Singular und Plural unterscheidbar machen und im Singular zudem das Genus anzeigen (s. „Das Substantiv, Genus", S. 69). Es wird durch Anfügen des Suffixes -л an den Präteritumstamm, der in der Regel mit dem Infinitivstamm übereinstimmt, gebildet: (с)дела-л, (по)говори-л.

| | |
|---|---|
| Die Maskulinform hat eine Nullendung: | (по)говори-л-Ø, |
| das Femininum endet auf -a: | (по)говори-л-а, |
| das Neutrum auf -o: | (по)говори-л-о, |
| im Plural enden alle Genera auf -и: | (по)говори-л-и. |

Ganz allgemein dient das russische Präteritum dem Ausdruck der zeitlich vor der Sprechzeit lokalisierten Handlung. Der Aspekt bewirkt aber auch im Präteritum, dass ein und dieselbe Tempusendung verschiedene Bedeutungen hervorbringt. Die Funktionen des Präteritums perfektiver Verben und des Präteritums imperfektiver Verben sind dabei strikt voneinander zu trennen.

### Die Funktion des Präteritums imperfektiver Verben

Die durch das Präteritum imperfektiver Verben dargestellte Handlung fällt im deiktischen Register in keinem ihrer Abschnitte mit der Sprechzeit zusammen. Es werden entweder iterative (Beispiel a.), stative (Beispiel b.) oder allgemeinfaktische Funktionen zum Ausdruck gebracht.

Beispiel a. Как только он **уходил**, становилось скучно.
‚Sobald er **hinausging**, wurde es langweilig.'

Beispiel b. Она **умела** петь.
‚Sie konnte singen (im Sinne von: Sie war Sängerin).'

In Erzählungen dient das Präteritum imperfektiver Verben unter anderem als Erzähltempus zur Schilderung vergangener Abläufe, wobei deren eventuelle zeitliche Begrenzungen außer Betracht bleiben. In dieser Funktion haben imperfektive Verben mit präteritaler Tempusendung meist progressive Funktion (episodischer Verlauf) und antworten auf die Frage: Was war damals?

Beispiel: Они **пили** и **болтали**. ‚Sie **tranken** und **plauderten**.'

Hier kommt aufgrund der Anwesenheit zweier imperfektiver Verben die narrative Präteritumsfunktion 'Parallelismus' zum Tragen. Die beiden imperfektiven Verben bringen zum Ausdruck, dass die durch sie bezeichneten Handlungen gleichzeitig ablaufen.

### Plusquamperfektisches Präteritum imperfektiver Verben

Im russischen Plusquamperfekt ist der taxische Bezug zwischen zwei oder mehr Prädikaten nicht – wie im Deutschen – der Form, sondern dem Kontext zu entnehmen. Die imperfektiven Verben geben dabei auch im plusquamperfektischen Präteritum die drei Arten nicht-episodischer Situationen wieder: Sie haben iterative, stative und allgemeinfaktische Funktion. Das Verb видели im folgenden Beispiel hat allgemeinfaktische Funktion.

Beispiel: В кинотеатре на площади шёл "Третий удар". Этот фильм оба они **видели** и решили пойти в Метрополь.
‚Im Kino am Platz lief „Der dritte Angriff". Diesen Film **hatten** beide **gesehen** und beschlossen ins Metropol zu gehen.'

### Die Funktion des Präteritums perfektiver Verben

Das Präteritum perfektiver Verben dient in zwei temporalen Funktionen. In der so genannten Aoristfunktion markiert es als Erzähltempus die Handlung als ein Ereignis, das sich in der Vergangenheit ereignete und damit auf die Frage antwortet: Was passierte? Häufig schildert das Präteritum perfektiver Verben eine Kette einander ablösender Ereignisse.

Beispiel: Он **выпил** стакан и **ушёл**.
‚Er **trank** das Glas **aus** und **ging fort**.'

In der so genannten Perfektfunktion stellt das Präteritum perfektiver Verben die Handlung als eine dar, die sich zwar in der Vergangenheit abgespielt hat, deren Wirkung aber bis in den Moment der Rede hineinreicht. In dieser Bedeutung antwortet es auf die Frage: Was ist passiert?

Beispiel: Он **выпил** стакан.
‚Er **hat** das Glas **ausgetrunken**.' (Das Glas ist nun leer.)

### Plusquamperfektisches Präteritum perfektiver Verben

In der plusquamperfektischen Funktion dient das Präteritum perfektiver Verben ebenso wie in der Perfektfunktion der Darstellung episodischer Ereignisse mit dem Merkmal Vorzeitigkeit.

Beispiel: Брат вошёл, когда она **прочитала**.
‚Der Bruder kam herein, als sie **fertig gelesen hatte**.'

Das russische perfektive Präteritum darf nicht mit dem deutschen Perfekt gleichgesetzt werden. Indem es Zustände als Folge vergangener Handlungen darstellt, entspricht es in vielen Fällen einem deutschen Präsens. So kann im Deutschen der Satz *Der Fluss ist zugefroren* sowohl perfektisch – als vergangenes Ereignis – als auch präsentisch – als Aussage über einen gegenwärtigen Zustand – aufgefasst werden.
Der entscheidende Unterschied zu der russischen Äußerung im perfektiven Präteritum: Река замёрзла besteht darin, dass sie beide Sichtweisen der deutschen Äußerung – in der entweder die eine oder die andere gilt – eint, indem sie den gegenwärtigen Zustand als Folge eines Ereignisses darstellt, das nicht nur vergangen ist, sondern auch zu einem Resultat geführt hat (sinngemäß: ‚Der Fluss gefror und ist deshalb nun zugefroren.').

### Das deutsche Präteritum im Vergleich

Das russische Präteritum imperfektiver Verben kann nicht mit dem deutschen Imperfekt gleichgesetzt werden, weil dieses auch die Bedeutung des russischen Präteritums perfektiver Verben wiedergeben kann.

Beispiel: Sie **gingen spazieren** und **plauderten**. (Was war damals?)
In diesem Jahr **lernte** er Maria **kennen**. (Was passierte?)

Andererseits gibt es auch im Deutschen Restriktionen. Das Imperfekt, welches oft auch als Präteritum bezeichnet wird, kann nicht in isolierten Äußerungen verwendet werden, weil es beim Hörer die Erwartung einer Äußerung weckt, die fortgeführt wird. Es gilt aus diesem Grunde als „Erzähltempus". Außerdem kann es nicht ohne Temporalbestimmungen verwendet werden, wenn eine Erzählung in diesem Tempus beginnt:

Beispiel: *Der Kaminkehrer **kam**.
Gestern **kam** der Kaminkehrer.

Das deutsche Perfekt sollte hingegen nicht verwendet werden, wenn die betreffende Verbhandlung den Hintergrund für eine eintretende Handlung bildet – und somit verlaufend ist.

Beispiel: *Als ich **geschlafen habe**, kam er zur Tür herein.
*Als ich **geschlafen habe**, ist er zur Tür hereingekommen.

Korrekt wäre in diesem Fall nur das Imperfekt:

Beispiel: Als ich **schlief**, kam er zur Tür herein/ist er zur Tür hereingekommen.

### Negativer Transfer

Vergleicht man die Tempussysteme beider Sprachen, so wird verständlich, warum russischsprachige Deutschlerner das deutsche Tempussystem im Sprachgebrauch auf die drei Temporalformen Präsens, Imperfekt und Futur reduzieren. Das Perfekt wird von Anfängern, die auch das Imperfekt erlernt haben, wenig bis gar nicht benutzt. In Anlehnung an die russischen Strukturen, wo im Präteritum nur eine, und zwar eine synthetische Tempusform (für beide Aspekte) existiert, wird im Deutschen mit dem Imperfekt ebenfalls eine synthetische Vergangenheitsform bevorzugt. Das deutsche Perfekt hat demgegenüber die für russischsprachige Deutschlerner fremdere analytische Form.
Wird nun das deutsche Imperfekt bevorzugt, entstehen zum einen dann inkorrekte Sätze, wenn isolierte Äußerungen getätigt werden. Denn Verben in diesem Tempus verlangen einen erzählerischen Rahmen.

Beispiel: a. *Ich **wohnte** in Charkow. (...) Jetzt wohne ich in Hamburg.
b. *Ich bin in Sankt-Petersburg geboren. Hier **lebte** und **studierte** ich.

Insbesondere auch in Kontexten, in denen allgemeine Fakten konstatiert werden, muss im Deutschen das Perfekt stehen. Entsprechend befremdlich klingt die folgende Antwort auf die Frage: Was hast du (gestern) getan?

Beispiel: *Ich **las** zu Hause ein Buch.

Auf der anderen Seite steht eine Verbhandlung, die den Hintergrund einer oder mehrerer Handlungen bildet, im Deutschen – eigentlich – im Präteritum. Dies gilt in besonderem Maße für Hilfsverben. Mittlerweile handelt es sich in diesem Bereich des Tempus jedoch häufig nur noch um Stilfragen. Seit geraumer Zeit ist in der deutschen Umgangssprache die Tendenz zu beobachten, dass das Perfekt das Imperfekt immer weiter ersetzt. Diese Erscheinung befördert vermutlich Auffälligkeiten des folgenden Typs:

Beispiel: ?Als ich noch jung **gewesen bin**, **habe** ich viele Feste **gemacht.**

### Der Vergleich mit dem Ausdruck von Aspektualität im Deutschen

Ein typischer Zug des Tempus- und Aspektsystems des Deutschen ist die schwache Ausbildung, d.h. schwache Grammatikalisierung aspektueller Funktionen. In der Regel rekurriert das Deutsche auf kontextuelle Mittel, um eine bestimmte aspektuelle Perspektivierung zu erreichen.

### Mittel zum Ausdruck imperfektiver Aspektfunktionen

Wiederholte/iterative Funktion
Die Handlung wird als eine sich wiederholende dargestellt.

- Adverbiale mit iterierender Bedeutung des Typs: *oft*, *manchmal*, *ständig*, *immer mehr*, *jeden Abend*

  *Jede Woche einmal* gießt er die Blumen.

- Periphrase mit *pflegen*

  Sie *pflegte* Kuchen zu backen, wenn die Kinder nach Hause kamen.

Verlaufende/progressive Funktion
Die Handlung wird als eine sich aktuell vollziehende besprochen.

- *am/beim/im* + substantivierter Infinitiv + *sein*

  Wir *sind am* Feiern.

- Verbale Periphrasen mit dem Zustandsverb *sein* (*im Begriff sein*, *dabei sein*, *in etwas begriffen sein*)

  Ich *bin dabei*, aus dem Haus zu gehen.

- Adverb *gerade*

  Ich koche *gerade*.

- Zeitangabe, wie lange eine Handlung währt: *eine Stunde, einen Tag lang, einige Minuten, eine Weile*

  Einen ganzen Monat *lang* weinte sie um ihn.

- Verbale Periphrasen mit Modalverben: *wollen, müssen, sollen* (eingeschränkt)

  Er *muss* überleben.

Moderne Grammatiken konstatieren seit kurzem die Anfänge der Grammatikalisierung einer Verlaufsform. Ausdrucksweisen des Typs: *Ich war am Lesen/Schwimmen* werden häufig als Ausgangspunkt für die Entwicklung einer aspektuellen Differenzierung interpretiert. Aber auch die Etablierung des so genannten Absentivs, z.B. *Er ist einkaufen/Bier holen/schwimmen* als eine aspektuelle Kategorie, die mit der englischen „Progressive Form" vergleichbar ist, jedoch die zusätzliche Implikation der Abwesenheit der besprochenen Person hat, wird konstatiert. Beide Formen unterliegen jedoch vielen Restriktionen durch andere lexikalische oder grammatische Kategorien.

### Mittel zum Ausdruck perfektiver Aspektfunktionen

Aoristfunktion
Das Erreichen des Ziels oder der Grenze der Handlung in der Erzählung – die Aoristfunktion des russischen perfektiven Aspekts – kann im Deutschen durch verschiedene lexikalische und syntaktische Mittel erreicht werden:

- Temporale Gliedsätze, die durch *ehe, bevor, nachdem, bis* eingeleitet werden

  Nachdem ich fertig war, begann ich zu zittern.

- Adverbien oder adverbiale Bestimmungen, die die Begrenzung der Handlung anzeigen: *plötzlich, jählings, gleich, ganz, vollends, innerhalb einer Stunde*

  Innerhalb einer Stunde hatte ich eingekauft.

- Verbale Periphrasen mit *bekommen, beginnen, anfangen* + Infinitiv

  Es begann mir allmählich zu gefallen.

Perfektfunktion

- Perfekt

  Ich habe gewonnen.

- Nominales Prädikat aus *sein* und Partizip II.

  Ich bin es nicht gewohnt, dass...

- Nominales Prädikat aus *sein* und Adjektiv

  Er ist tot.

- Nominales Prädikat aus *sein* und Adverb

  Er ist fort.

## Modus

**Semantisch:** Die verbale Kategorie des Modus kennzeichnet das Verhältnis des Sprechers zum Gültigkeitswert oder zur Realität der Aussage.
**Morphologisch:** Der Modus wird nur an finiten, nicht an infiniten Verbformen (Infinitiv und Partizipien) gekennzeichnet. Man unterscheidet die Kategorien Indikativ, Konjunktiv und Imperativ.
**Syntaktisch:** Im Deutschen ist der Modus an bestimmte Satztypen, d.h. Stellungsmuster der Satzglieder (s. „Syntax, Satzgliedstellung", S. 195) geknüpft, im Russischen nicht. Zum Beispiel erfordert der Konjunktiv in optativer Bedeutung (Wunschsatz) häufig einen Satz mit Erststellung des finiten Verbs: *Hätte ich doch Zeit gehabt*, während das Grundmuster im Indikativ der Satz mit Zweitstellung des finiten Verbs ist: *Ich hatte Zeit gehabt.*

### Indikativ

**Semantisch:** In der Form des Indikativs wird im Russischen wie im Deutschen die Handlung als wirklich, als gegeben dargestellt. Dabei enthält der Indikativ keinerlei Hinweis auf die Realität der Aussage.
**Morphologisch:** In beiden Sprachen wird der Indikativ als Nullmodus bezeichnet, da seine Verbformen im Russischen mit denen des Aspekt-Tempussystems, im Deutschen mit denen des Tempussystems identisch sind.

#### Transpositionen

Weil die Indikativform keine Aussage über die Realität der Aussage enthält, kann sie in beiden Sprachen unter bestimmten Bedingungen auch die Bedeutungen des Konjunktivs und des Imperativs tragen. Dreht sich die Satzaussage z.B. um eine erfüllte oder erfüllbare Bedingung, dann wird der Indikativ im Russischen ebenso wie im Deutschen konjunktivisch verwendet. Dabei werden im Russischen sowohl für den Bedingungssatz als auch für den bedingten Satz Futurformen verwendet, während im Deutschen im Bedingungssatz das Präsens verwendet wird.

Beispiel: Если у меня будет время, то я тебе помогу.
(wörtlich: ‚Wenn ich Zeit haben werde, werde ich dir helfen.')
‚Wenn ich Zeit habe, werde ich dir helfen.'
‚Wenn ich Zeit habe, helfe ich dir.'

### Negativer Transfer

Bei Äußerungen generellen Gehalts steht im Deutschen nicht nur der Bedingungssatz, sondern auch der bedingte Satz im Präsens. Bei russischsprachigen Deutschlernern treten Nichtbeachtungen dieser Regel auf, die strukturbedingt auf eine interlinguale Identifizierung hinweisen.

Beispiel: *Wenn diese Hypothese sich bestätigen **wird**, **wird** das heißen, dass...

**Konjunktiv**

**Semantisch:** Im Konjunktiv stellt der Sprecher dar, dass die Handlung als irreal – potentiell-irreal, konditionell oder optativ – anzusehen ist. Die russische Verbform des Konjunktivs verleiht dem Satz trotz ihrer Identität mit der Präteritalform keine temporale Bedeutung, sie ist atemporal.

**Morphologisch:** Der russische Konjunktiv besteht in einer analytischen Konstruktion, die sich aus der Präteritalform, d.h. aus Infinitivstamm + Suffix -л- + Endungen Ø, -a, -o, -и, (welche das Genus im Singular und den Plural markieren) und der formbildenden Partikel бы bestehen. Die Konjugation am Beispiel делать:

| делать ‚machen' | |
|---|---|
| я | делал (-а) бы |
| ты | |
| он | делал бы |
| она | делала бы |
| оно | делало бы |
| мы | делали бы |
| вы | |
| они | |

**Syntaktisch:** Das Morphem бы tritt im Allgemeinen hinter die Form des Präteritums. Es kann jedoch auch in freier Stellung verwendet werden. Dabei hebt es die Bedeutung des Wortes hervor, hinter das es tritt.

Beispiel: Я этого не сделал **бы.** ‚Ich hätte das nicht getan.'
Этого **бы** я не сделал. ‚Das hätte ich nicht getan.'

**Das Deutsche im Vergleich**

Der große Unterschied zwischen dem deutschen und dem russischen Konjunktiv besteht darin, dass er im Deutschen von allen Tempora gebildet wird, während er im Russischen alle temporalen Unterschiede mit Hilfe nur einer einzigen nach Numerus und Genus deklinierten Verbform und einer Partikel ausdrückt.

Beispiel: Она дала бы = ‚sie gebe, gäbe, habe gegeben, hätte gegeben, werde geben, werde gegeben haben, würde geben, würde gegeben haben'

Zum Gebrauch der Konjunktivformen in der deutschen Gegenwartssprache ist zweierlei anzumerken: Erstens verdrängt die modale Bedeutungskomponente die temporale immer weiter.

Zweitens aber wird der Gebrauch der Konjunktivformen selbst zunehmend als veraltet angesehen. In der gesprochenen Sprache meidet man insbesondere die Formen des Konjunktivs II der starken Verben mit den Umlauten (*läse*, *gälte*, *lüde*). Sie werden fast durchgängig durch die Umschreibung *würde* + Infinitiv (*würde lesen*, *würde gelten*, *würde laden*) ersetzt.

| | |
|---|---|
| Beispiel: | Bei schönem Wetter **würden** wir an den Strand **gehen**. |
| statt: | Bei schönem Wetter **gingen** wir an den Strand. |

### Potentielle Bedeutung

Die potentielle Bedeutung des Konjunktivs umfasst den Ausdruck der irrealen und der realen Möglichkeit. Die Facetten dieser modalen Bedeutung reichen in beiden Sprachen von der nicht verwirklichten über die faktisch nicht zu verwirklichende bis hin zur noch zu verwirklichenden Handlung. In beiden Sprachen wird die potentielle Bedeutung hauptsächlich durch Konditionalsatzgefüge realisiert, wobei sie im Bedingungssatz erscheint. Der Bedingungssatz kann, muss aber nicht durch если respektive *wenn* eingeleitet werden. Der folgende russische Satz kann sowohl die irreale als auch die reale Möglichkeit audrücken. Dies liegt daran, dass – wie bereits erwähnt – die russischen Modusformen keine Tempusbedeutung haben. Ein und derselbe Satz kann daher durch verschiedene Sätze ins Deutsche übersetzt werden.

Beispiel: **Была бы** хорошая погода, то мы **бы погуляли**.
**Reale Möglichkeit:**
‚Bei schönem Wetter gingen wir spazieren.‘
bzw. ‚Bei schönem Wetter würden wir spazieren gehen.‘
**Irreale Möglichkeit:**
‚Bei schönem Wetter wären wir spazieren gegangen.‘
bzw. ‚Bei schönem Wetter würden wir spazieren gegangen sein.‘

Wie oben zu sehen ist, steht zum Ausdruck einer realen Möglichkeit, die für die Gegenwart oder die Zukunft ins Auge gefasst wird, im Deutschen sowohl die Konstruktion *würde* + Infinitiv als auch der Konjunktiv Präteritum zur Verfügung.
Zum Ausdruck der irrealen Möglichkeit hingegen, welche sich in der Vergangenheit hätte abspielen können, wird im Deutschen die Konstruktion *würde* + Partizip II + Infinitiv oder der Konjunktiv Plusquamperfekt verwendet.
Das Russische hat nur eine Form für alle denkbaren Nuancen der potentiellen Funktion. Daher kann nur ein größerer Kontext Aufklärung darüber bringen, welche der deutschen Übersetzungen dem obigen russischen Satz gerecht wird, d.h. welche Bedeutungsnuance gemeint ist.

### Negativer Transfer bei der potentiellen Bedeutung

Da der russische Konjunktiv in einem Konditionalsatzgefüge sowohl im bedingenden als auch im bedingten Satz mit ein und derselben Form vertreten ist, besteht die Gefahr, dass Sprecher mit russischer Herkunftssprache dieses Verhältnis nachahmen. Auch wenn die doppelte Verwendung der Konstruktion *würde* + Infinitiv nicht ungrammatisch ist, so wird sie von deutschen Muttersprachlern doch strikt gemieden.

Beispiel: ?Wenn ich das Buch kaufen **würde**, **würde** ich es mitbringen.

### Konditionelle Bedeutung

Die konditionelle Bedeutung bezeichnet im Russischen wie im Deutschen eine irreale, d.h. unerfüllbare oder unerfüllte Bedingung. Sie wird in Konditionalsatzgefügen realisiert, indem sie im bedingten Teil des Satzgefüges steht.

Beispiel: Если **бы был** снег, мы **катались бы** на лыжах.
‚Wenn Schnee läge, dann führen wir Ski.'
‚Wenn Schnee liegen würde, dann führen wir Ski.'
‚Wenn Schnee gelegen hätte, dann wären wir Ski gefahren.' usw.

In der Regel wird die konditionelle Bedeutung im Russischen durch если, im Deutschen durch das entsprechende Wörtchen *wenn* unterstützt. Ist dies nicht der Fall, dann wird die konditionelle Bedeutung dadurch zum Ausdruck gebracht, dass die konjunktivische Verbform im Satz in erster Position steht:

Beispiel: **Пришла бы** она, мы **могли бы** поговорить.
‚Käme sie, könnten wir ein wenig reden.'

### Negativer Transfer bei der konditionellen Bedeutung

Beim Ausdruck der konditionellen Bedeutung unterlaufen ähnliche Fehler wie bei der potentiellen Bedeutung des Konjunktivs. Es kann zur doppelten Verwendung der Konstruktion *würde* + Infinitiv in einem Satz kommen. Zu Fehlern, die ebenso intra- wie interlingual bedingt sein können, kommt es, wenn Deutschsprecher mit russischer Herkunftssprache bei deutschen irrealen Konditionalsätzen, die sich auf Vergangenes beziehen, statt einer Konstruktion mit Partizip + finiter Präteritumform von *haben* oder *sein* eine einfache Form des Konjunktivs II wählen.

Beispiel: *Wenn ich das früher **wüsste**... (statt: ‚gewusst hätte')

### Optative Bedeutung

Der Konjunktiv in der optativen Bedeutung bringt zum Ausdruck, dass eine Handlung im weitesten Sinne erwünscht ist. Es handelt sich dabei meist um unerfüllbare oder unerfüllte Wünsche. Die optative Bedeutung kann in beiden Sprachen durch die Formen des Konjunktivs realisiert werden. Im Deutschen kommt durch die Formen des Konjunktivs II ein Zeitbezug, und dadurch auch ein Bezug auf die Möglichkeit der Handlungsausführung, zum Ausdruck:
Die Formen des Plusquamperfekts schließen die Möglichkeit aus.

Beispiel: Hätte ich Zeit gehabt! (Было бы у меня (тогда) время!)

Die Formen des Präteritums lassen offen, inwieweit der Wunsch realisierbar ist.

Beispiel: Hätte ich Zeit! (Было бы у меня (сейчас) время!)

Im Russischen müssen diese Bedeutungsvarianten durch kontextuelle Ergänzungen hervorgebracht werden. In der Regel wird im Deutschen die optative Bedeutung auch durch Formen des Konditionals ausgedrückt: *Wenn ich nur Zeit haben würde!*

Im Russischen wird die optative Bedeutung auch anders zum Ausdruck gebracht. Die Konjunktivformen tauchen in Nebensätzen auf, die durch die Konjunktion чтобы in der Bedeutung ‚dass' eingeleitet werden, soweit diese durch Verben oder Adjektive des Wünschens, Wollens, Bittens oder Forderns eingeleitet werden oder durch Verben des Sagens, Denkens und Mitteilens.

Beispiel: Я хочу/желаю, чтобы погода была хорошая.
‚Ich will/wünsche, dass schönes Wetter ist.'
Я сказал/телеграфировал брату, чтобы он встречал меня.
‚Ich sagte/telegrafierte meinem Bruder, dass er mich treffen sollte.'

Im Deutschen wird oft die finale Gruppe *um...zu* + Infinitiv verwendet, wenn das wollende und das realisierende Subjekt identisch sind. Im Russischen wird in diesen Fällen kein Konjunktiv gebraucht, sondern чтобы ‚um...zu' + Infinitiv.

Beispiel: Я пришла, чтобы поговорить с тобой.
‚Ich bin gekommen, um mit dir zu sprechen.'

Sind das wollende und das realisierende Subjekt nicht identisch, dann folgt auf die Konjunktion чтобы die Präteritalform.

Beispiel: Я боюсь, чтобы он пришёл. ‚Ich fürchte, dass er kommt.'

### Negativer Transfer bei der optativen Bedeutung

Werden die russischen Finalsätze mit der 2. Bedeutung von чтобы ‚damit' und einem Infinitiv ins Deutsche kalkiert, kann es strukturell zu Fehlern kommen, da in russischen Sätzen auch bei verschiedenen Subjekten der Konjunktiv verwendet wird. Diese Konstruktion ist im Deutschen nicht möglich, da bei Subjektwechsel der Konjunktiv nicht verwendet werden kann.

Beispiel: a. *Er beeilt sich, **damit** niemant auf ihn warten müsste.
(statt: Er beeilt sich, damit niemand auf ihn warten muss.)
b. *Wir hoffen, unser Vorschlag **wuerde** Sie interessieren.

### Transposition des Konjunktivs

Ebenso wie der Indikativ Bedeutungen der anderen beiden Modi übernehmen kann, wird auch der Konjunktiv transpositionell gebraucht. So wird im Deutschen bei der Umwandlung der direkten in die indirekte Rede die Indikativform durch die entsprechende Konjunktivform ersetzt. Im Russischen werden hingegen dieselben Aspekt-Tempusformen wie in der direkten Rede verwendet:

| **Er sagte, er** | **Он сказал, что** |
|---|---|
| a) verstehe (verstände) alles. | а) всё понимает. |
| b) habe (hätte) alles verstanden. | б) всё понял. |
| c) werde (würde) alles verstehen. | в) всё поймёт. |

### Negativer Transfer bei Transpositionen des Konjunktivs

Der Gebrauch des Konjunktivs in der indirekten Rede ist Sprechern mit russischer Herkunftssprache ganz fremd. Seine Ersetzung durch den Indikativ führt zwar deshalb nicht immer zu Fehlern, weil sich dies in der deutschen Umgangssprache allmählich durchsetzt; sie nimmt dem Sprecher jedoch die Möglichkeit, feine semantische Nuancen, wie zum Beispiel die Distanzierung vom berichteten Gespräch, zum Ausdruck zu bringen.

Beispiel:
a. *Er stellte fest, dass ich eine Lungenentzündung **habe**...
b. *Er fragte, wo das Stuk **ist.**
c. ?In Krankenhaus haben sie mich untersucht und gesagt das **war** ein klein Stein in Niere.
d. ?Was die nationalspezifischen Besonderheiten betrifft, polemisiert die Autorin mit A. W., die behauptet, dass die russische Sprache „impressionistisch" **ist** und dass das russische Sprachbewusstsein sich nicht für Ursachen der Ereignisse **interessiert.**
e. *Irgendein Vertreter **ist gekommen**, hat einen Pflock eingeschlagen und hat gesagt, dass hier ein Dorf entstehen **wird.**

Wird das übergeordnete Verb des Sagens (*Hat gesagt, dass...*), das die indirekte Rede einleitet, ans Satzende gestellt, dann kann eine ganze Erzählpassage für Leser oder Hörer mit deutscher Muttersprache unverständlich werden:

Beispiel: *Ich mußt arbeiten, alles was vorkam. **Bist** am Arbeiten, **wirst** nicht so sein, dann **gehst** Du auch in die Armee, haben sie mir gesagt.

### Negativer Transfer beim Konjunktiv im Allgemeinen

Der Anfänger wird durch die Fülle der Formen im Deutschen meist so irritiert, dass er entweder überhaupt keinen Konjunktiv oder nur die Umschreibungsform mit *würde* gebraucht.

### Imperativ

**Semantisch:** Der Imperativ dient der Handlungsaufforderung einer durch den Sprecher angesprochenen Person. Der Sprecher wählt den Imperativ zur Bezeichnung einer Handlung, die zum Sprechzeitpunkt noch irreal ist, deren Realisierung der Sprecher aber ins Auge fasst und vom Angesprochenen fordert. Je nach sozialer Kommunikationssituation, wählt der Sprecher zwischen verschiedenen Aufforderungsformen, um seine Intention zu verfolgen: Forderung, Befehl, Flehen, Beschwören, Rat, Vorschlag.

**Syntaktisch:** Der klassische Imperativsatz zeichnet sich in beiden Sprachen durch die Erststellung des Verbs im Satz aus. Im Deutschen hat dieses Stellungsmuster obligatorischen Charakter – im Russischen hingegen nicht.

**Morphologisch:** Die Formen des Imperativs beschränken sich im Russischen auf die 2. Personen. Dabei wird die Höflichkeitsform durch die 2. Person im Plural ausgedrückt. Der Imperativ wird gleichermaßen von perfektiven wie von imperfektiven Verben gebildet. Der Imperativ der 2. Person Singular wird gebildet, indem an den Präsensstamm (3. Plural minus Endung) folgende Endungen gefügt werden:

- bei vokalischem Auslaut die Endung -й:
  работать (Präsensstamm: работа-ют) > работай!
- bei konsonantischem Auslaut die Endung -ь:
  быть (Präsensstamm: буд-ут) > будь!
- bei konsonantischem Auslaut sowie endungsbetonter 1. Singular
  die Endung -и: говорить (Präsensstamm: говор-ят) > говори!

Der Imperativ der 2. Person Plural wird gebildet, indem die Singularformen zusätzlich mit -те versehen werden:

Beispiel: работайте! будьте! говорите!

### Das Deutsche im Vergleich

Im Deutschen gibt es außer dem Imperativ der zweiten Person Singular und Plural (*Komm!*, *Kommt!*) für die Höflichkeitsform auch den Imperativ der dritten Person Singular und Plural (beide: *Kommen Sie!*).
In der Regel wird er vom Infinitivstamm (*komm-en*) gebildet, an den vor allem in gehobener Sprache noch ein (*-e*) angefügt wird (*Komm-e!*). Eine Ausnahme hiervon bilden die starken Verben mit einem Wechsel zwischen *-e-*/*-i-*, *-ä-*/*-i-* oder *-ö-*/*-i-*, bei denen der Imperativ Singular mit *-i-* bzw. *-ie-* gebildet wird (*lesen – Lies!*, *geben – Gib!*).[47]

### Negativer Transfer

Bei der Bildung der Imperativformen unregelmäßiger Verben können Schwierigkeiten auftreten, sie sind jedoch nicht interlingual, sondern intralingual bedingt. So können Übergeneralisierungen in Anlehnung an die Bildung der meisten anderen Verben bei den oben genannten starken Verben zu Fehlern führen:

Beispiel: *Gebe mir das! *Nehme!

Beim Gebrauch der Pluralformen des Imperativs kann es außerdem zu fehlerhafter Auslassung des Personalpronomens kommen. Dies kann gleich zwei Ursachen haben. Entweder wird intralingual die Erscheinung der Singularform übergeneralisiert, die des begleitenden Personalpronomens entbehrt oder es liegt eine interlinguale falsche Analogie vor.

Beispiel: *Kommen! *Schauen!

**Tipp für Deutschlerner:** Umschreibungen des Imperativs wie im folgenden Beispiel müssen intensiv geübt werden, da entsprechende Strukturen im Russischen anders gebildet werden, und zwar entweder mit Infinitivsätzen wie zum Beispiel

47 Es handelt sich um starke Verben mit dem Stammvokal *-e-*, *-ä-* oder *-ö-*, welche in den Formen der 2. und 3. Person Singular ein *-i-* (*-ie-*) haben (z.B. *geben, du gibst, er gibt*; *fechten, du fichst, er ficht.*)

Не курить! (wörtl.: ‚Nicht Rauchen!‘ = ‚Rauchen verboten!‘) oder der Partikel бы: Ты бы пошёл! (wörtl.: ‚Du mögest = sollst gehen!‘).

Beispiel: Du solltest...
Man nimmt doch...

## Genus

In den Singularformen des Präteritums und des Konjunktivs tritt im Russischen die für das Verb an sich untypische Kategorie des Genus auf (zur Kategorie s. auch: „Das Substantiv, Genus“, S. 69). Auf Grund historischer Entwicklungen wurde sie mit der alten Partizipialform in die russischen Verbformen der Kategorien Präteritum und Konjunktiv verpflanzt. Die durch das Verb markierten drei Genera stellen die Kongruenz mit dem Subjekt des Satzes her. In der 3. Person Singular entspricht das Genus des Verbs dem grammatischen Geschlecht des Subjekts. In der 1. und 2. Person Singular entspricht es hingegen dem natürlichen Geschlecht des Subjekts.

Beispiel: Я/Ты (männlich) работал. ‚Ich/Du arbeitete(st).‘
Я/Ты (weiblich) работала. ‚Ich/Du arbeitete(st).‘

### Der Vergleich mit dem Deutschen und negativer Transfer

Im Deutschen gibt es keine dem Genus des russischen Verbs vergleichbare Kategorie. Transferbedingte Fehler finden sich nicht.

## Diathese (Genus verbi)

**Semantisch:** Das Genus verbi bringt durch das Verb im Satz zum Ausdruck, wie das Verhältnis zwischen den Teilnehmern der Handlung, dem Agens (Ausführender) und dem Patiens (Erfahrender), beschaffen ist.
Agens und Patiens, die Partizipanten, werden häufig auch als logisches Subjekt und logisches Objekt der Handlung bezeichnet. Diese Bezeichnungen verdeutlichen in einer Hinsicht noch besser als die Bezeichnungen Agens und Patiens, worum es beim Genus verbi geht: Eine Handlung kann nur ein Lebewesen – in der Regel ein Mensch – ausführen. Gegenstände können aktiv keine Handlungen vollziehen, es sei denn, man spricht über sie metaphorisch: *Die Wolken ziehen vorüber* oder *Die Landschaft liegt vor uns*. Der Gegenstand (oder Mensch), auf den durch eine Handlung eingewirkt wird, ist das logische Objekt, das Patiens. Wirkt nun ein Mensch nicht auf einen Gegenstand ein, sondern auf einen anderen Menschen, dann macht er diesen zum Objekt seiner Handlung.
**Syntaktisch:** Das semantische Verhältnis zwischen logischem Subjekt und logischem Objekt erhält auf der konstruktiv-syntaktischen Ebene eine zweite Identität: die des grammatischen Subjekts und des grammatischen Objekts. Die Sprache ermöglicht es so, die Beziehung zwischen logischem Subjekt und logischem Objekt von beiden Seiten auszudrücken.

Im **Aktiv** ist das morphologisch als solches gekennzeichnete grammatische Subjekt auch das logische Subjekt der Handlung und das grammatische Objekt entspricht dem logischen Objekt.

Beispiel: Он моет бельё.
‚Er wäscht die Wäsche.'

Im **Passiv** ist die Sichtweise umgedreht. Als grammatisches Subjekt erscheint das logische Objekt. Und das logische Subjekt wird grammatisch zum Objekt.

Beispiel: Бельё моется (им).
‚Die Wäsche wird (durch ihn) gewaschen.'

Das **reflexive Genus** beschreibt eine Situation, in der das grammatische Subjekt gleichzeitig logisches Subjekt und logisches Objekt der Handlung ist. Mit anderen Worten: die durch das grammatische Subjekt bezeichnete Person wird im gleichen Satz noch einmal aufgerufen, diesmal als Objekt. Da diese Form nur von sehr wenigen russischen Verben gebildet werden kann, ist umstritten, ob es sich beim reflexiven Genus überhaupt um eine grammatische Form handelt.

Beispiel: Он моется.
‚Er wäscht sich.'

**Morphologisch:** Das Genus verbi ist im Russischen neben dem Aspekt die einzige Verbkategorie, die in allen Verbformen erscheint. Dabei wird das Passiv in der Regel nur von transitiven Verben gebildet. Zum Aktiv sind alle (bereits erwähnten) Formen des Verbs zu zählen, d.h. Präsens, Präteritum, und Futur, die Modi Konjunktiv und Imperativ, die aktiven Partizipien und der Infinitiv.
Für das Passiv hat die russische Sprache – im Unterschied zur deutschen – weder ein homogenes, noch ein spezifisches Formensystem entwickelt. Als heterogen ist es zu charakterisieren, weil in Abhängigkeit vom Aspekt unterschiedliche Formen gebildet werden: Die Passivformen des imperfektiven Aspekts werden synthetisch konstruiert, indem das Postfix -ся an die jeweilige Aktivform angehängt wird. Die perfektiven Passivformen entstehen analytisch, nämlich aus der Verbindung von tempus- oder modusgemäßer Form des Verbs быть mit der Kurzform des Partizips Präteritum Passiv.

**Die Passivformen in der 3. Person Plural bzw. im Imperativ**

| | **imperfektiver Aspekt** | **perfektiver Aspekt** |
|---|---|---|
| **Präsens** | строятся | --- |
| **Präteritum** | строилися | были построены |
| **Futur** | будут строиться | будут построены |
| **Konjunktiv** | строились бы | были бы построены |
| **Infinitiv** | строиться | быть построен |

Als unspezifisch gilt das Formensystem der imperfektiven Passivformen, weil das Postfix -ся gleichzeitig auch dem Ausdruck der Reflexivität dient.

Beispiel: Он моется.

**Reflexiv:** Das reflexive Genus teilt mit den imperfektiven Passivformen zwar seine Form – das Postfix -ся –, nicht aber seinen Wirkungsbereich. Reflexive Verben werden sowohl von imperfektiven als auch von perfektiven und sowohl von transitiven als auch von intransitiven Verben abgeleitet. Bei einer Reihe von Verben kommt es zur Homonymie der Passiv- und der Reflexivform, d.h. der Aktivform reflexiver Verben, die vom gleichen transitiven Verb abgeleitet wurden, wobei das Genus verbi manchmal auch im Kontext nur schwer zu identifizieren ist.

Beispiel: Билеты (на этот фильм) **продаются** плохо.
‚Die Karten (für diesen Film) verkaufen sich schlecht.'
(reflexives Genus verbi)
Билеты **продаются** (водителем) в автобусе.
‚Die Karten werden (vom Fahrer) im Bus verkauft.'
(passives Genus verbi)

Damit keine Verwechslungen oder Doppeldeutigkeiten entstehen, unterliegt der Gebrauch dieser Passivform zwei Restriktionen. Sie wird nur in den beiden 3. Personen und nur bei unbelebtem Subjekt verwendet.

## Die Reflexivkonstruktionen im Vergleich

Die deutsche Reflexivkonstruktion besteht im Unterschied zum Russischen nicht in einer synthetischen Form (Verb + Postfix), sondern in einer analytischen Form. Ein deutsches Verb wird zum Reflexivum durch ein Reflexivpronomen, das in Numerus und Person mit dem Subjekt übereinstimmt. Mit Hilfe dieses Pronomens wird die durch das grammatische Subjekt bezeichnete Person im Satz noch einmal aufgerufen, diesmal in Form eines Akkusativ- oder Dativobjekts.

Beispiel: Ich wasche mich.
Я моюсь.
Er wäscht sich.
Он моется.

Die Reflexiva verfügen über verschiedene Untergruppen, von denen auf einige hier kurz eingegangen werden soll: Die eigentlichen Reflexiva dienen dazu, den Rückbezug des logischen Subjekts auf sich als gleichzeitigen Urheber und Objekt der Handlung auszudrücken.

### Russische eigentliche Reflexiva ohne deutsche Entsprechung

загореться
‚entbrennen, entflammen'
возвращаться/возвратиться
‚zurückkehren, umkehren'

останавливаться/остановиться
‚haltmachen, stehenbleiben'
подниматься/подняться
‚aufstehen'

**Deutsche eigentliche Reflexiva ohne russische Entsprechung**

| | |
|---|---|
| sich umbringen | sich verschnaufen |
| покончить с собой | передохнуть |
| sich erbrechen | sich beherrschen |
| рвать | владеть собой |
| sich schicken, sich gehören | sich ausruhen |
| быть приличным | отдыхать |

Im Unterschied zu den eigentlich-reflexiven Verben ist ein Rückbezug bei den allgemein-reflexiven Verben weniger scharf zu erkennen. Die Handlung spielt sich eher allgemein in der physischen oder psychischen Sphäre des Subjekts ab.

**Russische allgemein-reflexive Verben ohne deutsche Entsprechung**

| | |
|---|---|
| кататься/катиться | (вы)трястись |
| ‚(mit etwas) fahren', ‚reiten', ‚rollen' | ‚zittern', ‚beben um' |
| метаться/метнуться | шарахнуться |
| ‚umherrennen' | ‚zurückschrecken' |
| топтаться | (о-, по-)беспокоиться |
| ‚stampfen' | ‚besorgt sein' |
| мчаться | ужасаться/ужаснуться |
| ‚dahineilen' | ‚entsetzt sein' |
| носиться/нестись | утомляться/утомиться |
| ‚rennen, rasen' | ‚ermüden' |
| копаться | (ис)томиться |
| ‚herumkramen', ‚wühlen' | ‚schmachten' |
| (вы-, ис-)купаться | (за-, пере-)путаться |
| ‚schwimmen' | ‚in Verwirrung geraten' |
| (на-)супиться | восхищаться |
| ‚die Augenbrauen zusammenziehen' | ‚begeistert sein' |

**Deutsche allgemein-reflexive Verben ohne russische Entsprechung**

| | |
|---|---|
| sich bequemen | sich (an)schmiegen |
| снисходить, благоволить | прильнуть |
| sich den Fuß verrenken | sich (einer Operation) unterziehen |
| вывихнуть (себе) ногу | подвергнуть себя (операции) |
| sich umbinden | sich (eine Krankheit) holen |
| обвязывать/обвязать | подхватить что-то |
| sich verhalten | |
| вести себя | |

Die Handlung der neutral-reflexiven Verben muss nicht unbedingt einen unmittelbaren Bezug zu einem lebendigen Subjekt haben: Ihr Postfix -ся erfüllt im Unterschied zu dem Verb, von dem sie abgeleitet sind, die Aufgabe, die Intransitivität zu kennzeichnen. Die abgeleitenen neutral-reflexiven Verben verändern ihre Bedeutung gegenüber dem Ausgangsverb zum Teil stark, zum Teil aber auch nur soweit, wie dies der Unterschied zwischen Intransitivität und Transitivität bedingt.

**Russische neutral-reflexive Verben ohne deutsche Entsprechung**

| | |
|---|---|
| делиться на | состояться |
| teilbar sein | stattfinden |
| вязаться | раздаваться вширь |
| übereinstimmen | in die Breite gehen |
| биться | договориться |
| zerbrechen, zerbrechlich sein | vereinbaren |
| получаться | водиться |
| werden, entstehen | es gibt |
| являться/явиться | обернуться |
| erscheinen | eine bestimmte Wendung nehmen |
| пытаться | приниматься |
| versuchen | anfangen, entgegennehmen |

**Deutsche neutral-reflexive Verben ohne russische Entsprechung**

| | |
|---|---|
| sich verpflichten | sich einstellen |
| отвечать за (+ Akk.) | прибывать |
| sich ableiten (aus) | sich handeln (um) |
| вести начало (от) | речь/дело идёт (о) |

Reziprok-Reflexiva drücken aus, dass die Handlung zwischen zwei oder mehreren handelnden Personen vor sich geht, welche jeweils gleichzeitig logisches Subjekt und Objekt der Handlung sind.

**Russische reziprok-Reflexiva ohne deutsche Entsprechung**

| | |
|---|---|
| (об-)меняться | знаться |
| ‚gegenseitig austauschen' | ‚verkehren mit' |
| судиться | съезжаться/съехаться |
| ‚(gegeneinander) prozessieren' | ‚zusammenkommen' |
| соревноваться | перемигываться/перемигнуться |
| ‚miteinander wetteifern' | ‚einander zublinzeln' |
| тесниться | сходиться |
| ‚eng zusammen wohnen' | ‚miteinander übereinstimmen' |

**Deutsche reziprok-Reflexiva ohne russische Entsprechung**

| | |
|---|---|
| sich duzen | sich unterhalten |
| быть на ты | беседовать |
| sich beschenken | sich begrüßen |
| делать (друг другу) подарок | приветствовать друг друга |
| sich balgen | sich prügeln |
| затеять потасовку | колотить друг друга |
| sich liebkosen | sich streicheln |
| ласкать друг друга | поглаживать друг друга |
| sich lieben | sich (gegenseitig) beschuldigen |
| любить друг друга | обвинять/обвинить друг друга |

Abgesehen von den Reflexiva, die von transitiven Verben gebildet werden, gibt es auch Reflexiva, die von intransitiven Verben abgeleitet sind. Es sind dies unpersönlich-reflexive Verben, die nur in der 3. Person Singular gebraucht werden und einen psychischen oder physischen Prozess bezeichnen, der unabhängig vom Willen des Subjekts abläuft oder aber Naturzustände beschreiben.

**Russische unpersönlich-reflexive Verben ohne deutsche Entsprechung**

| | |
|---|---|
| мне снится | мне кажется |
| ‚ich träume' | ‚es scheint mir' |
| мне не спится | мне нравиться |
| ‚ich kann nicht schlafen' | ‚es gefällt mir' |
| мне мнится | смеркается |
| ‚mir däucht' | ‚es dämmert' |
| светится | раздастся |
| ‚es leuchtet' | ‚es ertönt' |

Entsprehende deutsche Verben ohne russische Entsprechung existieren nicht.

## Negativer Transfer bei den reflexiven Verben

Bei allen Arten reflexiver Verben kommt es zu negativem Transfer auf Grund von Kalkierungen der russischen Vokebeln:

Beispiel: *Dann kommen sie ins Schwimmbad rein und **schwimmen sich.**

Reziprok-reflexive Verben, die es im Deutschen ebenso gibt wie im Russischen, werden häufig ohne Reflexivpronomen gebraucht. Diese Erscheinung beruht auf einer Kalkierung nicht der Funktion, sondern der synthetischen Form der russischen Reflexiva. Die Form Verb + Postfix wird von manchen russischsprachigen Deutschlernern vermutlich als ein zusammenhängendes Verb wahrgenommen, ohne dass sie dabei reflektieren, dass das Postfix -ся in vielen Fällen dem Reflexivpronomen себя ‚sich‘ entspricht, welches im Deutschen immer getrennt von Verb auftritt und deshalb noch als Akkusativ- oder Dativobjekt hinzugefügt werden muss.

Beispiel: a. *Meine Tochter hat gesagt, dass das Wetter zu kalt ist und die Elefanten **erkälten** könnten.
b. *Manchmal **versammelten** wir bei meinen Bekannten.
c. *Im Winter besuchte ich gern und oft die Theater und Konzerten und **traf** mit meinen Freunden.
d. *Ich habe viele gelesen und mit meinen Freunden **getroffen.**
**e.** *Natürlich lese ich, lerne Deutsch und mit meinen neuen Freunden **treffe.**

Anders als *sich kennenlernen* hat das reziprok-reflexive Verb *sich (untereinander) kennen* im Russischen keine Entsprechung. Es existiert nur als *kennen* (знать). Im folgenden Beispiel wird der reziproke Bezug daher, das Russische kalkierend, lediglich durch das Reziprokpronomen *untereinander* hergestellt.

Beispiel: *...alle Dorfbewohner **untereinander kennen.**

Ähnlich verhält es sich mit den deutschen eigentlich-reflexiven Verben:

Beispiel: *...dass ein Mensch beim Übergang vom Zustand '**an etwas nicht errinnern**' zum Zustand '**an etwas errinern**' durch verschiedene Phasen kommt, die zum Zustandwechsel in seinem Gedächtnis führen.
(*sich erinnern* russ.: напоминать, помнить)

Auch bei den neutral-reflexiven Verben führt die Kalkierung sowohl der entsprechenden russischen Verben ohne Reflexivpronomen (Beispielsatz a.) als auch derjenigen mit Reflexivpronomen zu Fehlern (Beispielsätze b. und c.):

Beispiel: a. *...wird es verständlich, dass es nicht mehr um die Standardbedeutung **handelt**, sondern um übertragene Bedeutung...
b. *Verben, die **sich** zu Konklusiva „**umgewandelt**“ wurden...
(...которые преобразовывались...)
c. *Also progressive Funktion bezeichnet einmalige Handlungen, die **sich** als gleichmäßig andauernder Vorgang **aufgefaßt** werden.
(...которые понимаются как...)

### Die Reflexiva tantum

Gesondert werden hier die Reflexiva tantum behandelt. Im Russischen wie im Deutschen gibt es eine Reihe von Verben, die nur in der Reflexivform existieren. Reflexiva tantum gehören eigentlich dem Bereich der Lexik an und haben in einer Grammatik nur insofern einen Platz, als sie abzugrenzen sind von den diathetisch gebrauchten Reflexivverben. Hier sind sie zudem als Fehlerquelle interessant.
**Syntaktisch:** Reflexiva tantum sind syntaktisch von Verben unterschieden, die in der Diathese reflexiv gebraucht werden. Denn letztere Reflexiva sind transitive Verben, die nur auf Grund des Kontextes – das Subjekt wirkt mit seiner Handlung auf sich selbst (als Gegenstand) ein – in Reflexiva umgeformt werden.

Beispiel: kämmen – sich kämmen причёсывать – причёсываться
anziehen – sich anziehen одевать – одеваться

**Morphologisch:** Reflexiva tantum streifen ihre Reflexivform – im Russischen das Postfix -ся, im Deutschen das Reflexivpronomen *sich* – nie mehr ab. Dieses Element besitzt keine grammatische Funktion, weil diese Verben über kein transitives Gegenstück verfügen. Doch nicht nur morphologisch, auch semantisch unterscheiden sie sich von den „vorübergehenden" Reflexivformen.
**Semantisch:** Die Bedeutung einer auf das Subjekt zurückgerichteten Handlung ist bei diesen Verben heute nur noch in einigen Fällen nachvollziehbar. Im Laufe der Sprachentwicklung waren die ursprünglich von transitiven Verben abgeleiteten Reflexiva häufig einem Bedeutungswandel unterworfen, sodass bei einigen dieser Verben ihre reflexive Bedeutung nicht mehr aufzuspüren ist.
Es handelt sich dabei um Verben des Typs: sich verlieben влюбляться/влюбиться, sich verzählen обсчитаться, sich brüsten хвалиться, sich beeilen торопиться, sich weigern отказываться.

**Die Reflexiva tantum im Russischen und Deutschen**

**Deutsche Entsprechungen sind ohne Reflexivpronomen**

смеяться
‚lachen'
улыбаться
‚lächeln'
ухмыляться/ухмыльнуться
‚spöttisch lächeln'
остаться/оставаться
‚bleiben'
надеяться
‚hoffen'
лениться
‚faul sein'
изумляться
‚erstaunt sein'
стремиться
‚streben, bestrebt sein'
гордиться
‚stolz sein (auf)'
бороться
‚kämpfen'
оставаться/остаться
‚bleiben'

глумиться
‚verspotten, verhöhnen'
бояться
‚sich fürchten', (aber auch: ‚fürchten')
сомневаться
‚zweifeln'
нуждаться
‚Not leiden'
понадобиться
‚gebraucht werden'
отчаиваться/отчаяться
‚verzweifeln'
очнуться
‚aufwachen, erwachen'
просыпаться/проснуться
‚aufwachen'
чуждаться
‚meiden', ‚scheuen'
ютиться
‚untergebracht sein'
суетиться
‚geschäftig hin und her eilen'

**Die Reflexiva tantum im Russischen und Deutschen**

| **Russische Entsprechungen sind (im Prinzip) ohne reflexives Postfix** | |
|---|---|
| sich eignen | sich sehnen |
| подходить | тосковать |
| sich bedanken | sich verspäten |
| благодарить | опаздывать |
| sich ängstigen (um) | |
| дрожать (за) + Akk. | |

## Negativer Transfer

Es finden sich entweder direkte Übertragungen russischer Reflexiva tantum ins Deutsche oder es kommt bei deutschen Reflexiva tantum zu Auslassungen des Reflexivpronomens.

Beispiel: *Ich **zweifle mich**, ob ein Politiker allein das schafft.

## Vorgangs- und Zustandspassiv im Vergleich

Im Russischen wie im Deutschen kann man morphologisch und syntaktisch zwei Arten von passiven Situationen unterscheiden. Die Passivform, die in Korrelation zu der Aktivform steht und die Handlung vom Standpunkt des Objekts darstellt, heißt Vorgangspassiv. Wie die Aktivformen stellt sie eine in der Zeit ablaufende Handlung, einen Vorgang dar. Neben dieser Passivform existiert noch eine weitere Form, das Zustandspassiv. Dieses Passiv bezeichnet einen Zustand, in dem sich der durch das grammatische Subjekt bezeichnete Gegenstand befindet, nachdem er Objekt einer Handlung gewesen ist. Das Zustandspassiv kommt auch in unpersönlichen Sätzen vor.

Beispiel: В номере **было прибрано** и уютно.
‚Im Hotelzimmer war es **aufgeräumt** und gemütlich.'

Im Russischen wird von imperfektiven Verben nur das Vorgangspassiv gebildet, während von perfektiven Verben beide Passivformen gebildet werden. In der folgenden Tabelle ist zu sehen, dass im russischen Präteritum, Präsens, Futur und Infinitiv sowohl das Vorgangs- als auch das Zustandspassiv durch ein und dieselbe Form ausgedrückt werden.

| **Die russischen Formen** | **Vorgangspassiv perfektiver Verben („werden")** | **Zustandspassiv perfektiver Verben („sein")** |
|---|---|---|
| **Präsens** | (дома) Ø построены | |
| **Präteritum** | (дома) были построены | |
| **Futur** | (дома) будут построены | |
| **Infinitiv** | (дома) должны быть построены | |

Für das Deutsche werden in tabellarischer Form lediglich die analogen Formen angeführt. Es verfügt gegenüber dem Russischen aber außerdem über Formen des Zustands- und Vorgangspassivs im Perfekt (*sie sind gebaut worden/gewesen*) sowie im – selten gebrauchten – Plusquamperfekt und Futur II.

| **Die deutschen Formen** | **Vorgangspassiv** | **Zustandspassiv** |
|---|---|---|
| **Präsens** | sie werden gebaut | sie sind gebaut |
| **Präteritum** | sie wurden gebaut | sie waren gebaut |
| **Futur I** | sie werden gebaut werden | sie werden gebaut sein |
| **Infinitiv Präsens/Perfekt** | gebaut werden (worden sein) | gebaut (gewesen) sein |

Im Russischen stimmen zwar die Formen des Vorgangs- und Zustandspassiv weitgehend überein, sie haben jedoch unterschiedliche Funktionen. Das präteritale Vorgangspassiv hat zwei Funktionen: die narrativ-präteritale Funktion und die des Plusquamperfekts. Addiert man die Funktion des präteritalen Zustandspassivs hinzu, ergibt sich, dass ein und dieselbe Form drei Funktionen ausdrückt. Welche Funktion jeweils gemeint ist, erhellt nur der Kontext. Generell zeichnet sich das russische Zustandspassiv gegenüber dem Vorgangspassiv durch folgende semantische und syntaktische Besonderheiten aus:

- Das Partizip Präteritum Passiv büßt seinen verbalen Charakter ein und nähert sich an die Bedeutung eines Adjektivs an.
- In der Regel ist die Erwähnung eines grammatischen Subjekts im Instrumental nicht möglich (ein Instrumentalobjekt zur Bezeichnung des Mittels ist hingegen möglich).
- Es besteht keine Korrelation zum Aktiv. Das Zustandspassiv bezeichnet keine Gerichtetheit der Handlung – auch nicht die dem Aktiv entgegengesetzte Richtung.

### Negativer Transfer

Das Passiv wird im Russischen wesentlich seltener gebraucht als im Deutschen. Negativer Transfer kann durch die Übertragung der Reflexivform des imperfektiven Passivs aufs Deutsche bewirkt werden. Das Deutsche kennt zwar auch reflexive Passivkonstruktionen:

Beispiel: ‚Er lässt sich waschen.'
(Er lässt zu, dass man ihn wäscht.)
‚Die Karten verkaufen sich gut.'
(Sie können gut verkauft werden.)

Kalkierungen wie in den folgenden Sätzen, die erscheinen, als seien sie aus dem Russischen wörtlich ins Deutsche übersetzt, sind jedoch ungrammatisch:

Beispiel: a. *Die Kirche **restauriert sich.**
(Церковь реставрируется.)
b. *Eine derartige Untersuchung ermöglicht hier angeführte Hypothese darüber, dass unter Bewirkung des Kontextes die lexikalischen Bedeutung des Wortes **sich** durch bestimmte Einflüsse **rekategorisieren** kann, zu überprüfen... (...которая рекатегоризуется...)

Ebenso kann die interlinguale Identifizierung mit den verschiedenen russischen Formen, die im Zusammenhang mit perfektiven Passivpartizipien entstehen, in deutschen Passivsätzen zu Fehlern führen.
Dies führt bei der direkten Übertragung der Nullrealisierung von быть ‚sein' wie in Sätzen des Typs дома Ø построены, zu Fehlern: In diesem Beispiel wäre im Deutschen eine Konstruktion mit dem Hilfsverb *haben* korrekt.

Beispiel: *Das schon **gebildet** (statt: habe ich)

Des Weiteren ist die Tendenz erkennbar, das Passiv mit Hilfe des Hifsverbs *sein* zu bilden, was ja auch einer direkten Übersetzung aus dem Russischen gleichkommt. Diese interlinguale Identifizierung hat jedoch zur Folge, dass häufig ein Zustandspassiv an Stelle eines Vorgangspassivs erscheint. In den Texten finden sich überwiegend Verwendungen dieser Form, teilweise als einzige Form, teilweise alternierend zu dem Vorgangspassiv.
Letztere Fälle weisen darauf hin, dass russischsprachige Deutschlerner die aus der Muttersprache bekannte Form direkt übersetzen, denn sie ist mit Sicherheit leichter zu merken. Es erscheinen also parallel zu russischen Konstruktionen wie Дома были построены ‚Die Häuser wurden gebaut' fehlerhafte Sätze auf Grund einer Konstruktion mit einem Hifsverb *sein* und zwar sowohl im Präteritum als auch im Futur.

Beispiel: a. *Nachdem dieses Problem **gelöst wird**...
b. *Das Haus **war gebaut.**
c. *Zu diesem Zweck **ist** die Kontexte aus Belletristik **ausgewählt.**
(statt: wird/wurde)

Der Unterschied zwischen dem deutschen Zustands- und Vorgangspassiv: *Die Tür ist geschlossen* und *Die Tür wird geschlossen* ist für den russischen Deutschlerner nicht schwer zu erlernen. Dennoch werden die russischen Konstruktionen wegen ihrer Ähnlichkeit mit dem deutschen Perfekt oder Plusquamperfekt häufig mit Hilfe dieser Formen verwechselt:

Beispiel: ?Die Prüfungen **hatte** ich **bestanden.**
(statt: Die Prüfungen habe ich bestanden.)

Dabei entstehen nicht immer ungrammatische Sätze, die Form der Äußerungen entspricht aber nicht dem, was gemeint ist.

## Der Infinitiv

**Semantisch:** Der Infinitiv ist die Form des Verbs mit dem geringsten grammatischen Gehalt. Er wird daher häufig mit dem Nominativ des Substantivs verglichen und als die Nennform des Verbs bezeichnet. Semantisch schwebt der Infinitiv zwischen Verb und Nomen, da er syntaktische Funktionen sowohl des Nomens – wie die des Subjekts, des Objekts oder des Attributs – als auch des Verbs annehmen kann. Wie die finiten Verbformen bringt auch er eine lexikalisch-aktionale Funktion, den Aspekt und das Genus verbi (Aktiv und Reflexiv) zum Ausdruck. Allen anderen prädikativen Funktionen gegenüber ist er aber neutral.
**Syntaktisch:** Der Infinitiv ist nur in Bezug auf den Aspekt markiert, in Bezug auf die anderen grammatischen Kategorien des Verbs Person, Numerus, Tempus und Modus nicht.
Gerade weil der Infinitiv nur mit wenig prädikativen Bedeutungen behaftet ist und gegenüber dem Modus neutral bleibt, kann er im Satz verschiedenste prädikative, aber insbesondere auch modale Funktionen übernehmen. Zum Beispiel die des Imperativs: Молчать!, Не разговарывать!, ‚Ruhe!', ‚Nicht schwatzen!' oder des deliberativen Infinitivs: Что мне делать? ‚Was soll ich tun?'.
**Morphologisch:** Der russische Infinitiv weist hauptsächlich die Endung -ть auf, einige unregelmäßige Verben enden auf -ти oder -чь.

### Das Deutsche im Vergleich

Das Deutsche hat im Unterschied zum Russischen nicht eine, sondern vier Infinitivformen. Dadurch wird zum einen eine temporale Unterscheidung – zwischen Präsens und Präteritum – und zum anderen eine diathetische Unterscheidung – zwischen Aktiv und Passiv – vorgenommen.

| **Infinitiv I (Präsens) Aktiv** | **Infinitiv II (Präteritum) Aktiv** |
|---|---|
| kommen/schlafen | gekommen sein/geschlafen haben |
| Lernen | gelernt haben |

Nur bei passivfähigen, also transitiven, Verben kommen Passivformen hinzu:

| **Infinitiv I (Präsens) Passiv** | | **Infinitiv II (Präteritum) Passiv** | |
|---|---|---|---|
| **Vorgangspassiv** | **Zustandspassiv** | **Vorgangspassiv** | **Zustandspassiv** |
| gelernt werden | gelernt sein | gelernt worden sein | gelernt gewesen sein |

Eine Voraussetzung für den richtigen Einsatz der Partikel *zu* ist die Kenntnis der trennbaren und untrennbaren Präfixe.

Beispiel: Du brauchst nicht zurückzukommen.
Das brauchst du nicht zu unterschreiben.

Ein anderes Problem stellt der substantivierte Infinitiv dar (*das Schweigen, das Tragen* usw.). Das deutsche Verbalsubstantiv korrespondiert zwar in der Regel mit dem russischen: молчание ‚das Schweigen'. Sein Anwendungsbereich ist jedoch im Deutschen enger als im Russischen. Zu russischen Wendungen des Typs Verbalsubstantiv + Präposition, z.B. по течению ‚mit dem Strom (eigentlich: Strömen)' gibt es im Deutschen keine parallelen Konstruktionen. Diese Wendung muss ins Deutsche mit Hilfe eines Substantivs ‚mit der Strömung' oder eines Nebensatzes übersetzt werden.

### Negativer Transfer

Da der russische Infinitiv im Unterschied zum deutschen Infinitiv keine Tempusformen kennt, bereitet die Bildung und der Gebrauch des Infinitivs II (*geschlafen haben*) dem Sprecher des Russischen in der Regel Schwierigkeiten.
Das Fehlen einer Entsprechung in der Herkunftssprache macht sich auch beim Gebrauch der Infinitivpartikel *zu* bemerkbar. Es kommt entweder zu einer Überproduktion oder, wie im zweiten Beispiel, zu Unterproduktion. Auch wenn der Lernende weiß, dass diese Partikel meist ein notwendiger Bestandteil des deutschen Infinitivs ist, dauert es sehr lang, bis alle Regeln ihres Gebrauchs beherrscht werden.

Beispiel: a. *Willst du mit mir ins Schwimmbad **zu** fahren?
b. *In meiner Freizeit versuche ich viele verschiedenen Sachen machen.

## Die Präfigierung

Präfixe verschiedenster lexikalischer Bedeutungen gibt es sowohl im Russischen als auch im Deutschen. Im Unterschied zum Deutschen werden im Russischen Verbalpräfixe jedoch niemals vom Verbstamm getrennt.

### Negativer Transfer beim Gebrauch der Verbalpräfixe

Zum einen bereitet russischsprachigen Deutschlernern die Semantik der Präfixe Schwierigkeiten. Werden interlingual falsche Analogieschlüsse zur russischen Lexik gezogen, kann es zu Fehlern kommen. Ein Beispiel hierfür ist der Gebrauch des deutschen Verbs *vorstellen* an Stelle von *darstellen*. Die russische Entsprechung des Verbs *darstellen* wird mit Hilfe des Präfixes пред- ‚vor-' gebildet: представить ‚darstellen' (wörtlich: ‚vor-stellen').

Beispiel: a. *Im Kontext werden Situationen **vorgestellt**, die...
b. Ich möchte die verschiedenen Funktionen im Überblick **vorstellen.**

Ganz allgemein kann es bei Verben, die durch verschiedene Präfixe spezifiziert werden, zu intralingualen Fehlern kommen. Es kommt vor allem dann zu Verwechslungen, wenn die Semantik der Präfixe unklar bleibt.

Beispiel: a. *Er war aber so großzügig, dass er uns extra mitgeteillt hat, dass nur die Artikel, die nach dem 10. Janur kommen nicht **ein**genohmmen werden. Deswegen hoffe ich, dass mein Artikel... doch **ein**genommen wird.
b. *...als ob die Ereignisse gerade vor seine oder ihren Augen **ver**laufen.

Dies geschieht insbesondere dann, wenn keine dem Präfix entsprechende Präposition mehr existiert.

Beispiel: a. *Er hat sich **ver**wundert, dass sie... (statt: **ge**wundert)
b. *Ich habe mich **be**wundert. (statt: **ge**wundert)
c. *Das Vitamin K soll in den Organismus **ein**geführt werden...

Sowohl inter- als auch intralingual bedingt sein können Fehler folgenden Typs: Bei Verben, die sowohl präfixlos existieren als auch mit einem oder mehreren verschiedenen Präfixen, wird häufig in Kontexten, die die Verwendung des Verbs mit Präfix verlangen, das Präfix einfach „vergessen" bzw. möglicherweise als redundant angesehen. Hier ist im Einzelfall zu prüfen, ob es sich um eine falsche Analogie handelt, ob also das entsprechende Verb im Russischen auch präfixlos verwendet werden kann, oder ob eine intralingual bedingte Schwierigkeit vorliegt. Dies kann entweder auf lexikalischer Ebene eine Unsicherheit im Gebrauch des deutschen Verbs oder auf grammatischer Ebene eine Unsicherheit mit der Abtrennung des Präfixes sein.

Beispiel: a. *Ausscheidung von weniger als 1,5 g **weist** auf Schwächung der antitoxischen Funktion der Leber.
b. *Bei der Zubereitung der Emulsion nimmt man 35 $cm^3$ destillierten Wassers, **wärmt** es bis 65–70°C...
c. *Aber auch indirekte Reaktion **schließt** die Möglichkeit nicht, daß die obengenannten pathologischen Prozesse vorhanden sind.

Des weiteren entstehen Fehler, weil durch interlinguale Identifizierung mit dem Russischen die Präfixe nicht vom Verbstamm getrennt werden, wobei gerade dies im Deutschen bei einigen Präfixen möglich und in bestimmten Kontexten erforderlich sind.

Beispiel: a. *Einige Wortarten **zulassen** die Verwendung...
b. *Aber am Wochenende **kennenlerne** ich gern mit Hamburg.
c. *Ich **übergehe** jetzt zu dem nächsten Punkt.

Konsequenz aus diesen Gesetzmäßigkeiten können auch Übergeneralisierungen oder Hyperkorrekturen sein: Es treten Fälle auf, bei denen Präfixe vom Verbstamm getrennt werden, obwohl diese nicht getrennt werden dürfen:

Beispiel: a. *...dass meine Sachen die ich **hatte an...**
b. *Diese Periode hat er in Zchaltubi verbracht, wo er **arbeitete weiter.**

Fehler folgenden Typs erwachsen nicht aus negativem Transfer, sondern sind den deutschen Besonderheiten geschuldet und damit intralingual bedingt.

Beispiel: *Sie sollen sich **zu** den obengenannten Personen **anwenden.**

## Das Partizip

Die russischen Partizipien nehmen eine Mittelstellung zwischen Adjektiv und Verb ein. Als Formen des Verbs verfügen sie über Aspekt, Tempus (Präsens und Präteritum, kein Futur) und Genus verbi. Sie werden jedoch wie Adjektive dekliniert und bilden wie diese im Passiv Lang- und Kurzformen. Syntaktisch werden Partizipien wie Adjektive verwendet – in der Langform attributiv, in der Kurzform prädikativ. Das Russische kennt vier verschiedene Formen des Partizips: Je ein Partizip des Aktivs und des Passivs im Präsens und im Präteritum.

| **Genus verbi** / **Tempus** | **Aktiv** | **Passiv** | |
|---|---|---|---|
| | | Langform | Kurzform |
| Präsens | читаю-щий ‚lesend‘ | чита-емый ‚gelesen werdend‘ | чита-ем ‚gelesen werdend‘ |
| Präteritum | чита-вший ‚gelesen habend‘ | чита-нный ‚gelesen‘ | чита-н ‚gelesen‘ |

Das Russische verfügt außerdem über zwei Adverbialpartizipien die mit dem Verb in Aspekt und Genus und mit dem Adverb in Form (sie sind unveränderlich) und Funktion übereinstimmen. Sie dienen dem Ausdruck einer Handlung, die dem prädikativen Verb als Adverbialbestimmung zugeordnet ist. Sie werden vorwiegend in der Schriftsprache gebraucht. Man unterscheidet das Adverbialpartizip der Gleichzeitigkeit (Simultanpartizip), z.B. чита-**я** ‚lesend‘, welches vom imperfektiven Verb gebildet wird, und das Adverbialpartizip der Vorzeitigkeit (Anteriorpartizip): прочита-**вши** ‚nachdem er gelesen hatte‘, welches vorwiegend vom perfektiven Verb gebildet wird.

### Das Deutsche im Vergleich

Das Deutsche besitzt ein Partizip Präsens (*singend*, *quälend*) und ein Partizip Perfekt (*gesungen*, *gequält*). Das Partizip Präsens wird adjektivisch verwendet: *der singende Kessel*, *der quälende Gedanke* und adverbial, zum Beispiel: *Sie verrichtete singend ihre Arbeit*. Das Partizip Perfekt kann als selbständiges Adjektiv gebraucht werden, zum Beispiel: *der gequälte Mann* oder einen Bestandteil von Verbformen bilden, die sich aus einem Hilfsverb und dem Partizip zusammensetzen: *Wir haben gesungen.*

Allgemein lässt sich feststellen, dass im Unterschied zum Deutschen im Russischen die als selbständige Formen gebrauchten Partizipien viel häufiger auftreten. Der Unterschied geht jedoch noch tiefer. Während das russische adjektivische Partizip in jeder Situation ein eigenes Objekt oder eine eigene Adverbialbestimmung haben kann, sind ähnliche Konstruktionen in der deutschen Umgangssprache kaum gebräuchlich. Das gleiche gilt für die Adverbialpartizipien.

Beispiel: Der die Aufgabe **lösende** Schüler konzentriert sich stark.
Das fleißig **lernende** Kind wird gelobt.

### Negativer Transfer

Russischsprachige Deutschlerner bilden auffallend häufig Partizipien. Dies ist vermutlich einer interlingualen Identifizierung mit den muttersprachlichen Gewohnheiten zuzuschreiben. Dabei werden manchmal deutsche Partizipien – wie im Russischen üblich – kongruierend zum Bezugswort dekliniert, wobei syntaktische Konstruktionen des Russischen nachgeahmt werden, die so im Deutschen nicht möglich sind.

Beispiel: *Man verwendet die Methode von Quick, **modifizierte** von Magat.

Häufig kommt es zu Fehlern, die intralingual aus Verwechslungen der Formen herrühren. Die beiden ersten Beispiele zeugen davon, dass an Stelle des Partizips Präsens ein Partizip Perfekt gebildet wurde, die letzten zwei Beispiele von der umgekehrten Vorgehensweise.

Beispiel:
a. *Planten un Blomen, wo... kann man zwischen kleinen Seen oder unter den Bäumen spazierengehen...und z.B. **gesungene** Fontänen hören und schauen.
b. *Die Freizeit ist immer **geschmackte** Sache...
c. *Das war ein sehr **ansehender** General der Wehrmacht und ...
d. *Dieses Programm leistet die Suche nach dem **suchenden...** (statt: gesuchten) Wort in seinen angegebenen Formen

## Präsens des Verbs быть: ‚sein', ‚haben' und ‚es gibt'

### быть in der Bedeutung ‚sein'

Das russische Präsens zeichnet sich gegenüber den meisten indoeuropäischen – aber auch gegenüber den slavischen – Sprachen dadurch aus, dass das Präsens von быть ‚sein' in der Regel durch keine Verbform vertreten wird. Von einem ursprünglich vollständigen Paradigma[48] sind nur die beiden 3. Personen übriggeblieben. Die Form der 3. Person Singular lautet есть und ist spezifischen Kontexten vorbehalten. Die Form der 3. Person Plural суть ist veraltet.
Als Kopula in einem aus Kopula und Prädikatsnomen (s. „Satzglieder", S. 186) zusammengesetzten Prädikat wird быть im Präsens nicht gebraucht. Die im Deut-

48 Die beiden erhaltenen Präsensformen des Verbs быть ‚sein', stammen aus der indoeuropäischen Wurzel *\-es* (vgl. lat. *es-t*, dt. *is-t*). Die 3. Person Singular lautet есть. Die Form der 3. Person Plural entstand durch den Wegfall des *e-*, sodass als Stamm *st-* übrigblieb. Daraus entwickelte sich im Russischen die Form суть (vgl. lat. *sunt*, dt. *sind*). Die meisten übrigen Formen, das Präteritum, das Futur, der Konjunktiv, aber auch der Infinitiv entstanden aus einer Verschmelzung der Wurzel **-es* mit einer anderen indoeuropäischen Wurzel: **bhu-*.

schen durch *sein* verbundenen Satzglieder stehen im Russischen in allen Personen und Numeri einfach nebeneinander. Zum Ausdruck des Paradigmas von быть dient die Ellipse – die Auslassung. Im Text zeigt ein Gedankenstrich an, dass an dieser Stelle die entsprechende, aber entweder nicht existente oder nicht gebräuchliche Präsensform von ‚sein' unterstellt ist.

Beispiel: Мой друг – инженер.
‚Mein Freund ist Ingenieur.'

Zum Zwecke des Vergleichs werden hier auch die entsprechenden Sätze im Präteritum und Futur[49] angeführt, in denen die Formen von быть ‚sein' vollständig sind und angewendet werden.

Beispiel: Мой друг **был** инженер.
‚Mein Freund war Ingenieur.'
Мой друг **будет** инженер.
‚Mein Freund wird Ingenieur sein.'

### Die 3. Person Singular von быть: есть

#### есть in der Bedeutung ‚ist'

In wissenschaftlichen Definitionen wird die Form есть für alle Personen und Numeri als Kopula des zusammengesetzten Prädikats benutzt. Es ist zu übersetzen mit ‚ist' oder ‚existiert als'.

Beispiel: Мышление **есть** продукт мозга.
‚Das Denken **ist** ein Produkt des Gehirns.'

Literarisch: In bestimmten Kontexten, die emphatisch das Sein hervorheben, taucht есть stilistisch verstärkend auf.

Beispiel: Кто мы **есть**?
‚Wer **sind** wir?'

Außer in diesen spezifischen Kontexten tritt есть insbesondere in den folgenden beiden Funktionen auf:

#### есть in der Bedeutung ‚haben'

In Kombination mit der Präposition у ‚bei' + allen Personalpronomen im Genitiv wie меня, тебя... bedeutet есть ‚haben', im Sinne von ‚bei jemandem ist':

Beispiel: У тебя **есть** вино?
‚**Hast** du Wein?' (wörtl.: ‚Ist bei deiner (dir) Wein?')
У меня **есть** брат.
‚Ich **habe** einen Bruder.' (wörtl.: ‚Bei meiner (mir) ist ein Bruder.')

---

49 In der Regel stehen heute die Prädikatsnomen nach dem Präteritum und dem Futur von быть im Instrumental. Der Gebrauch des Nominativs ist möglich, aber zunehmend veraltet. Im Präsens ist er hingegen obligatorisch.

### есть in der Bedeutung ‚es gibt'

Wird есть allein verwendet, dann hat es die Bedeutung ‚es gibt', ‚es ist/sind vorhanden'. Dabei steht es sowohl für den Singular als auch für den Plural.

Beispiel: В гамбурге **есть** опера и несколько кинотеатров.
‚In Hamburg **gibt es** eine Oper und einige Kinos.'

### Negativer Transfer

Der wohl auffälligste Fehler beim Gebrauch des deutschen Präsens – und ein für russische Muttersprachler besonders typischer Fehler – ist die komplette Auslassung der Präsensformen von *sein.*

Beispiel:
a. *Meine Familie weg.
b. *Das schrecklich.
c. *Das alles?
d. *Man muss sagen, dass in der Stadt sehr laut...
e. *Die Frage, ob das Leben auf dem Land oder in der Stadt besser, ist sehr alt.
f. *Fraglich nur, wieviel Zeit soll ein solcher Pendler auf den Weg hin und zurück verbringen, um Spaß aufs Dorfleben nicht zu verlieren.

Ab und an ist zu beobachten, dass die muttersprachliche Konstruktion wörtlich kalkiert wird. In der Absicht, auszudrücken: *ich habe/du hast...* werden entsprechend der russischen Konstruktion у + меня/тебя... Sätze des Typs *bei mir/dir/... ist...* gebildet.

Beispiel: *Vom Haß zu den Nazis bewogen, hat er am Anfang des Krieges all sein Kleinod, das **bei ihm** noch **war**, der Stiftung für Verteidigung des Landes übergeben.

Ein weiterer sehr häufiger Fehler ergibt sich aus den Unterschieden beider Sprachen beim Ausdruck der Bedeutung ‚es gibt'. Besonders schwer fällt dabei nicht nur die Umschreibung mit ‚geben' statt mit ‚vorhanden sein'. Schwierigkeiten bereitet russischsprachigen Deutschlernern auch die Tatsache, dass in dieser Wendung zusammen mit dam Verb das Pronomen ‚es' obligatorisch verwendet wird (s. „Das deutsche Pronomen *es*", S. 191).

Beispiel:
a. *Dort gibt ein großer Rosengarten.
b. *In Hambug gibt viel Grün...

## Das Adjektiv

**Semantisch:** Gemäß seiner semantischen Funktion charakterisiert das Adjektiv eine Eigenschaft oder ein Merkmal von Allem, was im weitesten Sinne als Gegenstand bezeichnet werden kann, d.h. von Dingen, Denkgegenständen, aber auch von Lebewesen.

**Morphologisch:** Wie das Substantiv wird auch das Adjektiv in beiden Sprachen nach den Kategorien Kasus, Numerus, Genus dekliniert. Im Russischen kommt zu diesen Kategorien noch die bereits beim Substantiv vorgestellte Kategorie der Belebtheit hinzu. Im Unterschied zum Substantiv ist das Adjektiv weder auf das Genus noch auf die Kategorien Belebtheit und Numerus festgelegt, da es mit dem regierenden Substantiv kongruiert.

**Deklinationen:** Die Unterscheidung der Formklassen der Substantive erfolgt im Russischen nach den Singularbildungen der drei Genera. Der Plural aller drei Genera wird einheitlich gebildet, wobei im Akkusativ alle Genera hinsichtlich der Kategorie der Belebtheit unterschieden werden. (Beim Substantiv ist dies nur beim maskulinen Genus der Fall).

## Die Deklination des russischen Adjektivs

Innerhalb des Haupttyps der Adjektivdeklination wird anhand des Nominativs unterschieden zwischen Adjektiven mit hartem Stammauslaut (I.) und Adjektiven mit weichem Stammauslaut (II.).

**Die Nominativendungen des Haupttyps der Adjektivdeklination**

| **Stammauslaut** | | **Singular** m. | n. | f. | **Plural** alle Genera |
|---|---|---|---|---|---|
| **I.** alle harten Konsonanten sowie г, к, х, Zischlaute und ц | stammbetont | -ый | -ое | -ая | -ые |
| | г, к, х | -ий | -ое | -ая | -ие |
| | endungsbetont | -óй | -óе | -áя | -ы́е |
| | г, к, х, Zischl., ц | -óй | -óе | -áя | -и́е |
| **II.** weiche Kons., Zischlaute und ц | stammbetont | -ий | -ее | -яя | -ие |
| | Zischlaute und ц | -ий | -ее | -ая | -ие |

Diese Unterscheidung bildet die Grundlage dafür, die Adjektivdeklination – ebenso, wie dies bereits bei der Substantivdeklination vorgenommen wurde – phonematisch darzustellen.

Man beachte: Bei den Stammauslauten auf alle Zischlaute sowie die Buchstaben ц und г, к, х entstehen gemischte Deklinationen. Bei den Zischlauten und ц, weil ж, ш, ц stets hart sind, während ч, щ stets weich sind, bei г, к, х, weil diesen teils jotierte (-и), teils nicht-jotierte Vokale folgen.

**Der Haupttyp der Adjektivdeklination phonematisch**

| | Singular | | | Plural |
|---|---|---|---|---|
| | m. | n. | f. | alle |
| Nom. | unb. -ij / -ij<br>bet. -oj | -oe | -aja | -ije |
| Gen. | -ovo | | -oj | -ich |
| Dat. | -omu | | -oj | -im |
| Akk. bel.<br>unbel. | = Gen.<br>= Nom | =Nom. | -uju | wie Nom. |
| Instr. | -im | | -oj | -imi |
| Präp. | -om | | -oj | -ich |

**Grundschema I:** Auf paarig harten Stammauslaut folgen die nicht-jotierten Varianten der oben angegebenen Vokalphoneme. **Die Ausnahmen:**

| | |
|---|---|
| 1) Nach г, к, х | folgt statt ы > и |
| 2) Nach den Zischlauten ж, ш, ч, щ | folgt statt ы > и, |
| bei unbetonter Endung | wird о > е |
| 3) Nach ц | wird bei unbetonter Endung о > е |

**Grundschema II:** Auch auf paarig weichen Stammauslaut folgen die angegebenen Endungen, wobei о > е wird. Im Nom. Sg. mask. steht die palatalisierte Endung hinter dem Schrägstrich /.

**I. Adjektive mit hartem Stammauslaut am Beispiel нóвый ‚neu'**

| | Singular m. | n. | f. | Plural alle Genera |
|---|---|---|---|---|
| Nom. | нóвый | нóвое | нóвая | нóвые |
| Gen. | нóвого | | нóвой | нóвых |
| Dat. | нóвому | | нóвой | нóвым |
| Akk. | N. oder G.[50] | нóвое | нóвую | belebt Gen., sonst Nom. |
| Instr. | нóвым | | нóвой | нóвыми |
| Präp. | о нóвом | | о нóвой | о нóвых |

**II. Adjektive mit weichem Stammauslaut, stammbetont (зúмний ‚winterlich')**

| | Singular m. | n. | f. | Plural allle Genera |
|---|---|---|---|---|
| Nom. | зúмний | зúмнее | зúмняя | зúмние |
| Gen. | зúмнего | | зúмней | зúмних |
| Dat. | зúмнему | | зúмней | зúмним |
| Akk. | N. oder G. | зúмнее | зúмнюю | belebt Gen., sonst Nom. |
| Instr. | зúмним | | зúмней | зúмними |
| Präp. | о зúмнем | | о зúмней | о зúмних |

50 Im Akkusativ werden maskuline Adjektive wie der Nominativ dekliniert, wenn das kongruierende Substantiv unbelebt, wie der Genitiv, wenn das Substantiv belebt ist.

## Die Deklinationstypen des deutschen Adjektivs

### I. Das Adjektiv ohne Artikel

| Singular | mask. | fem. | neutr. |
|---|---|---|---|
| Nom. | -er | -e | -es |
| Gen. | -en | -er | -en |
| Dat. | -em | -er | -em |
| Akk. | -en | -e | -es |
| **Plural** | **alle Genera** | | |
| Nom. | -e | | |
| Gen. | -er | | |
| Dat. | -en | | |
| Akk. | -e | | |

Beispiele: *starker Regen, warme Speise, blaues Boot*

### II. Das Adjektiv mit bestimmtem Artikel

| Singular | mask. | fem. | neutr. |
|---|---|---|---|
| Nom. | -e | -e | -e |
| Gen. | -en | -en | -en |
| Dat. | -en | -en | -en |
| Akk. | -en | -e | -es |
| **Plural** | **alle Genera** | | |
| Nom. | -en | | |
| Gen. | -en | | |
| Dat. | -en | | |
| Akk. | -en | | |

Beispiele: *der starke Regen, die warme Speise, das blaue Boot*

### III. Das Adjektiv mit unbestimmtem Artikel, kein, mein etc.

| Singular | mask. | fem. | neutr. |
|---|---|---|---|
| Nom. | -er | -e | -es |
| Gen. | -en | -en | -en |
| Dat. | -en | -en | -en |
| Akk. | -en | -e | -es |
| **Plural** | **alle Genera** | | |
| Nom. | -en | | |
| Gen. | -en | | |
| Dat. | -en | | |
| Akk. | -en | | |

Beispiele: *kein starker Regen, meine warme Speise, unser blaues Boot*

## Das attributive Adjektiv

Die Deklination des attributiven deutschen Adjektivs hängt nicht nur vom Genus, Kasus und Numerus des Substantivs ab, das es begleitet, sondern auch davon, ob es nach dem bestimmten, dem unbestimmten oder keinem Artikel steht bzw. ob es auf die Formen von *kein, mein, dein, sein, unser, euer, ihr* folgt. Aus diesen Kriterien ergeben sich die in den vorigen Tabellen dargestellten drei Deklinationstypen.

### Das deutsche attributive Adjektiv im Vergleich mit dem russsischen

Beiden Sprachen gemeinsam ist, dass das attributive Adjektiv mit dem regierenden Substantiv kongruiert.

Beispiel: новый учитель , neuer Lehrer',
новая учительница ,neue Lehrerin'

Das Russische kennt allerdings nicht die für das Deutsche und andere germanische Sprachen typische Eigenschaft der Unterscheidung verschiedener Flexionstypen der attributiven Adjektive, die sich im wesentlichen nach dem Artikel richtet.

Beispiel: ein süßer Tee, aber: der süße Tee

Da das Russische keinen Artikel kennt, entfällt in dieser Sprache eine derartige Unterscheidung.

### Negativer Transfer

Den Gebrauch verschiedener Adjektivendungen in Verbindung mit dem bestimmten und dem unbestimmten Artikel eignen sich die Lernenden am ehesten an. Die größten Schwierigkeiten bereiten ihnen Wortfügungen in denen der Artikel entfällt oder Personalpronomina verwendet werden.

In Bezug auf die richtige Flexion des Adjektivs fällt es nicht nur russischsprachigen Deutschlernern, sondern auch Lernenden anderer Herkunftssprachen schwer, sich an das für das Deutsche charakteristische Zusammenspiel zwischen Artikel, Adjektiv und Substantiv zu gewöhnen und sich für die richtige Flexion des attributiven Adjektivs zu entscheiden.

Beispiel: a. *der süß**er** Tee
b. *Das gehört meiner hübsch**e** Frau.
c. *...zu Förderung einer frisch**er** Stimmung.

Darüber hinaus verwechseln auch Fortgeschrittene häufig die Endung des Genitivs Singular der Feminina der I. Deklination (*-er*), die von allen anderen Genitivendungen (*-en*) abweicht sowie die Dativendung der Maskulina und Neutra der I. Deklination (*-em*), die unüblich ist.

Beispiel: a. *Wir bedurften schnell**en** Hilfe...
b. *Mit freunlich**en** Gruß

## Das prädikative Adjektiv

Im Russischen erscheint das prädikative Adjektiv entweder in der so genannten Langform oder in der Kurzform. In der Langform erscheint es im Nominativ oder im Instrumental, wobei es dem Subjekt postpositioniert wird und mit ihm in Bezug auf Genus und Numerus kongruiert.

Beispiel: Книга интересн**ая**./Книги интересн**ые**.
‚Das Buch ist interessant.'/‚Die Bücher sind interessant.'

Wird das prädikative Adjektiv in Kurzform verwendet, weist es im Unterschied zur Langform keine Kasus-, sondern lediglich eine Genus- und Numerusendung auf:

Beispiel: Книга интересн**а**./Книги интересн**ы**.
‚Das Buch ist interessant.'/‚Die Bücher sind interessant.'

### Die Endungen der Adjektivkurzformen

| | Singular | | | Plural |
|---|---|---|---|---|
| **Stammauslaut auf:** | **m.** | **n.** | **f.** | **alle Genera** |
| **harte Kons.** | Ø | -о | -а | -ы |
| **Kons. г, к, х** | Ø | -о | -а | -и |
| **Zischlaute** | Ø | -ó/-е | -а | -и |
| **weiche Kons.** | -ь | -е | -я | -и |

Die Langformen werden bevorzugt mit Qualitätsadjektiven verwendet. Sie sind stilistisch neutral, während die Kurzformen eher schriftsprachlichen Charakter haben. Außerdem weichen die Kurzformen von den entsprechenden Langformen häufig in ihrer Bedeutung ab. Sie können ein Zuviel einer Eigenschaft zum Ausdruck bringen.

| | |
|---|---|
| Пальто **великое**. | Пальто тебе **велико**. |
| ‚Der Mantel ist groß.' | ‚Der Mantel ist dir zu groß.' |

Bei einigen sehr häufig verwendeten Qualitätsadjektiven weichen die Bedeutungen der Lang- und Kurzform aber auch in anderer Hinsicht stark voneinander ab, z.B.:

| | |
|---|---|
| Он **плохой**. –Ему **плохо**. | ‚Er ist schlecht.' – ‚Er ist schwach.' |
| Он был **живой**. – Он был **жив**. | ‚Er lebte.' – ‚Er war lebendig.' |
| Она **хорошая**. – Она **хороша**. | ‚Sie ist gut.' – Sie ist hübsch.' |

### Negativer Transfer

Das prädikativ gebrauchte Adjektiv steht im Deutschen immer in seiner endungslosen Form. Da es im Russischen aber auch in Langform stehen kann, bilden Anfänger im Deutschen häufig folgende Konstruktionen:

Beispiel: a. *...oder die **schlechte** Wetter ist. (погода **плохая**)
b. *Die Frau ist **große.** (женщина **большая**)
c. *Die Bilder sind **schöne.** (картины **красивые**)

## Die Komparation der Adjektive

Jede Grundform des Adjektivs bezeichnet das Merkmal bzw. die Eigenschaft eines Gegenstandes absolut. Im Zusammenhang mit der Komparation wird die Grundform des Adjektivs daher Positiv genannt. Mit der Steigerungsform des Komparativs wird festgehalten, welcher von zwei oder mehreren Gegenständen ein „Mehr" der durch das Adjektiv bezeichneten Eigenschaft aufweist. Der Superlativ bezeichnet in der Verhältnismäßigkeit, die an Eigenschaften bestimmter Gegenstände dingfest gemacht werden kann, die „Meiststufe".

Gesteigert werden können nur Adjektive, die ein Merkmal bezeichnen, welches an sich relativ ist. Dies sind Qualitätsadjektive, welche entweder eine Eigenschaft bewerten, wie z.B. *gut, schön, klein, groß, tief* oder eine Eigenschaft unmittelbar bezeichnen, wie z.B. *leer, rund, blind.* Beziehungsadjektive bezeichnen hingegen unveränderliche Merkmale und sind häufig von Substantiven, Adverbien oder Verben abgeleitet, wie z.B. *hölzern, gestrig, fünfter, hündisch.* Da die Merkmale, die sie aufweisen, unveränderlich sind, können sie auch nicht zu sich selbst in Relation gesetzt und graduell verglichen werden.

### Die russischen Komparativformen

Im Russischen besitzen die meisten Qualitätsadjektive sowohl einen einfachen als auch einen zusammengesetzten Komparativ.

Der **einfache Komparativ** wird gebildet, indem das Suffix **-ее (-ей), -е** oder **-ше** an den Adjektivstamm gehängt wird.

| Beispiel: | важний – важнее | ‚wichtig – wichtiger' |
|---|---|---|
| | умний – умнее | ‚klug – klüger' |
| | красивый – красивее | ‚schön – schöner' |

Der **zusammengesetzte Komparativ** wird von allen Qualitätsadjektiven gebildet, indem das Wörtchen **более** ‚mehr' vor den Positiv des Adjektivs gesetzt wird.

| Beispiel: | более важний | wörtl.: ‚mehr wichtig' |
|---|---|---|
| | более умний | wörtl.: ‚mehr klug' |
| | более красивый | wörtl.: ‚mehr schön' |

Die **Komparation zweier Gegenstände** im Sinne des deutschen *mehr (weniger) als* wird im Russischen folgendermaßen wiedergegeben:

a) die Konjunktion чем + Nominativ

Beispiel: Он более красивый чем я. ‚Er ist schöner als ich.'

b) den Genitiv des folgenden Nomens

Beispiel: Он красивее меня. ‚Er ist schöner als ich.'
(meist einfache Komparation)

Der **Superlativ** existiert ebenfalls in einfacher und zusammengesetzter Form: Die einfache Form wird durch Anfügen von -ейший oder -айший an den Adjektivstamm gebildet und nach der gemischten Deklination der Adjektive gebeugt.

Beispiel: важний – важнейший, -ая, -ее, -ие
,wichtig' – ,am wichtigsten'
умний – умнейший, -ая, -ее, -ие
,klug' – ,am klügsten'

Auch die **zusammengesetzte Superlativform** kann im Prinzip von allen Qualitätsadjektiven gebildet werden: Vor den Positiv des Adjektivs wird самый ,meist' gesetzt. Dabei wird самый ,meist' im Unterschied zu более ,mehr' mit dem dazugehörigen Positiv in Kongruenz zu ihrem Beziehungswort dekliniert.

Beispiel: Она самая умная девушка.
,Sie ist das klügste Mädchen.'
Книга у самой умной девушки.
,Das Buch ist bei dem klügsten Mädchen.'

### Negativer Transfer

Die Formen der Komparation bereiten den Sprechern des Russischen keine besonderen Schwierigkeiten. Denn in beiden Sprachen müssen sich unregelmäßige Steigerungsformen der Adjektive angeeignet werden. Wird aus dem Russischen der zusammengesetzte Komparativ ins Deutsche übertragen, entstehen Nachahmungsfehler folgenden Typs:

Beispiel: a. *In Deutschland Kinder und Eltern **mehr selbstständiger** sind.
b. *Bei der Probe wird sie eingenommen oder intravenös injiziert. Bei einer intravenösen Injektion ist die Probe **mehr effizient...**

Bei der Kalkierung des zusammengesetzten Superlativs kommt es hingegen zu Sätzen folgender Art:

Beispiel: *Deshalb wird es ebenfalls versucht, verschiedenartige Standpunkte zu den obengenannten Fragen zu summieren und **am meisten relevante** für die gegebene Arbeit Definition auszuwählen oder weiter zu entwickeln.

Fehler tauchen auch auf, wenn Komparativkonstruktionen gewählt werden, die der russischen Wiedergabe von *als* entsprechen, indem eines der zu vergleichenden Nomen im Genitiv steht.

Beispiel: *Moskau ist größer Hamburgs.

## Das Numerale

**Semantisch:** Ihrer allgemeinen semantischen Funktion nach bezeichnen Numeralia den abstrakten Zahlbegriff. Jedes Numerale bezeichnet nur einen konkreten Zahlenwert – der auch durch eine bestimmte Ziffer ausgedrückt wird. In Verbindung mit Substantiven bringt es die Anzahl von Gegenständen zum Ausdruck.

**Morphologisch:** Numeralia besitzen in beiden Sprachen keine einheitlichen morphologischen Merkmale. Sie bilden eine Gruppe, deren einzelne Mitglieder ihre morphologischen Merkmale mit Adverbien, Pronomen, Adjektiven etc. teilen.

**Klassifizierung**

In der Regel werden in beiden Sprachen die Numeralia anhand dessen unterschieden, was sie bezeichnen:

- Kardinal- oder Grundzahlwörter: eine abstrakte Zahl oder konkrete Anzahl von Gegenständen
- Ordinalzahlwörter: die Reihenfolge der Gegenstände beim Abzählen
- Kollektivzahlwörter: die konkrete Anzahl der Gegenstände als Gesamtheit
- Bruchzahlwörter: eine bestimmte Quantität in Teilen ihrer Ganzheit

**Die russischen und deutschen Kardinalzahlen im Vergleich**

Die russischen Kardinalia verfügen im Unterschied zu den deutschen über Kasusformen. Steht das Numerale mit einem Substantiv in einer Wortfügung, dann hängt vom Kasus des Numerales ab, in welches syntaktische Verhältnis – das der Rektion oder das der Kongruenz – es tritt.

Im Deutschen kongruieren nur die Kardinalzahl *ein(s)*, manchmal auch *zwei* und *drei* (mit Nullartikel) mit dem Substantiv: *Die Hochzeit zweier junger Menschen* (Genitiv). Die übrigen deutschen Kardinalia verfügen über keine Kasusformen, d.h. sie werden nicht dekliniert.

Im Russischen kongruieren alle Kardinalia im Genitiv, Dativ, Instrumental und Präpositiv mit dem Kasus der Substantive. Zum Beispiel: до трёх рублей ‚bis zu drei Rubeln' (Numerale und Substantiv im Genitiv Plural), с пятью рублями ‚mit fünf Rubeln' (Numerale und Substantiv im Instrumental Plural), в десяти домах ‚in zehn Häusern' (Numerale und Subst. im Präpositiv).

Der entscheidende Unterschied zwischen dem Russischen und dem Deutschen ergibt sich, wenn russische Kardinalia im Nominativ oder Akkusativ stehen: Dann regieren sie den Kasus des Substantivs.

**Es gelten folgende Regeln:**

Das Numerale 1 (один (одна, одно)) regiert den Nominativ bzw. Akkusativ Singular des folgenden Substantivs und kongruiert mit diesem im Genus.

Beispiel: Подожди одн**у** минут**у**. ‚Warte eine Minute.' (f. Akk. Sg.)
Там одно село. ‚Dort ist ein Dorf.' (n. Nom. Sg.)

Die Numerale 2 (два (две)), 3 (три) und 4 (четыре) regieren den Genitiv Singular (wenn sie selbst im Nominativ oder Akkusativ stehen). Das Numerale два (m., n.) bzw. две (f.) kongruiert dabei mit dem Genus des Substantivs.

Beispiel: **Два** студент**а**, **две** студентк**и**, **три** инженер**а**...

Die Numerale ab 5 (пять) regieren den Genitiv Plural.

Beispiel: Пять рубл**ей**, тридцать студент**ов**...

(Zur Wortstellung der Numeralia s. „Wortfügungen", S. 205.)

### Die russischen Ordinalzahlen

Die russischen Ordinalzahlen sind – wie die deutschen – deklinierbar. Sie werden in der Regel wie Adjektive mit hartem Stammauslaut dekliniert.

### Negativer Transfer

Das Erlernen der Kardinalzahlen und der Ordinalzahlen bereitet den Sprechern des Russischen wenig Schwierigkeiten. Nur zu Beginn des Spracherwerbs werden häufiger die deutschen Zahlwörter 13 bis 19 mit den Zahlen 30 bis 90 (*fünfzehn* mit *fünfzig* usw.) verwechselt. Da die russischen Numeralia ab 21 (einundzwanzig = двадцать один ‚zwanzig eins', fünfunddreißig = тридцать пять = ‚dreißig fünf') in genau umgekehrter Reihenfolge wie im Deutschen zusammengesetzt werden, werden die deutschen Entsprechungen von russischsprachigen Deutschlernern oft als „verkehrt" empfunden.
Gegenüber der Syntax der russischen Numeralia ist die des Deutschen verhältnismäßig einfach, was ein Grund dafür sein könnte, dass beim Erlernen des „einfacheren" Systems kaum Fehler entstehen.

## Die nicht-flektierenden Wortklassen

Für beide Sprachen gilt, dass die im Folgenden besprochenen Wortklassen oder Wortarten morphologisch gemeinsam haben, dass sie unflektierbar sind. Sie werden weder konjugiert noch dekliniert. Ausnahme hiervon bilden in beiden Sprachen nur einige Adverbien, die insofern flektierbar sind als sie kompariert werden können.
In manchen Grammatiken werden die hier weiter unterteilten Wortarten auf Grund ihrer morphologischen Gemeinsamkeit als eine einzige Wortart, als die Gruppe der Partikeln, zusammengefasst. Zunächst folgen ein paar Argumente, die für diese Klassifizierung sprechen, dann eine Begründung dafür, dass in diesem Handbuch eine detailliertere Einteilung gewählt würde.
Für die Zufammenfassung aller nicht-flektierbaren Wörter in einer Klasse spricht, dass bei einer weiteren Unterteilung in Adverbien, Präpositionen, Konjunktionen und Partikeln in vielen Fällen ein und dasselbe Wort nicht nur einer, sondern zwei oder mehreren Wortarten zuzurechnen ist.

So können Wörter wie *rundherum*, *entlang/längsseits* sowohl als **Adverbien**:

| Beispiel: | Всё вокруг было тихо. | ‚Rundherum war es still.' |
|---|---|---|
| | Дерево лежит вдоль. | ‚Der Baum liegt längsseits.' |

als auch als **Präpositionen** auftreten:

| Beispiel: | вокруг дома | ‚rund um das Haus herum' |
|---|---|---|
| | вдоль берега | ‚das/am Ufer entlang' |

Und Wörter wie *bis*, *seit*, *während* treten ebenso als **Konjunktion,** wie in den deutschen Beispielen: *bis er kommt*, *seit er regelmäßig trainiert*, *während ich aß*, *kam sie herein* wie als **Präposition** auf, vgl.: *bis nächstes Jahr*, *seit einiger Zeit*, *während der Ferien.* Adverbien können ebenfalls als Konjunktion auftreten und auch die so genannten bedeutungsnuancierenden Partikeln treten in den anderen Wortarten auf. Auch historisch betrachtet sind die unflektierbaren Wortklassen durch Ableitungsbeziehungen miteinander verflochten. So entstanden die ältesten Präpositionen z.B. aus Lokaladverbien, die ein durch den Kasus des Substantivs bereits näher bezeichnetes Raumverhältnis näher beschrieben. Gegen die Klassifizierung aller nicht-flektierbaren Wörter als eine einzige Wortart spricht allerdings, dass sie, ungeachtet ihrer morphologischen Homogenität, etymologischen Verflechtung und Multifunktionalität, unterschiedliche Funktionen im Satz erfüllen. Im Folgenden wird anhand der syntaktischen und semantischen Unterschiede eine weitere Untergliederung in die verschiedenen Wortarten Adverb, Präposition, Konjunktion und Partikel vorgenommen.

## Das Adverb

**Morphologisch:** Das Adverb zählt in beiden Sprachen eigentlich zu den unflektierbaren Wortarten, es kann weder konjugiert noch dekliniert werden. In beiden Sprachen ist jedoch ein Teil der Adverbien nicht völlig unveränderlich: Qualitätsadverbien sind komparierbar, d.h. sie können gesteigert werden.
**Semantisch:** Adverbien präzisieren die Umstände, unter denen eine Handlung stattfindet, oder sie dienen der näheren Erläuterung von Handlungen (mit Verben) oder Merkmalen bzw. Eigenschaften (mit Adjektiven).
**Syntaktisch:** Adverbien haben im Unterschied zu anderen unflektierbaren Wortarten Satzgliedwert. Ihre Hauptfunktion ist die der adverbialen Bestimmung. Sie sind dann meistens einem Verb untergeordnet:

> Она хорошо говорит по-русски.
> ‚Sie spricht gut Russisch.'
>
> ...sie können aber auch Adjektiven untergeordnet sein:
> Это очень хорошая машина.
> ‚Das ist ein sehr gutes Auto.'
>
> ...oder anderen Adverbien:
> поздно ночью
> ‚spät nachts'

...ohne dass dies formal, d.h. durch Kongruenz gekennzeichnet wäre. Adverbien sind, trotz ihrer syntaktischen Untergeordnetheit, von keiner Wortart abhängig.

**Wortbildung:** Adverbien können im Russischen – wie im Deutschen – aus allen möglichen Wortarten abgeleitet werden. Unter anderem sind sie:

- von **Adjektivstämmen** abgeleitet

  хороший > хорошо ,gut' > ,gut'
  быстрый > быстро ,schnell' > ,schnell'

- von **Substantivstämmen** abgeleitet

  утро > утром ,Morgen' > ,morgens'
  дом > дома ,Haus' > ,zu Hause'
  даль > издали ,Weite' > ,von Weitem'

- **isolierte Wörter**

  очень ,sehr'
  почти ,fast'

**Einteilung der Adverbien nach semantischen Kriterien**

**I. Charakterisierende Adverbien (Modaladverbien)**

a) Qualitätsadverbien (der Art und Weise)

Beispiel: босиком ,barfuß', быстро ,schnell', вслух ,laut', плохо ,schlecht', по-русски ,auf Russisch'

b) Quantitätsadverbien (des Grades)

Beispiel: много ,viel', крайне ,äußerst', слишком ,zu (sehr)'

**II. Umstandsadverbien**

a) des Ortes (lokale)

Beispiel: здесь ,hier', там ,dort', нигде ,nirgends', дома ,zu Hause'

b) der Zeit (temporale)

Beispiel: вечером ,abends', всегда ,immer', иногда ,manchmal'

c) der Ursache (kausale)

Beispiel: отчего ,weswegen', потому ,weil', поэтому ,weshalb'

d) des Zieles (finale)

Beispiel: затем ,darauf', нарочно ,absichtlich'

**Negativer Transfer**

Da die Adverbien zu den unflektierbaren Wortarten gehören, tauchen zwar keine Fehler in Bezug auf eine grammatische Beugung auf, es können aber Fehler im Bereich der Lexik, bei der Wortbildung, auftreten.

Beispiel: *ähnlicherweise

Häufig ist die lexikalische bzw. syntaktische Verwendung der Adverbien nicht korrekt. Beide Erscheinungen können sowohl inter- als auch intralingual bedingt sein.

Beispiel: a. *In dem Wagon saß ein Ehepaar, im Wagon **neben** saß ein Mann.
b. ?Am nächsten Morgen ging es mir schon **gleich** besser...

Interlingual bedingt ist die häufige Verwendung des Adverbs *schon* in unpassendem Kontext oder unpassender Wortfolge. Auffällig ist häufig auch eine unpassende Verwendung des Adverbs in verneinter Bedeutung: *nicht schon/schon nicht*. Es handelt sich hier um eine Kalkierung der im Russischen üblichen Kombination von *schon* und *nicht* (уже не/не уже).

Beispiel: a. ***Schon** habe ich ungefähr 50 Seiten...
b. *Wir überlegen, das geht **nicht schon**...

Besonders häufig werden die Ausdrücke *wo* und *wohin* vertauscht. Da man aber auch im Russischen zwischen *wo* (где) und *wohin* (куда) unterscheidet, ist dies nicht durch negativen Transfer, sondern durch Verwechslungen bedingt.

Beispiel: *Ich weiß nicht **wohin** ist der Supermarkt.

## Die Komparation der Adverbien

Die einfachen Komparationsformen der Adverbien, die auf -ee enden, werden wie die entsprechenden Adjektive gebildet (s. „Die russischen Komparativformen der Adjektive“; S. 164).

| | | | |
|---|---|---|---|
| интересно | интересный | > интереснее | ‚interessant(er)‘ |
| весело | весёлый | > веселее | ‚fröhlich(er)‘ |

Einige Formen weisen eine unregelmäßige Bildung auf, zum Beispiel:

| | | | |
|---|---|---|---|
| хорошо | хороший | > лучше | ‚gut‘ – ‚besser‘ |

Es werden neben der synthetischen Form auch analytische Komparativformen mit более ‚mehr‘ und менее ‚weniger‘ gebildet:

Beispiel: Он более интересно разговаривает...
‚Er erzählt interessanter...‘

Dem deutschen *als* entspricht – wie bei der Komparation der Adjektive – der Genitiv des verglichenen Wortes oder чем (nach einem Komma):

Beispiel: Он читает лучше меня. wörtl.: ‚Er liest besser meiner.‘
Он читает лучше, чем я. ‚Er liest besser als ich.‘

### Superlativ

Der russische Superlativ der Adverbien wird – wie bei den meisten nicht steigerbaren Adverbien im Deutschen – durch eine einfache Umschreibung mittels der

Komparativform больше всего ‚mehr als alles‘ und больше всех ‚mehr als alle‘ gebildet:

Beispiel: Больше всего он любит шоколад.
‚Mehr als alles liebt er Schokolade.‘

**Negativer Transfer**

Russische Strukturen übertragend wird bei der Verwendung des Komparativs häufig das Vergleichswort *als* ausgelassen:

Beispiel: *Mit jede Minute Schmerz war noch stärker vorher.

## Die Präposition

**Morphologisch:** Präpositionen sind unflektierbar. Anhand ihrer morphologischen Struktur werden sie unterteilt in einfache: в ‚in‘, из ‚aus‘, за ‚hinter‘, под ‚unter‘, благодаря ‚dank‘, doppelte, welche aus der Verbindung zweier einfacher entstanden sind: из-за ‚hinter etw. hervor, wegen‘, из-под ‚unter etw. hervor‘ und zusammengesetzte Präpositionen: вместе с ‚zusammen mit‘, в отличие от ‚im Unterschied zu‘.

**Wortbildung:** Man unterteilt Präpositionen in ursprüngliche und abgeleitete. Letztere sind aus verschiedenen anderen Wortarten entstanden:

- **aus Adverbien** in Verbindung mit einer Präposition:

  вместо ‚an Stelle‘, aus: в место
  вокруг ‚ringsherum‘, aus: в(о) круг wörtlich: ‚um den Kreis‘

- **aus Substantiven** in Verbindung mit einer Präposition:

  со стороны ‚seitens‘, wörtlich: ‚von der Seite‘
  в пользу ‚zugunsten‘, wörtlich: ‚zu Gunsten‘

- **aus Verben**, genauer: Adverbialpartizipien:

  благодаря ‚dank‘ (wörtlich: ‚verdankend‘)
  включая ‚einschließlich‘, (wörtlich: ‚einschließend‘)

**Syntaktisch:** Präpositionen weisen auf die syntaktische Unterordnung bestimmter Satzglieder unter andere Wörter oder Wortfügungen hin. Bei Substantiven, Adjektiven oder Pronomen zeigen sie dies zusammen mit den Kasusformen an, bei Adverbien oder Numeralen allein durch ihre Präsenz. Bei den übergeordneten Wörtern oder Wortfügungen handelt es sich manchmal um Anumerale oder Adverbien, in der Regel aber um die folgenden Wortarten:

| | | |
|---|---|---|
| Substantive: | seine Freude | |
| Verben: | er freut sich | **über** das Geschenk |
| Adjektive: | er ist froh | |

Präpositionen helfen bei der Realisierung von Umstands- und Objektverhältnissen, seltener von Attributsverhältnissen. Für sich stehend, haben Präpositionen keinerlei Satzgliedfunktion. Häufig werden sie selbst von einem Verb regiert. Die meisten Präpositionen stehen – im Russischen wie im Deutschen – vor dem Substantiv, einige werden aber auch nachgestellt. Die meisten Präpositionen regieren nur einen Kasus. Auf manche Präpositionen können aber auch zwei oder gar drei verschiedene Kasus folgen. Dies gilt für das Russische ebenso wie für das Deutsche (s. „Kasusrektion", S. 95).

**Semantisch:** Präpositionen drücken das Verhältnis zwischen zwei Gegenständen aus. Während einige Präpositionen eine oder mehrere eindeutige Bedeutungen haben, wie z.B. *hinter* (lokal), *wegen* (kausal) und *während* (temporal und adversativ), ist der Großteil der Präpositionen im Russischen wie im Deutschen als polysem anzusehen. Die Bedeutung der deutschen Präpositionen des Typs *an, auf, in, um,* mag zwar ursprünglich lokal gewesen sein, heute werden sie aber auch in zeitlicher, modaler und/oder kausaler Bedeutung verwendet.

Die Polysemie als gegeben unterstellt, werden Präpositionen ebenso wie die Adverbien oder die Konjunktionen semantischen Untergruppen zugeordnet. Hier seien nur die Hauptarten der semantischen Unterteilung anhand einiger Beispiele[51] veranschaulicht:

Beispiel: a) lokal: через ‚über', с ‚von...herab', под ‚unter', при ‚bei', ‚an'
b) temporal: через ‚nach', с ‚seit', под ‚gegen', при ‚in der Zeit'
c) final: под ‚als', ‚für'
d) kausal: с ‚vor', ‚aus'
e) konditional: при ‚unter der Bedingung'
f) modal: через ‚vermittels', под ‚unter', ‚bei', ‚zu'

Im Prinzip werden im Russischen alle Präpositionen dem Substantiv oder der Substantivfügung vorangestellt. Es gibt dort nur drei Präpositionen, die dem Substantiv sowohl voran- als auch nachgestellt werden können: навстречу ‚entgegen', ради ‚wegen' und спустя ‚nach' (s. „Satzgliedstellung", S. 195).

Beispiel: ради тебя/тебя ради ‚dir zuliebe'

Insbesondere russische Bewegungsverben, die mit einem Präfix ausgestattet sind, das die Bewegung semantisch präzisiert, werden meistens noch durch eine Präposition ergänzt. Einen vollständigen Überblick über die einfachen Präpositionen und ihre Rektion enthält die Tabelle auf S. 175.

Auch deutsche Präpositionen werden dem Substantiv oder Pronomen meist vorangestellt, z.B.: ***von** dir*, ***wegen** des Erfolges*. Andere werden sowohl voran- als auch nachgestellt. Diese Gruppe unterteilt sich wiederum in Präpositionen, deren Stellung frei wählbar ist und solchen, deren Stellung vom Kontext abhängt.

---

51 Für weitere Unterteilungen s. Helbig/Buscha 1987, 2001.

| **frei wählbare Vor- oder Nachstellung** | **festgelegte Vor- oder Nachstellung** |
|---|---|
| **entlang** der Mauer/die Mauer **entlang**<br>**gemäß** der Karte/der Karte **gemäß**<br>**nach** seiner Ansicht/seiner Ansicht **nach**<br>**ungeachtet** der Ruhe/der Ruhe **ungeachtet**<br>**wegen** des Wetters/des Wetters **wegen**<br>**bar** jeden Kriteriums/jeden Kriteriums **bar** | **gegenüber** dem Haus/ihm **gegenüber**<br>**je** nach Tageszeit/Ringe zu **je** fünf Mark<br>**über** die Brücke/den Nachmittag **über** |

Außerdem gibt es Präpositionen, die obligatorisch nachgestellt werden. Eine deutsche Besonderheit ist es, dass einige doppelte Präpositionen eine Klammer um das Substantiv oder die Substantivfügung herum bilden.

| **nachgestellte Präposition** | **präpositionale Klammer** |
|---|---|
| dir **zuliebe**<br>der Ordnung **halber**<br>dem Gesetz **zufolge** | **von** zwei Uhr **an**<br>**von** Anfang **an**<br>**von** Köln **aus**<br>**von** alters **her**<br>**um** des lieben Friedens **willen** |

Eine weitere Differenz zum Russischen ergibt sich daraus, dass die deutschen Präpositionen in bestimmten Fällen mit dem Artikel verschmelzen. Formal ist diese Verschmelzung in folgenden Fällen möglich:

- Präposition ***zu*** + Artikel ***der***: ***zur***
- Präpositionen ***an*** und ***in*** + Artikel ***das***: ***ans, ins***
  Umgangssprachlich erscheinen außerdem: ***aufs, durchs, fürs, hinters, übers, ums, unters, vors***
- Präpositionen ***an, bei, in, von,*** und ***zu*** + Artikel ***dem***: ***am, beim, im...***
  Umgangssprachlich möglich sind auch: ***hinterm, überm, unterm, vorm***
- Ausschließlich umgangssprachlich erscheinen die Zusammenziehungen der Präpositonen ***hinter, über, unter*** mit dem Artikel ***den***: ***hintern, übern, untern***

Der russischsprachige Deutschlerner steht hier vor der Schwierigkeit, dass er jeweils entscheiden muss, ob die Zusammenziehung von Präposition und Artikel obligatorisch, fakultativ oder aber ausgeschlossen ist.
**Obligatorisch** sind Zusammenziehungen von Präposition und Artikel bei:

- bestimmten festen Verbindungen mit einem Substantiv und einem Verb: ***aufs*** *Land ziehen,* ***übers*** *Herz bringen,* ***hinters*** *Licht führen,* ***durchs*** *Ziel laufen*
- substantivierten Infinitiven: ***beim*** *Essen,* ***zum*** *Fürchten*

- Superlativen prädikativer Adjektive und Adverbien: ***am*** *meisten*, ***am*** *schönsten*, ***am*** *schnellsten*
- Ordinalzahlen als Adverbialbestimmung: ***fürs*** *Erste*, ***zum*** *dritten Mal*
- Eigennamen: *Zell* ***am*** *See*

**Fakultativ** sind – im Unterschied zu den oben angeführten festen Redewendungen – viele umgangssprachliche Ausdrücke: ***aufs*** *Kreuz fallen*, ***übers*** *Kino reden*, ***hinters*** *Haus gehen*, ***durchs*** *Museum schlendern.*
Aber auch wenn der bestimmte Artikel in generalisierender Funktion auftritt, also auf keinen bestimmten Gegenstand hinweist, ist die Verwendung einer Zusammenziehung fakultativ:

Beispiel: Warst du schon einmal **im** Kino?

**Ausgeschlossen** ist die Zusammenziehung umgekehrt in den Fällen, in denen der Artikel in determinierender Funktion auftritt.

Beispiel: Warst du schon einmal **in dem** (=**in diesem**) Kino?

Auf Grund ihrer polysemen Struktur (Bedeutungsvielfalt) ist die korrekte Verwendung der Präpositionen besonders schwer zu erlernen. Für die Lernenden besteht erstens die Schwierigkeit, dass eine russische Präposition häufig mehrere Bedeutungen hat und daher oft auch mehreren deutschen Präpositionen entspricht.
Zum Beispiel entspricht der russischen Präposition **в** in räumlicher Bedeutung nicht nur die deutsche Präposition ‚in‘:

Beispiel: в москве ‚in Moskau‘

sondern auch dem deutschen ‚nach‘ und ‚an‘:

Beispiel: в москву ‚nach Moskau‘
работать в университете ‚an der Universität arbeiten‘

Dieses Verhältnis besteht übrigens auch in der entgegengesetzten Übersetzungsrichtung: Mehreren unterschiedlichen russischen Präpositionen kann semantisch und syntaktisch nur eine einzige deutsche Präposition entsprechen.

Beispiel: Der deutschen Präposition ‚durch‘ entsprechen im Russischen:

через, wie in через дверь ‚durch die Tür‘
сквозь, wie in сквозь облака ‚durch die Wolken‘
по, wie in по парку ‚durch den Park‘

Zweitens korrespondieren deutsche Übersetzungen semantisch nicht immer genau mit den russischen Präpositionen, wie das folgende Beispiel zeigt.

Beispiel: из-за ‚wegen‘ (nur negative Ursache)
от ‚wegen‘ (positiv, negativ oder neutral)

Und drittens muss von Präposition zu Präposition erlernt werden, welchen Kasus oder welche Kasus sie jeweils regieren. Gleicht man die Kasusrektionen der russischen Präpositionen mit denen ihrer deutschen Übersetzungen ab, ergeben sich häufig Unterschiede. Die russische Präposition c ‚mit‘ regiert beim Substantiv den Kasus Instrumental: c брат**ом.** Die deutsche Entsprechung *mit* regiert den Dativ: ‚mit dem Bruder‘.

Beispiel: без ‚ohne‘ regiert den Genitiv: без брата (wörtlich: ‚ohne **des** Bruders‘), die deutsche Entsprechung regiert den Akkusativ: ‚ohne **den** Bruder‘.

## Liste der einfachen Präpositionen im Russischen und im Deutschen

| **Russische Präposition + Kasus** | **Entsprechende deutsche Präpositionen + Kasus und Funktionen** | | | |
|---|---|---|---|---|
| | **Räumlich (wo? wohin? woher?)** | **Zeitlich (wann? wie lange? welcher Zeitraum?)** | **Kausal (weshalb? wodurch? womit? wozu?)** | **Modal (was? wie? worüber?)** |
| без (G) | | ohne (A) *bei Zeitangaben*, z.B. *без пяти шесть* ‚fünf vor sechs‘ | | ohne (A) |
| близ (G) | (*wo?*) nahe (D) *buchsprachlich* | | | |
| в (A) | (*wohin?*) in, nach (A) | um (A), an (D) | zu, zum Zwecke (D) | an die... (z.B. zehn, elf, zwölf) *Maßangabe* |
| (P) | (*wo?*) in, an, auf (D) | in (D), an (D), auf (A) | | |
| вдоль (G) | (*wo? wohin?*) entlang (A/D) | | | |
| вместо (G) | | | | (an)statt (G), an Stelle (D) *Ersatz* |
| вне (G) | (*wo?*) außer (A/D), außerhalb (G) *buchsprachlich* | (*wann?*) außerhalb (G) *buchsprachlich* | | (*wie?*) außer (A/D), außerhalb (G) *buchsprachlich* |
| внутри (G) | (*wo?*) in (D), innerhalb (G) | | | |
| вокруг (G) | (*wohin?*) (*wo?*) um(..herum)(A) | | | (*worum?*) um (A) |
| вопреки (D) | | | trotz (G) | gegen (A) |

| Russische Präposition + Kasus | Entsprechende deutsche Präpositionen + Kasus und Funktionen | | | |
|---|---|---|---|---|
| | **Räumlich (wo? wohin? woher?)** | **Zeitlich (wann? wie lange? welcher Zeitraum?)** | **Kausal (weshalb? wodurch? womit? wozu?)** | **Modal (was? wie? worüber?)** |
| для (G) | | | für (A) *Ziel, Zweck* | für (A) |
| до (G) | (*wohin?*) bis (an, auf, zu) (A) | | | bis (an, auf, zu) (A) *Maßangabe* |
| за (A) | (*wohin?*) an (A), hinter (A) | in, während (G/D), im Laufe von (G) | für (A), wegen (G) | an Stelle von, für (A) |
| (I) | (*wo?*) an (D), hinter (D), jenseits (G), außerhalb (G) | bei (D) | nach (D) *Zweck*, infolge (G), wegen (G/D), aus (D) *Ursache* | |
| из (изо) (G) | (*woher?*) (*wohin?*) aus (D) | | aus (D) *Grund* | aus (D) *partitives Verhältnis, Quelle, Qualität* |
| из-за (G) | (*woher?*) hinter...hervor (D) | | wegen (G/D) *negative Ursache* | |
| из-под (G) | (*woher?*) unter...hervor (D) (*wo?*) aus der Umgebung (G) | | | aus...heraus *zur Angabe des früheren Inhalts von Gefäßen* |
| к (ко) (D) | (*wohin?*) an (heran) (A), zu (D) | (*wann?*) gegen (A) | zu (D), für (A) *Zweck, Ziel* | zu, gegenüber (D) *Gefühlsverhältnis* |
| кроме (G) | | | | außer (D) |
| между (меж) (I) | zwischen (D/A) | zwischen (D/A) | | zwischen (D) |
| мимо (G) | vobei/vorüber an (D) | | | |
| на (A) | (*wohin?*) auf, in (A), nach (D) | an (D), für (A) | zu (D), für (A) | (*wieviel?*) um (A) |
| (P) | (*wo?*) auf, in (D) | in, bei (D) | | |
| над (I) | über (D/A) | | | über (A), an (D) |
| о (об, обо) (A) | an (D), gegen (A) | | | |
| (P) | | | | über (A) |

| **Russische Präposition + Kasus** | **Entsprechende deutsche Präpositionen + Kasus und Funktionen** | | | |
|---|---|---|---|---|
| | **Räumlich (wo? wohin? woher?)** | **Zeitlich (wann? wie lange? welcher Zeitraum?)** | **Kausal (weshalb? wodurch? womit? wozu?)** | **Modal (was? wie? worüber?)** |
| около (G) | (*wo?*) bei, an (D), neben (D) | | | |
| от (G) | von (aus) (D), von (weg) (D) | von (...an) (D) | vor, an (D), gegen (A) *Grund, Mittel, Ursache* | von (D) *Herkunft, Qualität, partitives Verhältnis* |
| от...до (G) | von...bis (D) | von...bis (D) | | von...bis (D) |
| от...к (G) | von... zu (D) | von...zu (D) | | von...zu (D) |
| перед (I) | vor (D) | vor (D) | | |
| по (D) | (*wohin?*) durch (A), über (A), entlang (G/A), (*wo?*) auf, in (D) | (*wann?*) am | durch (A), mit, aus (D), vermittels (D), *Folge, Grund, Instrument* | gemäß (D), entsprechend (D), laut (D) |
| по (A) | (*wohin?*) bis (A), bis zu (D), bis an (A) | (*wann?*) bis zu (D), bis an (A) | | |
| (P) | | nach (D) | | |
| под (A) | (*wohin?*) bei (D), unter (A) | gegen (A) | | |
| (I) | (*wo?*) unter (D) | | | |
| после (G) | | nach (D) | | |
| при (P) | bei, an (D), | zu Zeiten (G) | | |
| против (G) | gegen (A), gegenüber (D) | | | gegenüber (D) |
| с (со) (G) | von...herab (D) | von...an (D) | vor, aus (D) | |
| (A) | | | | etwa, ungefähr |
| (I) | | | mit (D) | |
| сквозь (A) | (hin)durch (A) | | | |
| ради (G) | | | um...willen (G) | |
| про (A) | | | über (D/A), von (D) | |
| у (G) | an (D/A), bei (D), neben D/A) | | | |
| через (A) | durch, über (A) | nach, in (D) | durch (A), mittels (G) | |

**Negativer Transfer**

Im Folgenden werden zunächst die interlingualen Fehler abgehandelt. Im Anschluss daran werden einige Fehler benannt, die sowohl inter- als auch intralingual sein können, um dann verschiedene Typen intralingualer, d.h. rein aus Schwierigkeiten mit deutschen Besonderheiten resultierender Fehler, zu behandeln.
Bei einigen Fehlern im Gebrauch der deutschen Präpositionen fällt es leicht, sie auf eine Kalkierung der russischen Präpositionen zurückzuführen.

Beispiel: a. *In einem Normalfall dauert die Blutgerinnung **von** 18 **bis** 20 Sekunden… (с...до)
b. *Hamburg liegt **in** Elbe. (на эльбе)

So ist es zum Beispiel auffällig, dass an Stelle der Präposition *an* oft die Präposition *auf* gewählt wird. In den folgenden beiden Fällen stünde im Russischen на, was sowohl mit *in* als auch mit *auf* übersetzt wird.

Beispiel: a. *Das Bild hängt **auf** der Wand.
b. *Die Sonne steht **auf** dem Himmel.

In den folgenden Beispielen wird statt *an* bzw. *in* die Präposition *auf* verwendet, nur liegt hier offenbar eine Verwechslung vor, die auf einer Unsicherheit bei der Verwendung von *an*, *auf*, *in* und *zu* beruht, welche alle in zielgerichteter Funktion verwendet werden können. Es kommt zu folgenden Fehlern:

Beispiel: *Ich lege mich **auf** das Bett./*Ich liege **auf** Bett, obwohl es vom Kontext her heißen müsste: Ich lege mich **ins** Bett./Ich liege **im** Bett.

Beispiel: a. *Sie gingen **auf** den Fluss. (statt: an)
b. *Dann gehen wir beide **auf** die Gartenkneipe.
c. ***Im** (statt: **Am)** letzten Wochenende...

Zur Ortsangabe wird häufig an Stelle von *in* die Präposition *auf* verwendet.

Beispiel: a. ***auf** dem Praktikum
b. ***auf** dem Nahen Osten

Besonders häufig werden zur Richtungsangabe statt: *in* (entspricht im Russischen der Präposition в) die Präpositionen *nach* oder *zu* verwendet.

Beispiel: a. *...und gingen **nach** in eine Gartenkneipe.
b. *Dann kommt der Krankenwagen und bringt mich **nach** Krankenhaus
c. *...und fahre **nach** Schwimmbad
d. *Sie sind **zur** Gaststätte gegangen, um Bier und Saft zu trinken. (Kontext: sie standen vor ihr)

*Nach* wird aber auch oft an Stelle der Präposition *auf* verwendet, wie in dem folgenden Beispiel. Übersetzte man den Satz ins Russische, wäre die russische Präposition на erfordert, die sowohl *auf* als auch *nach* bedeutet.

Beispiel: *...möchte ich mit meiner Familie Reise **nach** die Kanaren machen.

Zur Angabe des Mittels wird das entsprechende Substantiv im Russischen häufig im Instrumental, ohne Präposition, benutzt. Eine dieser Bedeutung des Instrumentals entsprechende deutsche Präposition ist *durch*. Es entstehen Fehler des Typs:

Beispiel: *Wir fliegen durch Flugzeug (Мы летаем самолётом.)

### Inter- und/oder intralinguale Fehler

Die Wahl einer unpassenden Präposition kann sowohl inter- als auch intralingual bedingt sein. Sie resultiert häufig aus Verwechslungen, die mit der Polysemie der Präpositionen zusammenhängen. So kommt es zu Fehlern, weil die passende alternative Präposition nicht bekannt ist oder weil der spezifische Anwendungsbereich der falsch gewählten Präposition noch nicht ganz deutlich geworden ist.

Beispiel: a. *Fernsehen ist nicht schlecht, aber die Leute sehen oft nur, **für** (statt: um) die Zeit zu morden.
b. ***Aus** (statt: unter) 100 normalen Menschen hatte nur einer 4+ Reaktion; bei ihm wurde später eine Lebererkrankung entdeckt. **Aus** 12 Menschen, die Gelbsucht ertragen haben, hatten 10 negative Reaktion…

Fehler in Bezug auf die Stellung der Präposition: Bei den nachgestellten Präpositionen kommt es zu Schwierigkeiten insbesondere mit *zuliebe*.

Beispiel: *Das erfinde ich **zuliebe** Dir.

Fehler in Bezug auf die Klammer: Ist die Präposition eine Klammer, dann treten Schwierigkeiten insbesondere dann auf, wenn die Klammer in Bezug auf zeitliche Bestimmungen *von...an* lauten müsste:

Beispiel: a. *Versuche schon **von** nächste Woche zu arbeiten.
b. ***Vom** 10°° Uhr frühstücken wir…

Fehler in Bezug auf die Zusammenziehung von Präposition und Artikel bzw. bei fakultativer Wahl die fehlende Setzung des Artikels:

Beispiel: *Und jetzt bin ich da, sitze **in** Deutschunterricht und bin wieder lebenslustig. (statt: im)

Fehler in Bezug auf die Zusammenziehung von Präposition und Artikel:

Beispiel: ***In einem** Normalfall dauert Blutgerinnung von 18 bis 20 Sekunden

### Intralinguale Fehler

Intralingual bedingte Probleme ergeben sich für Deutschlerner russischer und anderer Herkunftssprachen dadurch, dass ihnen häufig die verschiedenen Bedeutungen und Bedeutungsnuancen einer deutschen Präposition nicht geläufig sind. Außerdem treten oft Probleme bei der Wahl des richtigen Kasus für die auf die Präposition folgende Substantivgruppe auf.

Beispiel: *... ist der Diskussion **anhand rausgesuchte Beispiele** gewidmet.

# Die Konjunktion

**Morphologisch:** Konjunktionen gehören den nichtflektierbaren Wortarten an. Man unterscheidet in beiden Sprachen einfache Konjunktionen: и ‚und', но ‚aber' und zusammengesetzte Konjunktionen: да и ‚und auch', в силу того что ‚auf Grund dessen', то есть ‚das heißt'.

**Wortbildung:** Konjunktionen können von anderen Wortarten stammen:

- **Verben**: хотя ‚wenn auch', несмотря ‚obgleich'
- **Pronomen**: как ‚wie', чем ‚als', что ‚dass'
- **Adverbien**: едва ‚kaum', чуть ‚sobald' именно ‚nämlich'
- **Substantiven**: раз ‚wenn', ‚schon einmal', даром ‚gratis'

**Syntaktisch:** Konjunktionen sind Hilfswörter, die einzelne Satzglieder oder Sätze verbinden. Ihrer syntaktischen Funktion entsprechend lassen sich koordinierende Konjunktionen, welche gleichrangige Satzglieder oder gleichrangige Sätze verbinden, von subordinierenden Konjunktionen unterscheiden, welche untergeordnete Sätze einleiten.

**Semantisch:** Konjunktionen können in verschiedener Form im Satz auftreten. Entweder als Einzelwörter: ели **и** пили ‚sie aßen **und** tranken' oder als reihenbildende Konjunktion не столько...сколько ‚nicht so sehr...als vielmehr'. Zu letzterer Gruppe gehören auch die Konjunktionen, die vor jedem der zu verbindenden Satzglieder oder Sätze wiederholt werden: Они **и** ели **и** пили **и** пели **и** танцевали ‚Sie (und) aßen und tranken und sangen und tanzten'. (Im Deutschen tritt vor dem ersten zu verbindenden Satzglied keine Konjunktion auf.)

**Semantisch klassifiziert man in beiden Sprachen die koordinierenden Konjunktionen als:**

| | |
|---|---|
| a) kopulative: | и, а, да ‚und', как...так ‚sowohl...als auch' |
| b) disjunktive: | или, либо ‚oder', то ли...то ли ‚entweder...oder' |
| c) kausale: | то есть ‚dass heißt', (а) именно ‚und zwar', ‚nämlich' |
| d) adversative: | а ‚aber', но ‚aber', *nach Verneinung*: ‚sondern'<br>Die Konjunktion а hat adversative Bedeutung und bedeutet, je nach Kontext, ‚und', ‚aber' oder ‚sondern'. |

**Die subordinierenden Konjunktionen sind bestimmt als:**

| | |
|---|---|
| a) temporale: | когда ‚als', ‚wenn', как ‚wenn', ‚als', пока ‚während' |
| b) kausale: | так как ‚da', потому что ‚weil' |
| c) finale: | чтобы ‚damit', затем чтобы ‚um...zu' |
| d) konsekutive: | так что ‚sodass', настолько что ‚so (sehr) dass' |
| e) konditionale: | если ‚wenn', ‚falls', раз ‚wenn, da' |
| f) konzessive: | хотя ‚obgleich', только (бы) ‚wenn nur' |
| g) komparative: | как ‚wie', будто ‚als ob' |
| h) explikative: | что ‚dass', чтобы ‚dass' |

Als subordinierende Konjunktionen treten auch Relativpronomen auf, die nicht nur die syntaktische Verbindung zwischen Haupt- und Nebensatz herstellen, sondern auch innerhalb des Nebensatzes Satzgliedfunktion haben: konjunktionale Relativpronomen wie: где ‚wo', куда ‚wohin', кто ‚wer', что ‚was', который ‚der'.

### Negativer Transfer

Es treten Fehler auf, wenn eine bestimmte russische Konjunktion in die entsprechende deutsche Konjunktion übersetzt wird, diese aber in der Verwendung im Deutschen schärferen Restriktionen als in der Herkunftssprache unterliegt. So kann z.B. die Konjunktion *wo* nicht – wie im Russischen – im übertragenen Sinne verwendet werden.

Beispiel: a. *In den Sprachen, **wo** es eine Opposition gibt...
(В языках, **где** существует оппозиция...)
b. *Es gibt aber auch Fälle, **wo** die Situationen beobachtbar sind...
(Есть случаи, **где**...)

Besonders schwierig ist es für den russischen Deutschlerner, sich die korrekte Verwendung der Konjunktion *aber* anzugewöhnen. Das hat seinen Grund darin, dass es im Russischen zwei verschiedene Konjunktionen für *aber* gibt, die sich in ihrem Anwendungsbereich stark unterscheiden. Während **но** Sätze verbindet, von denen der zweite das Gegenteil von dem enthält, was der Hörer erwartet, verbindet die Konjunktion **a** Sätze, deren Inhalt einander gegenübergestellt und/oder verglichen wird. Der Konjunktion **a** entspricht im Deutschen dann am ehesten ‚hin-' oder ‚dagegen', in vielen Grammatiken und manchen Wörterbüchern wird sie aber nur mit ‚aber' oder ‚sondern' übersetzt. Es kommt dadurch zu Fehlern des folgenden Typs:

Beispiel: a. *Ich lebe in Deutschland nur sieben Monate. **Aber** früher, als ich in Russland gelebt habe...
b. *So läßt sich nicht sagen **Смотри, вот он думает над этой проблемой,* **aber** die Äußerung *Не мешай ему он сейчас думает над этой проблемой* ist möglich... (statt: die Äußerung hingegen)
c. *Welche grammatische Funktion ein Verb hat, muß durch den Kontext geklärt werden. Die lexikalisch-aktionale Funktion eines Verbs wird **aber** nach seiner Grundbedeutung bestimmt. (statt: hingegen)

Es kommt häufig – vermutlich in Kalkierung von: с тем ‚mit dem' – zur Überproduktion von *damit* an Stelle von ‚deshalb' oder ‚dadurch'.

Beispiel: a. *Die Tomaten sind rot und **damit** also reif .
b. *Im deiktischen Register verteilen sich die Aspektfunktionen anders und zwar im deiktischen Präsens sind die Situationen relativ der Sprechzeit lokalisiert und **damit** episodisch.
c. *Es verliert seine Momentativität und wird **damit** als durativ verstanden.
d. *Es handelt sich um Situationen, die jedem geschehen und **damit** auf den einzeln zu beschränken sind.

Das folgende Beispiel zeigt die Kalkierung eines typisch russischen Gefüges (то, что), bestehend aus dem Relativpronomen то – einer so genannten unechten Konjunktion – und der Konjunktion что. Diese Fügung ist in bestimmten Zusammenhängen mit ‚das, was', in anderen Zusammenhängen hingegen allein mit ‚dass' zu übersetzen. Das Wörtchen что bedeutet, abhängig vom Kontetxt, sowohl ‚dass' als auch ‚was'.

Beispiel: *Charakteristisch für diese Situation ist auch **das, dass** sie...
(...то, что...)

Die Konjunktion как kann entweder mit ‚als' oder mit ‚wie' ins Deutsche übersetzt werden. Unsicherheiten bzw. Unkenntnis im Gebrauch der beiden Konjunktionen, führen zu interlingual bedingten Fehlern folgenden Typs:

Beispiel: a. *Er arbeitete so gut **als** er nur konnte.
b. *Es bleibt mir nichts übrig **wie** zu gehen.

Die russische Konjunktion когда entspricht ‚wenn', ‚als' und ‚wann'. Besonders im Bereich dieser deutschen Konjunktionen ist häufig zu beobachten, dass die Wahl auf das falsche Wort fällt. Auch hier ist schwer zu bestimmen, inwieweit der Fehler interlingual bedingt ist und inwieweit bloß eine intralinguale Verwechslung vorliegt. Vermutlich verbinden sich in der Regel beide Ursachen: Im Russische hat eine Konjunktion verschiedene Bedeutungen, die im Deutschen durch verschiedene Wörter ausgedrückt werden. Die Anwendungsbereiche dieser deutschen Konjunktionen müssen extra erlernt werden, eine eindeutige Übersetzung aus dem Russischen ist nicht möglich. Erschwerend kommt hinzu, dass sich die Anwendungsbereiche der deutschen Konjunktionen teilweise überschneiden.

Beispiel: ***Wann** du damit fertig bist, komm zu mir...

Die deutsche Konjunktion *wenn* kann in Sätzen im Präteritum nur dann verwendet werden, wenn es sich um einen wiederholten Vorgang handelt. In allen anderen Fällen muss die Konjunktion *als* verwendet werden. Eine derartige Differenzierung gibt es im Russischen zwar vom grammatischen Standpunkt aus, das Wort когда ändert sich jedoch nicht: es wird sowohl für ‚wenn' als auch für ‚als' verwendet.

Beispiel: ***Wenn** alle Wälder durchgesucht worden waren, war die Suche abgeschlossen.

Es ist eine auf Kalkierung beruhende Überproduktion von *wenn* zu bemerken. In deutschen Kontexten wird es von russischsprachigen Deutschlernern oft in Fällen verwendet, in denen es im Russischen stünde. Im Deutschen ist es jedoch häufig überflüssig bzw. kommt durch einen Konditionalsatz zum Ausdruck, der mit einem Verb in Erststellung eingeleitet wird.

Beispiel: a. ?Wenn wir solche und andere Beispiele betrachten, wird es verständlich...
(statt: Betrachten wir solche und andere Beispiele...)
b. ?Wenn diese Phase mit den Arbeitswochenenden zusammenfällt, dann...
(statt: Fällt diese Phase mit...)

## Die Partikel

**Morphologisch:** Partikeln sind flexionslose Wörter.
**Wortbildung:** Die meisten Partikeln sind von Wörtern abgeleitet, die anderen Wortarten angehören. Zu den häufigsten Quellen zählen:

> **Verbalformen**: пусть ‚lass', ‚mag', давай ‚lass(t) uns', ‚also'
> **Konjunktionen**: и ‚und', же ‚doch', даже ‚sogar'
> **Adverbien**: ещё ‚noch', уже ‚schon', только ‚nur'
> **Pronomen**: всё ‚immer'

**Syntaktisch:** Partikeln haben keinerlei syntaktische Funktion und sind daher keine Satzglieder. Beziehen sie sich auf nur ein Wort, können sie im Satz nicht allein, sondern nur mit ihrem Bezugswort verschoben werden.
**Semantisch:** Partikeln haben keine selbständige Bedeutung, vermögen aber die Bedeutung anderer Wörter oder des ganzen Satzes zu modifizieren. Sie dienen dazu, ihr Bezugswort oder den Satz näher zu bestimmen, zu erläutern, zu spezifizieren oder zu graduieren. Ist auch der Bedeutungsgehalt der Partikeln gering, so können sie doch nach semantischen Kriterien weiter unterteilt werden.
**Pragmatisch:**[52] Bei vielen Partikeln steht die kommunikative Funktion im Vordergrund, da sie die Einstellung des Sprechers zum Inhalt des Satzes ausdrücken. Nach ihrer semantischen und/oder pragmatischen Funktion können Partikeln wie folgt unterschieden werden, wobei ein und dieselbe Partikel meistens mehrere Bedeutungsschattierungen aufweist. Um diese Nuanchen zu verdeutlichen, werden in den folgenden Beispielsätzen unterschiedliche Partikeln einander gegenüberstellt.

### I. Abtönungspartikeln

(beziehen sich auf das Prädikat und damit auf den ganzen Satz)

| Beispiel: | Это ему угодно. | ‚Das ist ihm recht.' |
|---|---|---|
| | **Ведь** это ему угодно. | ‚Das ist ihm **doch** recht.' |

Abtönungspartikeln dienen in kommunikativen Kontexten dazu, die eigene Erwartungshaltung zu präzisieren, den Gesprächsablauf zu gliedern und Ähnliches. Sie werden daher besonders häufig in Alltagsdialogen gebraucht.

### II. Gradpartikeln

(beziehen sich auf ein Wort oder eine Wortfügung)

| Beispiel: | Это ему угодно. | ‚Das ist ihm recht.' |
|---|---|---|
| | Это **только** ему угодно. | ‚Das ist **nur** ihm recht.' |

52 Mit der pragmatischen Funktion wird nicht die Sprache, sondern die Handlungsabsicht untersucht, die mit dem Sprechen einhergeht.

Gradpartikeln haben semantische Funktion, indem sie eine quantifizierende oder skalierende Bedeutung hinzufügen.

| | | |
|---|---|---|
| a) exklusiv: | только | Это **только** ему угодно. |
| | ‚nur' | ‚Das ist **nur** ihm recht.' |
| b) inklusiv: | и | **И** он был в москве. |
| | ‚auch' | ‚**Auch** er war in Moskau.' |
| c) restriktiv: | максимально | Ей **максимально** два года. |
| | ‚maximal' | ‚Sie ist **höchstens** zwei Jahre alt.' |
| d) limitativ: | только | Оп **только** ассистент. |
| | ‚nur' | ‚Er ist **nur** Assistent.' |
| e) temporal: | уже | **Уже** полдень. |
| | ‚schon' | ‚Es ist **schon** Mittag.' |
| g) hervorhebend: | именно | **Именно** его уволили. |
| | ‚ausgerechnet' | ‚**Ausgerechnet** ihn hat man entlassen.' |

| | | |
|---|---|---|
| f) modal: | да, а, не, нет, разве | Нравиться, **а**? |
| | bejahend, verneinend, fragend: | ‚Es gefällt dir, **wie**?' |

### III. Steigerungspartikeln

(beziehen sich meist nur auf Adjektive oder Adverbien)

| | | |
|---|---|---|
| Beispiel: | Это ему угодно. | ‚Das ist ihm recht.' |
| | Это ему **очень** угодно. | ‚Das ist ihm **sehr** recht.' |

| | | |
|---|---|---|
| a) intensivierend: | слишком | Погода **слишком** холодно. |
| | ‚viel zu' | ‚Das Wetter ist **zu** kalt.' |
| b) deintensivierend: | немного | Ему **немного** лучше. |
| | ‚etwas' | ‚Es geht ihm **etwas** besser.' |

## Negativer Transfer

Da das Deutsche – ebenso wie das Russische – zu den partikelreichen Sprachen gehört, ist es für den russischsprachigen Deutschlerner sehr wichtig, die Bedeutungsnuancen der Partikeln zu erlernen. Fehler in diesem Bereich sind recht häufig, jedoch mehr auf Unwissen (ignorance) als auf Kalkierungen zurückzuführen.

Beispiel:
a. *In der Nacht fing ich an zu husten. Da dachte ich **erst** gar nicht an eine Erkältung. Und am nächsten Morgen spürte, dass ich Fieber hatte. (statt: noch)
b. ?Man sollte sich... interessante Grppen auswählen. Und man sollte sich auf diese **paar** Beziegungen konzentrieren. (statt: wenigen)

c. [?]Er stellte fest, dass ich eine Lungenentzündung habe, aber es war **noch** nicht so schlimm, wie ich in dem ersten Moment dachte... (statt: doch)

d. [?]Mutative Verben stellen eine gewisse Schwierigkeit in dem Sinne dar, daß sie in der Grundbedeutung der mutativen LAF im untersuchten Textkorpus ziemlich selten vorkommen. Wir betrachten einige Beispiele mit Verben, die **doch** in der mutativen LAF auftreten. (statt: denoch)

Schwierigkeiten bereitet außerdem die richtige Positionierung der Partikeln im Satz. Fehler auf Grund von Problemen mit der Satzgliedstellung können sowohl interlingual als auch intralingual bedingt sein. In den folgenden ersten beiden Beispielen wird die russische Art der Positionierung der beiden Partikeln kalkiert – denn das Deutsche und das Russische unterscheiden sich häufig in Bezug darauf, ob die jeweilige Partikel ihrem Bezugswort voran- oder nachgestellt oder frei positioniert wird. Im letzteren Fall können auch intralinguale Gründe wie Verwechslungen oder falsche Regelanwendung vorliegen, die auch dadurch befördert werden, dass die Partikeln ihrem Bezugswort teilweise sowohl voran- als auch nachgestellt werden können.

Beispiel: a. *Aber ich **sowieso** gehe nicht zum Chor.

b. *Sie **erst** möchte in zwei, drei Stunden nach dem Kampf wissen, wie war.

c. *Das gefällt mir nicht **überhaupt.**

# Syntax

## Zur Struktur der Satzarten

Konstruktiver Kern eines jeden Satzes ist das prädikative Zentrum. Der typische Satz ist sowohl im Russischen als auch im Deutschen zweigliedrig, was bedeutet, dass das prädikative Zentrum aus den beiden hauptrangigen Satzgliedern, dem Subjekt (**S**) und dem Prädikat (**P**), besteht. Das Russische verfügt auch über eingliedrige Sätze, in denen allein das Prädikat das prädikative Zentrum bildet. Das Deutsche weist hingegen keine subjektlosen Ein-Glied-Sätze auf, die Zweigliedrigkeit ist vielmehr als ein typisches Strukturmerkmal dieser Sprache anzusehen.

| **Zweigliedriger Satz** | **Eingliedriger Satz** |
|---|---|
| Иван курит. | Его зовут иваном. |
| **S P** | **P** |
| Ivan raucht. | Man nennt ihn Ivan. |

### Satzglieder

Das Subjekt bezeichnet den Gegenstand der Aussage, das Prädikat charakterisiert ihn. Das Subjekt wird in der Regel durch ein Substantiv vertreten. Die grammatische Unabhängigkeit des Subjekts wird durch den Nominativ gekennzeichnet. Subjekt können außerdem Pronomen und alle anderen Wortarten sein, die substantiviert werden sowie der Infinitiv und das Numerale.

Курить воспрещается! (Infinitiv)
**S P**
Rauchen verboten!

Двадцать делится на пять без остатка. (Numerale)
**S P**
Zwanzig lässt sich durch fünf ohne Rest teilen.

Das Prädikat wird klassischerweise durch ein Verb oder durch eine Verbfügung (finites Verb + abhängiger Infinitiv) vertreten. Es kann jedoch auch aus einem Verb und einem Nomen zusammengesetzt sein. Es besteht dann aus einer Kopula (**K**), d.h. einem bedeutungsentleertem Verb, und einem Nomen, welches die Bedeutung des Prädikats trägt. Zum Ausdruck des Prädikatsnomens (**PN**) können im Prinzip alle Wortarten und sogar ganze Sätze dienen.

| Он | был | инженером. (Kopula + Substantiv) |
|---|---|---|
| **S** | **K** | **PN** |
| Er | war | Ingenieur. |

| Он | Ø | рад. (Null-Kopula + KF Adjektiv) |
|---|---|---|
| **S** | **K** | **PN** |
| Er | ist | froh. |

Sowohl Subjekt als auch Prädikat können erweitert werden. In diesem Fall hat der Satz neben diesen beiden Hauptgliedern auch noch Nebenglieder. Die Nebenglieder, die das Subjekt erweitern, und somit die Subjektgruppe bilden, sind das Attribut und die Apposition. Das Objekt und die Adverbialbestimmung gehören zur Prädikatsgruppe. Das prädikative Attribut erweitert sowohl das Subjekt als auch das Prädikat.

| Многие | студенты | читают | эту | газету | каждый день. |
|---|---|---|---|---|---|
| **Att.** | **S** | **P** | **Att.** | **O** | **Advbest.** |
| Viele | Studenten | lesen | diese | Zeitung | jeden Tag. |

## Einfache und zusammengesetzte Sätze

Sätze sind nach ihrem Bau unterschieden in einfache und zusammengesetzte Sätze. Der einfache Satz besteht nur aus einer Subjekt-Prädikatsbeziehung, der zusammengesetzte besteht aus zwei oder mehr einfachen Sätzen.

## Der einfache Satz

Der typische einfache Satz besteht aus den beiden hauptrangigen Satzgliedern, dem Subjekt und dem Prädikat. Diese können oder müssen – je nach obligatorischer Valenz des Verbs – mit einem Objekt und anderen Nebengliedern wie Attribut oder Adverbialbestimmung erweitert werden. Im Russischen gibt es, im Unterschied zum Deutschen, eine Reihe verschiedener eingliedriger Satzarten. Das prädikative Zentrum eingliedriger Sätze besteht aus nur einem hauptrangigen Satzglied – in der Regel aus dem Prädikat.

## Der zusammengesetzte Satz

Der zusammengesetzte Satz besteht aus zwei oder mehreren einfachen Sätzen bzw. prädikativen Zentren. In der Regel sind die Bestandteile des zusammengesetzten Satzes grammatisch miteinander verbunden. Die häufigste Verbindung stellt die Konjunktion dar. Handelt es sich dabei um eine koordinierende Konjunktion, dann stellt sie eine Satzverbindung her. Verbunden werden dann zwei syntaktisch und semantisch gleichberechtigte Hauptsätze.
Werden subordinierende Konjunktionen zur Verknüpfung zweier Sätze verwendet, spricht man von einem Satzgefüge. Da es sich um eine syntaktische und semantische Unterordnungsbeziehung handelt, ist der eine Satz Hauptsatz und der andere untergeordneter Nebensatz. Zur Herstellung eines Satzgefüges können aber auch Relativpronomen verwendet werden.

### Negativer Transfer

Die meisten Fehler, die in zusammengesetzten Sätzen auftreten können, finden sich auch im einfachen Satz. Sie werden der Einfachheit halber dort abgehandelt. Weitere Fehler, die in zusammengesetzten Sätzen vorkommen können, finden sich, je nach Spezifik, in den Kapiteln zum Tempus, zum Modus, zu den Konjunktionen, den Relativpronomina und der Satzgliedstellung.

## Der zweigliedrige einfache Satz

Da die wesentlichen Unterschiede des klassischen russischen und deutschen zweigliedrigen Satzes in der Satzgliedstellung bestehen, welche Thema des nächsten Kapitels ist, wird hier darauf verzichtet, weiter auf ihn einzugehen. Auch die klassischen Transferfehler ergeben sich hauptsächlich aus der Stellung der Satzglieder.

## Der eingliedrige einfache Satz

Bei den im Folgenden besprochenen Typen des einfachen Satzes handelt es sich im Russischen immer um eingliedrige Sätze, im Deutschen hingegen meist um zweigliedrige Sätze. Was aber macht im Russischen die eingliedrige Satzkonstruktion zum möglichen Fall, ja zum Normalfall? Und warum müssen deutsche Sätze demgegenüber zweigliedrig sein?
Die Eingliedrigkeit russischer Sätze bedeutet meistens Subjektlosigkeit – das Prädikat wird benannt, das Subjekt nicht. Sinnvoll ist an diesem Punkt aber die Unterscheidung – die bereits beim Genus verbi eingeführt wurde – zwischen grammatischem und logischem Subjekt. Denn wenn Eingliedrigkeit im Russischen möglich ist, dann hängt dies meistens damit zusammen, dass die Verbform Person und Numerus des Handlungsträgers eindeutig ausdrückt und somit auf das logische Subjekt verweist. So wird in der gesprochenen Sprache im Präsens und im (synthetischen wie analytischen) Futur häufig auf die Nennung des Subjekts verzichtet. Da die Eindeutigkeit im Hinblick auf das Subjekt in der 3. Singular nicht herrscht (*er/sie/es*), ist hier die Nennung eines grammatischen Subjekts in Form eines Substantivs oder Pronomens nötig, während darauf in allen übrigen Personen und Numerus häufig verzichtet wird. Das Deutsche erfordert demgegenüber zweigliedrige Sätze, weil die Verbform Person und Numerus des Subjekts nicht eindeutig wiedergibt. Zum einen ist ein grammatisches Subjekt vonnöten, damit markiert ist, um welche Person in welchem Numerus es sich dreht mithin welche Person oder welcher Personenkreis gemeint ist. Übersetzt man eine russische Satzkonstruktion, die kein grammatisches Subjekt aufweist, strukturell ins Deutsche, bleibt eben dies uneindeutig, vgl. folgendes Beispiel:

> Любим животных тоже. ‚lieben+1.Pl. (wir) Tiere auch.'
> *Lieben Tiere auch. = Sie/Wir lieben Tiere auch.

Während die russische Verbform любим eindeutig Auskunft über Numerus und Person des logischen Subjekts gibt, ist dies beim deutschen *lieben* nicht der Fall. Es kann sich ebenso um den Infinitiv wie um die 1. und 3. Person Plural handeln.
Im Deutschen ist das grammatische Subjekt in den meisten Fällen außerdem notwendig, damit klar ist, auf welches Nomen die Handlung wie bezogen ist, d.h. wo im Satz Subjekt und Objekt stehen, die durch das Prädikat in Beziehung zueinander gesetzt werden. Deutlich wird dies bei einem Vergleich, in dem die Wortfolge verändert ist:

Животных любим тоже. ‚Tiere lieben+1.Pl. (wir) auch.'

Im Deutschen wäre eine vergleichbare Satzkonstruktion ohne Nennung des grammatischen Satzsubjekts nicht möglich, ohne dass die Tiere zum Subjekt gerieten. (*Tiere lieben auch.* statt: *Tiere lieben **wir** auch.*).

## Nominalsätze

Es gibt im Russischen und im Deutschen nicht nur subjektlose, sondern auch formal prädikatlose eingliedrige Sätze. Es handelt sich dabei um Sätze des Typs:

Ночь. Тишина.
Nacht. Stille.
Морозный день, конец декабря.
‚Ein eisiger Tag, Ende Dezember.'

Präsenssätze dieser Art würden sich jedoch bei Übertragung ins Präteritum oder ins Futur in einen zweigliedrigen Satz verwandeln:

Был морозный день, конец декабря (был).
‚Es war ein eisiger Tag, (es war) Ende Dezember.'

Ein Prädikat ist daher in Präsenssätzen diesen Typs als Null-Kopula vorhanden.

## Bestimmt-persönliche Sätze

Das hauptrangige Satzglied wird im Russischen in bestimmt persönlichen Sätzen häufig nur durch die Verbform ausgedrückt. Da der Handlungsträger durch die Verbform eindeutig benannt wird, erhält das grammatische Subjekt fakultativen Status. In Fällen, in denen das grammatische Subjekt nicht erscheint, handelt es sich um eingliedrige Sätze.

### Die Formen im Russischen

Während im Deutschen das grammatische Subjekt obligatorisch durch ein Substantiv oder ein Pronomen im Satz vertreten sein muss, ist es im Russischen in der gesprochenen Sprache fakultativ, wenn die Verbform der 1. oder 2. Person Singular oder der 1., 2. oder 3. Person Plural Präsens bzw. Futur vorliegt. In der Schriftsprache wird das grammatische Subjekt allerdings wie im Deutschen meistens mitbezeichnet.[53] Im russischen Imperativ bleibt der Handlungsträger obligatorisch immer ungenannt. Dies gilt im Deutschen auch für die Formen der 2. Person Singular: Иди! ‚Geh!' und 2. Person Plural: Идите! ‚Geht!'. Wird jedoch die Indikativform der 1. Person Plural Präsens: Идём! ‚Gehen wir!' bzw. Futur: Поидём(те)! ‚Lasst uns gehen!' in imperativischer Funktion verwendet, so muss im Deutschen das grammatische Subjekt erscheinen.

### Negativer Transfer

Es kommt durch interlinguale Identifizierung mit den russischen Satzstrukturen zum Auslassen des Subjekts.

Beispiel: a. *...deshalb musste öfter in Lettland bleiben.
b. *Finden eine Datscha auf dem Land.
c. *Dann duschten und sprangen ins Wasser.
d. *Beide sind gute Schwimmer. (statt: wir beide)

## Unpersönliche Sätze

Russische unpersönliche Sätze zeichnen sich dadurch aus, dass sie nicht nur kein grammatisches Subjekt haben, sondern auch keinen Handlungsträger. Darin unterscheiden sie sich grundlegend von allen anderen subjektlosen eingliedrigen Sätzen. Sie dienen der Mitteilung, dass der benannte Zustand oder die benannte Handlung unabhängig von einem Urheber erfolgt. Häufig werden für diesen Zweck bestimmte unpersönliche Verben verwandt.

### Die Formen im Russischen und Deutschen

**Semantisch:** Unpersönliche Verben gibt es im Russischen wie im Deutschen. Zu großen Teilen überschneiden sich ihre Bedeutungen:

| Beispiel: | Темнеет. | ‚Es dunkelt/dämmert.' |
|---|---|---|
| | Смеркается. | ‚Es dämmert.' |
| | Светает. | ‚Es tagt.' |
| | Моросит. | ‚Es nieselt.' |
| | Морозит. | ‚Es friert.' |
| | Выясняется./Выяснится. | ‚Es klart auf.' |

53 Dies unterscheidet das Russische von anderen slavischen Sprachen. Möglicherweise spielt hier eine Rolle, dass z.B. im Tschechischen und Polnischen auch im Präteritum die Person und der Numerus allein durch die Verbform eindeutig zum Ausdruck gebracht werden. Mit anderen Worten: in diesen Sprachen ist durch alle Konjugationsformen hindurch gewährleistet, dass das Verb selbst bereits Person und Numerus benennt. Anders im Russischen, wo im Präteritum nur Genus und Numerus zum Ausdruck kommen, nicht aber die Person.

Beiden Sprachen ist gemeinsam, dass sie über eine Gruppe unpersönlicher Verben verfügen, die Naturzustände beschreiben. Darin, welche Naturzustände durch unpersönliche Verben vertreten werden, differieren die Sprachen jedoch. So entsprechen bestimmten deutschen unpersönlichen Verben im Russischen persönliche Verben, die in bestimmt-persönlichen Sätzen erscheinen: Гремит гром ‚Es donnert', wörtlich: ‚Es dröhnt der Donner', und Сверкает зарница ‚Es wetterleuchtet', wörtlich: ‚Ein Himmelsleuchten blitzt'. Es handelt sich dabei um eine syntaktische Metapher, die zusammengefasst mit der Umschreibung „Niederschlag geht" zu übersetzen wäre.

Beispiel: Идёт дождь. ‚Es regnet.'
wörtlich: ‚(Der) Regen geht'
Идёт град. ‚Es hagelt.'
wörtlich: ‚(Der) Hagel geht'
Идёт снег. ‚Es schneit.'
wörtlich: ‚(Der) Schnee geht'

**Syntaktisch und morphologisch:** In beiden Sprachen zeichnen sich unpersönliche Verben durch einen eingeschränkten Formenbestand aus. So können sie im Präsens nur in der 3. Person Singular verwendet werden, vgl.: Темнеет ‚Es dämmert'. Im Russischen haben unpersönliche Verben die Formen: Infinitiv, 3. Person Sg. Präsens bzw. Futur sowie Neutrum Singular im Präteritum und Konjunktiv. Im Deutschen erscheinen sie im Infinitiv und in der 3. Person Singular aller Tempusformen. Das Deutsche verlangt im Unterschied zum Russischen, dass im Aussagesatz an erster Stelle – also vor dem Verb – das Pronomen *es* als formales Subjekt erscheint. Das Russische kommt hingegen ohne formales Subjekt aus.

### Negativer Transfer

Es kommt zu Sätzen, in denen das *es* fehlt, also wie im Russischen kein formales Subjekt benannt wird.

Beispiel: a. *Tagt.
b. *Dämmert.
c. *Friert.

Auch Kalkierungen der russischen Umschreibungen für Wetterzustände tauchen oft in den Äußerungen russischsprachiger Deutschlerner auf.

Beispiel: a. *Geht Schnee.
b. *...als ging ein Regen.

## Das deutsche Pronomen *es*

Das Pronomen *es* hat im Deutschen mehrere Funktionen. Es erscheint nicht nur als formales Subjekt mit unpersönlichen Verben in Sätzen des Typs: *Es regnet*. Es erscheint ferner bei einer Reihe von Verben als formales, d.h. rein syntaktisches, nicht semantisches Subjekt oder Objekt. Als dieses grammatische Subjekt steht *es* häufig im Zusammenhang mit Verben, die eine psychologische oder physiologische Befindlichkeit ausdrücken und dabei eine zusätzliche Personalangabe im Dativ oder Akkusativ verlangen:

Beispiel: **Es** friert mich./**Es** gefällt mir./**Es** geht ihm gut.

*Es* tritt auch auf als Prowort, als Platzhalter und als formales Objekt.

**Als Prowort verweist *es* auf:**

- ein Nomen, das im vorhergehenden Kontext bereits erwähnt wurde.

  Beispiel: Wir haben ein Auto, aber **es** ist kaputt.

- den Inhalt eines ganzen vorhergegangenen Satzes

  Beispiel: Alle anderen waren müde, aber **es** störte sie nicht.

In der Funktion als Prowort ist *es* obligatorisch, d.h. es muss immer erscheinen. Es kann allerdings durch andere Pronomen ersetzt werden.

**Platzhalter ist *es* für einen Nebensatz oder eine Infinitivkonstruktion:**

Beispiel: **Es** ist sonderbar, dass er nicht schreibt.

In seiner Funktion als Platzhalter ist *es* nur am Satzanfang obligatorisch, in allen anderen Positionen kann oder muss es wegfallen. Es kann nicht durch andere Pronomen ersetzt werden.

**Als formales Objekt steht *es* in fester Verbindung mit bestimmten Verben:**

Beispiel: **Es** gut meinen mit jemanden.
**Es** sich leicht/schwer machen.
**Es** darauf ankommen lassen.
**Es** weit bringen.
**Es** eilig haben.
**Es** mit jemandem zu tun bekommen.

In der festen Verbindung mit diesen und anderen Verben ist *es* obligatorisch und kann nicht durch andere Pronomen ersetzt werden.

## Der Vergleich mit dem Russischen

Für das *es* als Prowort gilt, dass es im Russischen Entsprechungen hat. In der Funktion eines Prowortes, das ein vorangegangenes Nomen ersetzt, steht im Russischen das entsprechende Personalpronomen in der 3. Person: он, она, оно.

Beispiel: У нас есть машина, но **она** не работает.
‚Wir haben ein Auto, aber es fährt nicht.'

Muss das Prowort hingegen auf einen ganzen Satzinhalt verweisen, dann erscheint im Russischen die neutrale Form des Demonstrativpronomens: это.

Beispiel: Все устали, но **это** никому не мешал.

Die Übersetzung mit *es* ist immer dann möglich, wenn im Deutschen an Stelle von *es* auch das Demonstrativpronomen *das* stehen könnte.

Beispiel: ‚Alle waren müde, aber **das** störte keinen (von ihnen).‘

Der Verwendung des *es* als Platzhalter für Nebensätze entspricht häufig das Demonstrativpronomen то oder это.

Beispiel: Странo то, что он не пишет.
Это странно, что он не пишет.
‚Es/Das ist sonderbar, dass er nicht schreibt.‘

Auch die Stellung des Prädikats als erstes semantisch relevantes Glied im Satz zieht im Russischen niemals die Voranstellung eines formalen Subjekts nach sich. Unpersönliche Verben des psychologischen oder physischen Zustandes werden häufig auch durch unpersönliche Konstruktionen mit einem Dativobjekt und einer Adverbialbestimmung ausgedrückt:

Beispiel: Мне холодно. ‚Mir (ist) kalt.‘

Das *es* als formales Objekt hat im Russischen keine Entsprechung.

### Negativer Transfer

Insbesondere die festen Wendungen, in denen *es* als formales Subjekt auftritt, bilden häufig eine Fehlerquelle. Aber auch in allen anderen Kontexten kommt es aufgrund von Kalkierung der „*es*-losen“ russischen Satzkonstruktionen, Vermeidung oder Unwissen bzw. Verwechslung zu Fehlern.

Beispiel: a. *Mir gefällt in Hamburg.
b. *Auf der Party war schön.
c. *Ist ganz wichtig, mentalisch stark zu sein.
d. *Aber morgen ist schon vorbei.
e. *Ich war dabei und sehr gefährlich war.

Das Pronomen *es* tritt außerdem aus Gründen der Hyperkorrektur zu oft und an falscher Stelle im Satz auf.

Beispiel: a. ***Es** gibt **es** hier so viele Denkmäler...
b. *Die Stadt gefällt **es** mir sehr.

## Unbestimmt-persönliche Sätze

Unbestimmt-persönliche Sätze liegen zwischen persönlichen und unpersönlichen Sätzen, da sie eine Handlung benennen, die eines Handlungsträgers bedarf, diesen jedoch nicht konkretisieren – auch wenn er dem Sprecher bekannt sein mag.
Sätze dieser Art gehören zur grammatischen Struktur des Russischen wie des Deutschen. Während das Deutsche hier jedoch zweigliedrige Sätze verwendet, bedient sich das Russische eingliedriger Sätze mit einem Prädikat in der 3. Person Plural oder der unbestimmten Form der 3. Person Präteritum bzw. Konjunktiv.

**Die Formen des Russischen im Vergleich mit dem Deutschen**

Russische subjektlose Sätze mit einem Prädikat in der 3. Person Plural oder der unbestimmten Form der 3. Person Präteritum bzw. Konjunktiv werden ins Deutsche in Sätze übersetzt, die als Subjekt *man* aufweisen.

> Говорят об этом.
> wörtlich: ‚Sie sprechen darüber.'
> ‚**Man** spricht darüber.'
> С вами будут говорить.
> wörtlich: ‚Mit Ihnen werden sie sprechen.'
> ‚**Man** wird mit Ihnen sprechen.'
> Об этом много говорили в Мадриде.
> wörtlich: ‚Über dieses sprachen sie viel in Madrid.'
> ‚Darüber sprach **man** viel in Madrid.'

### Negativer Transfer

Insbesondere bei Anfängern, die im Gebrauch mit *man* nicht geübt sind, treten intralingual bedingte Fehler des folgenden Typs auf:

Beispiel:
a. *In Krankenhaus **haben sie** mich (statt: hat man mich) nochmal untersucht und dann...
b. *Gastfreundschaft ist in Rußland auch sehr wichtig. Für Gäste **bieten** immer zum Essen und zum Trinke an. Aber in Deutschland **laden** nicht gern nach Hause ein.
c. *Nachdem die Mama im 44sten Jahr verstorben war, **haben sie** mich mit einem Kasachen verheiraten wollen. (statt: hat man mich...)
b. *Da haben **sie** nicht gefragt, ob einer will oder nicht will...

Zu ähnlichen Fehlern kommt es, wenn eine unbestimmt-persönliche Aussage mit dem Subjekt *Leute* gemacht wird. Im Russischen steht dann an Stelle des eingliedrigen Satzes (mit dem Verb in der 3. Pl.) ein zweigliedriger Satz mit dem unbestimmt-persönlichen Subjekt люди, sodass ein Subjekt zwar erscheint, aber unbestimmt bleibt.
Das Deutsche bedient sich auch in diesen Fällen des Wörtchens *man*.

Beispiel: *Am See machen Leute unvergeßliche Urlaube.

## Verallgemeinert-persönliche Sätze

Auch bei den so genannten verallgemeinert-persönlichen Sätzen dreht es sich im Russischen um eingliedrige, d.h. nur aus einem Prädikat bestehenden Sätzen. Durch eine persönliche Verbform wird eine Handlung beschrieben, die für ein beliebiges, jedoch ungenanntes Subjekt gelten kann. Am häufigsten werden im Russischen hierzu die Formen der 2. Person Singular des Präsens, Futurs, oder Imperativs verwendet.

Любишь кататься, люби и саночки возить.
‚Liebst du das Schlittenfahren, dann liebe es auch, den Schlitten zu ziehen.'

Die im Deutschen häufigste Form des verallgemeinert-persönlichen Satzes enthält das Subjekt *man* und ein dazugehöriges Prädikat in der 3. Person Singular.

‚Wie man sich bettet, so liegt man.'

Häufig wird im Russischen für verallgemeinert-persönliche Sätze auch die 3. Person Plural des Präsens oder Futurs verwendet:

Врагов не считают, их бьют.
‚Die Feinde zählt man nicht, man schlägt sie.'

Möglich ist aber auch die 1. Person Plural:

Что имеем, не храним, потерявши, плачем.
‚Was wir haben, bewahren wir nicht, verlieren wir es aber, dann weinen wir.'

### Negativer Transfer

Fehler sind bei verallgemeinert-persönlichen Sätzen im Prinzip nicht anzutreffen, da es sich in der Regel um Sprichwörter und Motti handelt, die in jeder Sprache auf ganz unterschiedliche Weise – häufig metaphorisch – zum Ausdruck gebracht werden. Es gibt in diesem Bereich keine Übertragungsmöglichkeit, da die Muster zu verschieden sind. Dies ist den Lernenden in der Regel auch bewusst.

## Satzgliedstellung

Im Laufe der Entwicklung einer Sprache bilden sich bestimmte Regularitäten in Bezug auf die Satzgliedstellung heraus. Die Stellung der Satzglieder bringt ihre Beziehungen

a) zueinander im Satz und
b) zu den Satzgliedern benachbarter Sätze

zum Ausdruck. Die Satzgliedstellung bringt daher wie die Flexionsformen der verschiedenen Wortarten formal zum Ausdruck, welche Beziehungen unter den verschiedenen Satzgliedern herrschen.
Welches Gewicht die Satzgliedstellung in einer Sprache einnimmt, d.h. wie frei oder festgelegt sie ist, hängt daher wesentlich von ihrer morphologischen Struktur ab, also davon, ob und wie weit die Flexionsformen eindeutig die Beziehungen der Satzglieder zueinander zum Ausdruck bringen.
Allen Sprachen gemeinsam ist dennoch ein Grundmuster in der Satzgliedstellung. Das Grundmuster aller indoeuropäischen Sprachen – so auch das des Russischen und des Deutschen – lautet: **S P O**.

Beispiel: Я кушаю сейчас хлеб.
Ich esse jetzt Brot.
*I eat now bread.

Diese Grundform, d.h. die normale Folge der Satzglieder kann jedoch auch verändert werden; die Position der Satzglieder kann vertauscht (invertiert) werden. Eine Inversion lebt von der Normabweichung und erfolgt in der Regel zwecks Hervorhebung eines bestimmten Satzgliedes, um den Mitteilungswert dieses Satzgliedes zu erhöhen. Sie ist meist nach zwei Seiten hin kontextabhängig. Zum einen wird sie meist erst durch den Kontext erforderlich, zum anderen ist sie aber auch nur im Kontext (unmiss)verständlich.

Beispiel: Хлеб кушаю я сейчас.
Brot esse ich jetzt.
*Bread eat I now.

Der Inversion vorausgesetzt ist der Umstand, dass bestimmte Positionen im Satz salient sind, d.h. dem Wort eine höhere Bedeutung verleihen, als wenn es an anderer Position stünde. Es handelt sich um die Anfangs-, aber auch um die Endstellung. Wird ein Wort in die Anfangsposition gerückt, gewinnt es allein durch diesen Akt an Bedeutung. In Bezug auf die Satzgliedstellung wirken in den meisten Sprachen zwei Prinzipien: Die konstruktiv-syntaktisch bedingten Regularitäten einerseits, die Thema-Rhema-Gliederung andererseits. Mit konstruktiv-syntaktisch bedingten Regularitäten sind feste Regeln gemeint, nach denen der grammatisch korrekte Satz aufgebaut ist. Dazu gehören drei Arten der syntaktischen Unterordnung in Wortfügungen – die Kongruenz, die Rektion und die Anlehnung (Apposition) – sowie die Abfolge der Satzglieder (z.B. S P O). Die Thema-Rhema-Gliederung stellt hingegen die Reihenfolge dar, in der der vorausgesetzte, bereits bekannte Teil der Mitteilung (Thema), also das, worüber etwas ausgesagt wird, und der neu hinzukommende, noch unbekannte Teil der Mitteilung (Rhema), die Aussage selbst, im Satz erscheinen. Bezüglich der Frage *Was ist du gerade?* ergibt sich folgendes:

Beispiel: Я // кушаю сейчас хлеб.
T // R
Ich // esse jetzt Brot.
Хлеб кушаю // я сейчас.
R // T
Brot esse // ich jetzt.

Die Sprachen unterscheiden sich nicht darin voneinander, welches der beiden Prinzipien wirkt – denn es kommen immer beide zum Tragen –, sondern dadurch, wie der Einfluss dieser beiden Faktoren gewichtet ist. Im Russischen spielt die strukturell-syntaktische Regularität eine untergeordnete Rolle. Entscheidend ist die Thema-Rhema-Gliederung. Im Deutschen wirken beide Faktoren nebeneinander. In beiden Sprachen kann man nicht nur das Subjekt, sondern auch die Nebensatzglieder Objekt und Adverbialbestimmung invertieren. Das Deutsche verfügt insofern, typologisch gesehen, über eine relativ große Freiheit in der Satzgliedstellung.
**Zum Vergleich:** Im Englischen überwiegt der Einfluss der strukturell-bedingt syntaktischen Gliederung über die Thema-Rhema-Gliederung noch stärker als im Deutschen. Die Thema-Rhema-Gliederung unterliegt im Englischen starken Re-

striktionen, da es über ein gering ausgeprägtes Formensystem verfügt. Dies betrifft insbesondere die morphologische Markierung von Subjekt und Objekt. Durch historisch bedingtes Schwinden der alten Deklinationsendungen sind im heutigen Englischen die Substantive in Bezug auf ihren Kasus nicht mehr zu unterscheiden. Die Funktion der Kasusmarkierung wurde daher zunehmend durch die Satzgliedstellung übernommen. Der Nominativ wurde auf die präverbale, der Akkusativ und die restlichen obliquen/abhängigen Kasus wurden auf die postverbale Position festgelegt. Heute erfordern die mangelnden Kasusmarkierungen die relativ strenge Einhaltung des Grundmusters Subjekt-Prädikat-Objekt. Eine Inversion ist im Englischen nicht möglich. Das Objekt kann im Englischen zwar an die erste Stelle im Satz rücken, es kann aber niemals die Stelle vor dem Prädikat mit dem Subjekt tauschen:

Beispiel: Хлеб я кушаю сейчас.
*Brot ich esse jetzt.
*Bread I eat now.

Über dieses Mittel – die Änderung der Satzgliedstellung ohne Inversion – verfügt das Deutsche nicht. Die englische Satzgliedfolge ist noch strikter, da zum einen die Reihenfolge der Hauptsatzglieder unverändert bleibt, zum anderen die Stellung nur eines Satzgliedes verändert wird. Das Objekt kann an den Satzanfang gestellt werden, ohne die Reihenfolge von S-P zu verändern: O-S-P. Im Deutschen ist diese Konstellation auf Grund der fixierten Zweitstellung des Verbs nicht möglich.
Die Ordnung S-P-O gilt zwar auch für den deutschen und den russischen Aussagesatz als das Grundmuster, sie muss jedoch wesentlich weniger streng als im Englischen eingehalten werden. Denn in allen drei Sprachen kann zwar abweichend von dieser Grund-Satzgliedstellung eine Inversion vorgenommen werden, sobald aus konsituativen oder kontextuellen Gründen ein bestimmtes Wort – und somit ein bestimmtes Satzglied – hervorgehoben werden soll. Von Inversion ist die Rede, wenn nicht das Subjekt, sondern ein anderes Satzglied den Satz eröffnet (im Vorfeld steht) und das Subjekt dem Verb folgt. In der Freiheit, eine Inversion vorzunehmen, gibt es jedoch Abstufungen.
Das Russische ist dabei strukturbedingt noch freier als das Deutsche, das wiederum freier ist als das Englische. Denn im Englischen kann das Subjekt nie mit dem Objekt invertieren (weil diese grundsätzlich die gleiche Form haben) – in den anderen beiden Sprachen schon. Im Deutschen ist die Stellung des finiten Verbs festgelegt, im Russischen nicht. Der wesentliche Unterschied in der Satzgliedstellung dieser beiden Sprachen ergibt sich hieraus.

## Vergleich einfacher Aussagesätze im Überblick

| | | |
|---|---|---|
| Я кушаю сейчас хлеб. | Ich esse jetzt Brot. | *I eat now bread. |
| Я кушаю хлеб сейчас. | *Ich esse Brot jetzt. | I eat bread now. |
| Сейчас я кушаю хлеб. | *Jetzt ich esse Brot. | Now I eat bread. |

| | | |
|---|---|---|
| Сейчас кушаю я хлеб. | Jetzt esse ich Brot. | *Now eat I bread. |
| Хлеб кушаю я сейчас. | Brot esse ich jetzt. | *Bread eat I now. |
| Хлеб я кушаю сейчас. | *Brot ich esse jetzt. | *Bread I eat now. |
| Хлеб сейчас я кушаю. | *Brot jetzt ich esse. | *Bread now I eat. |
| Хлеб сейчас кушаю я. | *Brot jetzt esse ich. | *Bread now eat I. |
| Я сейчас кушаю хлеб. | *Ich jetzt esse Brot. | *Bread eat I now. usw. |

Wie die ersten drei Satzvarianten zeigen, muss das finite Verb im Deutschen immer in Zweitstellung stehen. Im Russischen hingegen ist das Verb frei beweglich. In beiden Sprachen können – wie der zweite Satz zeigt – Subjekt und Prädikat die Stellen vertauschen. Das deutsche Prädikat muss jedoch immer an zweiter Stelle im Satz stehen bleiben. Auch die Inversion der beiden Hauptsatzglieder Subjekt und Objekt ist in beiden Sprachen im Unterschied zum Englischen möglich, wobei sie im Russischen jedoch unproblematischer vorgenommen werden kann als im Deutschen.

Beispiel: Эту Книгу любит девушка.
*Das Buch liebt das Mädchen.
*Das Buch liebt ein Mädchen.
**Das** Buch liebt das/ein Mädchen.
(nur korrekt, wenn die Betonung kontrastiv auf dem Satzanfang liegt: **Das** Buch)

Das Beispiel soll zum einen veranschaulichen, warum die Inversion im Russischen problemloser anzuwenden ist als im Deutschen: die Deklinationsformen der russischen Substantive markieren eindeutig Subjekt und Objekt.

Dies gilt aber auch allgemein: Denn das Russische weist im Vergleich zum Deutschen weit weniger zweideutige Deklinations- (und Konjugations-)formen auf. Die Abfolge der Satzglieder richtet sich daher im Russischen danach, ob ein Wort zum Thema oder zum Rhema gehört. Die Frage, ob ein Wort grammatisches Subjekt, Objekt oder Prädikat ist oder zu einer dieser Gruppen gehört, ist dabei von sekundärer Bedeutung.

Es gibt aber noch einen anderen Grund, warum das Russische in der Satzgliedstellung durch die Thema-Rhema-Gliederung stärker beeinflusst ist als das Deutsche. Die beiden deutschen Übersetzungsmöglichkeiten verdeutlichen, dass auch die Definitheit bei der Gliederung der Äußerung eine Rolle spielt.

Im Russischen verweist die Endstellung des Substantivs auf die Indefinitheit des Gegenstandes. Diese Regel gilt allerdings nur dann, wenn es sich erstens um introduktive Sätze handelt, d.h. um Sätze, in denen ein neuer Gegenstand in das Geschehen eingeführt wird und wenn zweitens das Substantiv nicht kontrastiv akzentuiert, d.h. durch Betonung hervorgehoben wird, wodurch signalisiert wird, dass es sich um diesen und um nicht einen anderen Gegenstand handelt.

Im Deutschen indiziert nicht die Satzgliedstellung, sondern der Artikel die Indefinitheit oder Definitheit.

Beispiel: Девушка любит книгу.
Das Mädchen liebt ein Buch.
Das Mädchen liebt das Buch.

Книгу любит девушка.
**Das** Buch liebt das Mädchen.
?Das Buch liebt ein Mädchen.
?Ein Buch liebt das Mädchen.

In der Anteposition, der Erststellung, steht im Russischen in der Regel das determinierte Substantiv. Das Rhema ist deshalb meistens indefinit, weil es die wesentliche Satzaussage, das Unbekannte, enthält. Es steht in Endstellung, weil es noch unbekannt ist und sich die Satzaussage in der Regel zum Ende hin in ihrer Wichtigkeit steigert. Das Thema wurde hingegen bereits einmal erwähnt oder ist allen als Gesprächsgegenstand bekannt. Egal also, ob sich das Subjekt oder das Objekt in der Anteposition befindet, sie werden – sofern nicht durch die Satzbetonung ein anderes Satzglied deutlich hergevorhoben wird – als definit angesehen. Das Substantiv hingegen, das sich am Satzende befindet, wird als indefinit angesehen.
Es kommt im Russischen selten vor, dass Sachverhalte auftreten, bei der die Uneindeutigkeit der Substantivformen verschiedener Satzglieder, wie dem Subjekt und dem Objekt, zu Missverständnissen führen könnte. Trifft man jedoch auf dieses Problem, so wird es im Russischen dadurch gelöst, dass die normale Satzgliedfolge **S P O** strikt eingehalten wird.
Im folgenden Beispiel weisen in beiden Sprachen der Nominativ und Akkusativ der Substantive die gleiche Form auf, sodass Subjekt und Objekt ununterscheidbar sind. Eine Inversion führt in solchen Fällen zur Veränderung der gesamten Satzaussage:

| Beispiel: | Die Mutter liebt die Tochter. | Die Tochter liebt die Mutter. |
|---|---|---|
| | Мать любит дочь. | Дочь любит мать. |

Die Norm in der Satzgliedfolge muss im Russischen auch in folgenden Fällen eingehalten werden:
a) Das Prädikat ist ein Adjektiv in Langform. Wenn das Adjektiv dem Subjekt vorangestellt wird, ist es attributiv. Ist es jedoch postpositioniert und steht hinter dem Subjekt, dann hat es prädikative Funktion:

| Beispiel: | Хороший брат | ‚Der gute Bruder' |
|---|---|---|
| | Брат хороший. | ‚Der Bruder ist gut.' |

b) Subjekt und Prädikat sind Substantive.

| Beispiel: | Мой брат – инженер. | ‚Mein Bruder ist Ingenieur.' |
|---|---|---|
| | Инженер – мой брат. | ‚Der Ingenieur ist mein Bruder.' |

c) Subjekt oder Prädikat sind Infinitive. Der Infinitiv an erster Stelle ist immer das Subjekt, der an zweiter das Prädikat.

Beispiel: Поехать на север – его мечта.
‚Nach Norden zu fahren war sein Traum.'
Его мечта – поехать на север.
‚Sein Traum ist es, nach Norden zu fahren.'

### Das Russische und das Deutsche im Vergleich

Mit Ausnahme der oben genannten Fälle ist die Satzgliedfolge im Russischen freier als im Deutschen, wobei die Umstellung der Satzglieder allerdings in der Regel mit einer stilistischen oder emotionalen Färbung verbunden ist. Die veränderte Wortstellung modifiziert die logische Betonung der Satzaussage und hebt ein Satzglied besonders hervor.

Beispiel: Приходила к вам **я**.
‚**Ich** war es, die zu Ihnen kam.'

## Die Funktion der Satzgliedstellung im Deutschen

Die Satzgliedstellung markiert im Deutschen – im Unterschied zum Russischen – welcher Satztyp vorliegt. Während die nominalen Satzglieder, d.h. die Substantive und die Adjektive im deutschen Satz relativ flexibel in ihrer Stellung sind und sich nach ihrem Mitteilungswert richten, ist die Stellung des finiten Verbs fixiert. In seiner Funktion als syntaktisches Zentrum steuert es den Ablauf des Satzes und legt durch seine Stellung dessen Bauplan fest.
Mit drei Stellungsmustern sind die Positionsmöglichkeiten des finiten Verbs im Deutschen erschöpft. Sätze mit Zweitstellung des Verbs repräsentieren gegenüber Sätzen mit Erst- oder Endstellung des Verbs im Deutschen die neutrale Grundfolge der Satzglieder. Diese neutrale Grundfolge der Satzglieder ist in isolierten Aussagesätzen die Regel und zeichnet das Deutsche strukturell aus. Wird die Stellung des Verbs innerhalb des Satzes verändert, weist dies auf spezifische syntaktische und kommunikative Funktionen hin. Deshalb lassen sich im Deutschen die verschiedenen Satztypen anhand der Verbstellung voneinander abgrenzen. Satztypen sind gemäß dem Ziel ihrer Aussage im Wesentlichen unterschieden in Aussagesätze, Fragesätze, Aufforderungssätze und Ausrufesätze. Das Deutsche markiert diese Unterschiede durch die Stellung des finiten Verbs – das Russische hingegen nicht. Vergleiche: Die Stellung des Prädikats, d.h. des finiten und/oder infiniten Verbs gibt im Deutschen an, um welchen Satztyp es sich dreht.
Das neutrale Grundmuster des deutschen Satzes hat V2-Stellung, d.h. das finite Verb besetzt im Satz die zweite Position, ihm geht nur ein Satzglied (meist das Subjekt) voraus. Als Grundmuster sind Sätze mit V2-Stellung nicht festgelegt. Der häufigste Satztyp ist jedoch der Aussagesatz.

Stellungsmuster 1

| Du | **isst** | gern | Brot | mit | Butter. |
|---|---|---|---|---|---|
| S | **Vfin** | adv.best | O | Pr | Att. |
| Ты | **кушаешь** | охотно | хлеб | с | маслом. |

Aber auch: Ты хлеб с маслом охотно **кушаешь**.

Dieses Muster kann jedoch auch in Fragesätzen: *Du isst wirklich gern Brot mit Butter?* und Aufforderungsätzen: *Du isst jetzt endlich das Brot!* auftauchen. Außerdem tritt es nicht nur in Hauptsätzen, sondern auch in Nebensätzen ohne einleitendes Fügewort (Konjunktion, Pronomen oder Adverb) auf.

| Ich | **sehe,** | du | **isst** | noch. |
|---|---|---|---|---|
| S | **Vfin** | S | **Vfin** | Adv. |
| Я | **вижу,** | ты | **кушаешь** | ещё. |

Aber auch: Я вижу, ты ещё **кушаешь**.

In Aufforderungssätzen und bei Entscheidungsfragen befindet sich das finite Verb in Erststellung.

Stellungsmuster 2

| **Iss** | das | Brot |
|---|---|---|
| **Vfin** | Att. | O |
| **Кушай** | этот | хлеб! |

Ebenso Entscheidungsfrage: Isst du das Brot? Ты кушаешь этот хлеб?
Aber Ergänzungsfrage: Du isst das Brot? Ты кушаешь? (V2-Stellung)

In Endstellung steht das finite Verb hingegen in durch ein Fügewort eingeleiteten Nebensätzen.

Stellungsmuster 3

| Ich | sehe, | dass | du | noch | **isst.** |
|---|---|---|---|---|---|
| S | Vfin | Konj. | S | Adv. | **Vfin** |
| Я | вижу, | что | ты | ещё | **кушаешь**. |

Aber auch: Я вижу, что ты **кушаешь** ещё.

Bei durch Fügewörter eingeleiteten Nebensätzen gilt das Prinzip des Spannsatzes. Bei Spannsätzen wird ein Satzrahmen aus Teilen des Prädikats aufgebaut. Das finite Verb steht in Endstellung. Der Satzrahmen wird dadurch hergestellt, dass das verbale Prädikat um ein einleitendes Fügewort, das am Satzanfang steht, ergänzt wird.

## Die Funktion der Satzgliedstellung im Russischen

Im Russischen werden die Satztypen durch die Intonation, nicht durch die Stellung des finiten Verbs unterschieden.

### Negativer Transfer

Da das Russische keine Stellungsmuster des finiten Verbs aufweist, die den Satztyp kennzeichnen und deshalb auch je nach Satzaussage entsprechend gewählt werden müssen, kommt es auf dieser Ebene häufig zu transferbedingten Fehlern. Bei Entscheidungsfragen z.B. wird häufig die Erststellung des Verbs nicht berücksichtigt. Sätze wie der folgende sind nur umgangssprachlich, bei Rückfragen, aktzeptabel.

Beispiel: ?Der Bruder war zu Hause?
(Брат был дома?)

## Der deutsche Satzrahmen bei zusammengesetzten Prädikaten

Eine für das Deutsche typische Struktur stellt der Satzrahmen dar. Der Satzrahmen wird von zusammengesetzten Prädikaten gebildet.
Bei seiner Bildung werden die finite Verbform und die übrigen Prädikatsteile – wie infinite Verbformen (Infinitiv, Partizip II) oder Verbzusätze (Präfix, lexikalisch abtrennbarer Teil) – aufgespalten und bilden so den Satzrahmen.
Wie der Satzrahmen aussieht, hängt vom Satztyp und demgemäß dem Stellungsmuster des finiten Verbs ab.

**Typen von Satzrahmen nach dem Stellungsmuster des finiten Verbs**

| | Er | **hat** | schon | **gegessen.** |
|---|---|---|---|---|
| Stellungsmuster 1 | S | **Vfin** | Adv. | **Prädikatsteil** |

| | Hat | **er** | schon | **gegessen?** |
|---|---|---|---|---|
| Stellungsmuster 2 | **Vfin** | S | Adv. | **Prädikatsteil** |

| | Ich | sehe, | **dass** | du | noch | isst. |
|---|---|---|---|---|---|---|
| Stellungsmuster 3 | S | Vfin | Konj. | S | Adv. | **Vfin** |

Bei dem letzten Stellungsmuster wird der Satzrahmen dadurch aufgebaut, dass das verbale Prädikat um das Fügewort, das den Nebensatz einleitet, ergänzt wird.
Das zusammengesetzte Prädikat muss nicht aus einem finiten und einem infiniten Verb bestehen. Es kann auch aus Kopula + Prädikatsnomen, einem Funktionsverbgefüge o.Ä. bestehen. Ein Satzrahmen muss dementsprechend auch nicht unbedingt aus einem finiten und einem infiniten Verb bestehen. Das finite Verb dient jedoch

immer als rahmeneröffnender Teil, während Substantive oder Adjektive als Prädikatsnomen (mit Kopula), Substantive innerhalb von Funktionsverbgefügen und die Satznegation *nicht* als rahmenschließender Teil dienen können.

Beispiel: Sie **wird** aller Wahrscheinlichkeit nach **Ärztin**.
(Kopula + Prädikatsnomen)
Das Konzept **findet** unter den Kollegen **Anklang**.
(Funktionsverbgefüge)
Wir **fanden** den Schlüssel **nicht**.
(Satznegation)

### Das Russische im Vergleich

Im Russischen gibt es keinen Satzrahmen. Vielmehr steht die Prädikatgruppe in der Regel eng zusammen. Die Prädikatgruppe weist dabei – auch am Satzende – die Reihenfolge „finites Verb-infinites Verb“ auf. Auch Subjekt und Prädikat stehen meistens nah beieinander.

### Negativer Transfer

In einfachen Sätzen wird von russischsprachigen Deutschlernern häufig nicht beachtet, dass das Verb in Zweitstellung stehen muss. Es kommt dann zu Sätzen wie dem folgenden:

Beispiel: *Sind wir hingekommen nach Kasachstan (...). Haben wir uns Lehmbuden gebaut zum Winter, un so. Haben wir gelebt, jammerlich und traurig.

Auffällig werden diese Fehler insbesondere dann, wenn eine Adverbialbestimmung dem Verb noch vorangestellt wird. In diesen Fällen müsste im Deutschen das Subjekt hinter dem Verb stehen.

Beispiel: a. *Dort wir schwimmen und spielen.
b. *Persönlich ich glaube mein Kind ist krank.

Im Falle der Negation wird die Partikel *nicht* häufig – wie im Russischen – dem Verb häufig fälschlicherweise voran- statt nachgestellt.

Beispiel: a. *Leider nicht kann mit dem Fahrad fahren.
b. *... in der betreuenden Funktion auftreten nicht kann.
c. *...besucht eine gesuchte Person und findet sie oder nicht findet.

Bei aus Hilfsverb und Infinitiv gebildeten Prädikaten wird häufig auch – frei nach russischem Muster – ein Einschub von *nicht* in diese Verbkonstruktion vorgenommen. Im zweiten Fehlerbeispiel liegt ein Einschub von *nicht* in das Funktionsverbgefüge *zu Verwirrung führen* vor:

Beispiel: a. *Daraus kann man schlißen, dass die Verben, die per Default in der progressiven Funktion auftreten **nicht** können, unter Einfluß anderer Faktoren die progressive Aspektfunktion zulassen.
b. *Damit dies zur Verwirrung **nicht** führt, muss man anderen Merkmale berücksichtigen.

Bei zusammengesetzten Sätzen wird sehr häufig das finite Verb im Nebensatz nicht in Endstellung gebracht, da in der russischen Sprache der Nebensatz dieselbe Satzgliedfolge behält, die dem Hauptsatz eigen ist.
Die letzten beiden Beispiele d. und e. zeigen hingegen Fälle von Unwissen (ignorance), daie daruaf beruhen, dass offenbar die Regel der Verbendstellung bekannt ist, jedoch eine Verwechslung stattfindet, da das infinite Verb statt dem finiten in Endstellung gebracht wird, das seine Stellung vor dem infiniten Verb (wie dies im Russischen meist der Fall ist) behält.

Beispiel: a. *Ich wollte wissen, wann ist nächste Sitzung.
b. *...die Leute, die wohnen dort.
c. *Es kommt darauf an, wer wird im Kampf besser benutzen die Nachteile von Gegner.
d. *Ich weiß nicht, was er will sagen.
e. *Alle wissen, wo bist du gestern Abend gewesen.

Es kommt aber auch zu Hyperkorrekturen, bei denen der Lernende das Verb fälschlicherweise in Endstellung bringt.

Beispiel: *Bei Gesunden, d.h. im Normalfall, liegt der Bilirubinspegel im Blutserum unter unter 0,6 mg. % (*sic*) und die Reaktion des Bilirubins mit dem Diasoreagens von Erlich indirekt **ist**

Im Falle der einfachen Negation wird der Satz häufig nicht korrekt aufgebaut, sondern das Wort *nicht* ans Satzende gesetzt:

Beispiel: a. *Dann war Schok und seine Blüt kommt raus **nicht.**
b. *Ich glaube, dass er kommt **nicht.**

Die relativ freie Satzgliedfolge des Russischen ist aber auch eine der Hauptquellen für negativen Transfer in Bezug auf die Stellung von Adverbialbestimmungen. Im Russischen geht die Adverbialbestimmung im Unterschied zum Deutschen dem Verb in der Regel voran. Dies ist der Fall insbesondere bei Adverbialbestimmungen der Art und Weise sowie des Grundes bzw. Zweckes, häufig aber auch bei Adverbialbestimmungen der Zeit und des Ortes. Es kommt zu Kalkierungen des folgenden Typs.

Beispiel: a. *Sie lustig plauderten
Они весело болтали. (Art und Weise)
b. *Der Mensch dabei bemerkt...
Человек при этом замечает... (Art und Weise)
c. *Ich morgen komme.
Я завтра приду. (Zeit)
d. *Das Mädchen vor Angst weinte.
Девушка от страха плакала. (Grund)

## Wortfügungen

In der Wortfügung sind wenigstens zwei Begriffswörter durch eine grammatische Unterordnungsbeziehung miteinander verbunden und bringen dadurch eine bestimmte logisch-semantische Beziehung zum Ausdruck. Wortfügungen haben nominative Funktion und sind Baumaterial von Sätzen. Wortfügungen mit attributivem Charakter, in denen das unterordnende Wort ein Substantiv ist, kommen am häufigsten vor. Es können jedoch sowohl im Deutschen als auch im Russischen die verschiedensten Wortarten Wortfügungen bilden.
Die Unterschiede, die sich zwischen den beiden Sprachen bei der Realisierung von Wortfügungen zeigen, sind im Zusammenhang mit der unterschiedlichen Rolle, die die Satzgliedfolge in der jeweiligen Sprache spielt, zu sehen. Da das Russische über mehr Freiheit in der Satzgliedfolge verfügt als das Deutsche, realisiert es mehr Typen von Wortfügungen. Gleichzeitg werden die zusammengehörigen Wörter in einer Wortfügung im Russischen aber strikter flektiert als im Deutschen, das über die so genannte Monoflexion verfügt. Auf dieser Grundlage – der feien Wortfolge und der strikten Flexion, die eine unzweideutige Zuordnung der einzelnen Glieder einer Wortfügung ermöglicht – können die einzelnen Elemente einer Wortfügung im Satz auch an voneinander weit entfernten Positionen stehen.

### Negativer Transfer

Häufig ist in den Sätzen russischsprachiger Deutschlerner eine interlinguale Identifizierung mit der russischen Satzgliedstellung zu beobachten, wenn Wortfügungen getrennt werden.

Beispiel: *Dabei wird hauptsächlich ein Ziel verfolgt: Die Anwendung der **erwähnten** zur Kategorie der Transitivität im Russischen **Theorien** auf die Analyse eines russischen Verbkorpus

### Wortfügungen mit Pronomen, Präpositionalfügungen und Numeralia

Im Russischen ist es möglich, Pronomen, Präpositionalfügungen und Numerale dem Substantiv sowohl voran- als auch nachzustellen. Bei Pronomen und Präpositionalfügungen verändert sich die Bedeutung der Wortfügung bei unterschiedlicher Positionierung der Wörter nicht.

| Beispiel: | наш дом | дом наш |
|---|---|---|
| | unser Haus | *Haus unser |

рассказ о друге
(die/eine) Erzählung über den Freund
о друге рассказ
*über den Freund die Erzählung

Bei Numeralia ergeben sich aus der Wahl der Position Bedeutungsnuancen. Wird das Numerale nachgestellt, so ist die Zahl als ungefähre Angabe aufzufassen, steht das Numerale hingegen wie im Deutschen voran, ist die Zahlenangabe exakt.

| Beispiel: | домов двадцать | ungefähr zwanzig Häuser |
|---|---|---|
| | двадцать домов | (genau) zwanzig Häuser |

**Negativer Transfer**

Die Postpositionierung des untergeordneten Wortes kann auftreten:

Beispiel: *Ein Monat vor haben wir... (statt: Vor einem Monat...)

Russischsprachige Deutschlerner sollten darauf aufmerksam gemacht werden, dass zur Angabe einer ungefähren Anzahl es im Deutschen erfoderlich ist, die Satzgliedfolge Numerale + Substantiv einzuhalten und dieser Wortfügung Ergänzungen wie *circa*, *ungefähr*, *schätzungsweise* oder *rund* bzw. *knapp* voranzustellen. Andernfalls kommt es – in der Regel jedoch nur bei Anfängern – zu Fehlern wie den folgenden beiden:

Beispiel: a. *Häuser zwanzig
b. *Mädchen fünf

## Definitheit und der deutsche Artikel

**Semantisch:** Der deutsche Artikel besitzt im Unterschied zu den Pronomen oder Numeralia keine eigene Semantik. Artikel wie *der* und *ein* bringen nur bestimmte grammatische und syntaktische Funktionen des Substantivs zum Ausdruck und gehören daher zu dessen System. Ein Blick ins Althochdeutsche – in dem das Artikelsystem nur schwach ausgeprägt war – lässt ebenso wie der Vergleich mit einer Sprache, die über keinen Artikel verfügt, erkennen, welchen Funktionen er dient.

**Hierarchisch gegliedert:** Das Artikelsystem kennzeichnet gegenüber der ursprünglich generischen Auffassung des Substantivs seine Spezifizität: Das Ausdrucksmittel hierfür ist im heutigen Deutsch der bestimmte Artikel in Opposition zum Nullartikel. Tritt ein Substantiv mit Nullartikel auf (nicht der Nullform), dann wird der durch das Substantiv bezeichnete Gegenstand in seiner Allgemeinheit besprochen. Tritt es jedoch mit einem bestimmten Artikel auf, dann kann es sich bei dem bezeichneten Gegenstand um einen konkreten Einzelgegenstand handeln, d.h. ein bestimmtes Exemplar aus der Menge von Exemplaren, die durch das Substantiv ganz allgemein bezeichnet werden.

Beispiel: Mensch sein heißt kämpfen.
Der Mensch geht mir auf den Geist.

Die Hauptfunktion des Artikels besteht darin, die Definitheit bzw. Indefinitheit des Substantivs zum Ausdruck zu bringen.

**Zur Abgrenzung:** Die Definitheit des Artikels umfasst ein weiteres Feld als das Personalpronomen. Während das Personalpronomen sich lediglich auf direkt vorher Benanntes beziehen kann, dieses aufgreift, können Substantive, die mit einem bestimmten Artikel ausgestattet sind, auch zum ersten Mal erwähnt werden. Der bestimmte Artikel ist somit der allgemeine Verweis darauf, dass der in Rede stehende Gegenstand aus irgendeinem Grunde bekannt ist. Der unbestimmte Artikel bringt im Unterschied dazu zum Ausdruck, dass ein Gegenstand oder eine Person neu in das Gespräch gebracht werden.

Beispiel: Ein Mann geht über eine Straße. Die Straße ist nass.

Unbestimmter und bestimmter Artikel sind wichtige Ausdruckmittel für die Thema-Rhema-Gliederung. Da die fixierte Position des Verbs im Deutschen Einschränkungen in der Satzgliedstellung bewirkt und somit auch die Freiheit in der Thema-Rhema-Gliederung begrenzt, muss diese anders gekennzeichnet werden. Das Rhema wird durch den unbestimmten Artikel markiert. Das Thema hingegen durch den bestimmten. Neben der Satzgliedfolge und den festen Stellungsmustern des Verbs zeigt der Artikel an, welches der Substantive Subjekt, welches Objekt und welches Attribut im Satz ist. Denn er markiert ihr **Genus** (*der Artikel – die Partikel*), ihren **Numerus** (*der Artikel – die Artikel*) und ihren **Kasus** (*der Artikel – des Artikels – dem Artikel – den Artikel*).

## Russische Ausdrucksmittel für Artikelfunktionen

Im Russischen wird die Kategorie der Definitheit durch verschiedene syntaktische und morphologische Mittel zum Ausdruck gebracht:

### Syntaktische Mittel

Die Thema-Rhema-Gliederung: Die unter Satzgliedstellung bereits ausführlich erwähnte Thema-Rhema-Gliederung ist ein Mittel, um Definitheit oder Indefinitheit zum Ausdruck zu bringen. Das indefinite Substantiv wird in der Regel nachgestellt. Ob aber ein nachgestelltes Substantiv indefinit ist, entscheidet der weitere Kontext.

| | |
|---|---|
| Beispiel: | Пришёл поезд. |
| Kontext: Was geschah dann? | ‚Ein Zug kam.‘ |
| Kontext: Kam der Zug oder der Bus? | ‚Der Zug kam.‘ |

### Morphologische Mittel

**Demonstrativpronomen:** Das Russische, das keinen Artikel besitzt, wendet im Zweifelsfall oder bei Hervorhebung seine Demonstrativpronomen an, um ein Substantiv als definit zu markieren: этот, тот...
**Possessive Konstruktionen:** Als definit gelten in beiden Sprachen auch possessive Konstruktionen wie die beiden folgenden.

Beispiel: пёс Ивана ‚Ivans Hund‘ und мой пёс ‚mein Hund‘.

**Genitiv-Akkusativ-Opposition:** Die bereits in dem Kapitel zum Genitiv erwähnte Option, in manchen Fällen zwischen Genitiv und Akkusativ wählen zu können, ist ein weiteres Mittel, um Definitheit, allerdings nur die des Objektes, zu markieren:

Beispiel: Он послал матери денег. (Gen.)
‚Er schickte der Mutter Geld.‘

Он послал матери деньги. (Akk.)
‚Er schickte der Mutter **das** Geld.‘

**Der Aspekt** dient in manchen Fällen auch zum Ausdruck der Determination. Denn der imperfektive Aspekt tritt auf, wenn sich die Handlung auf einen bekannten, der perfektive Aspekt, wenn sie sich auf einen unbekannten Gegenstand bezieht.

Beispiel: Она полила цветы.
‚Sie goss Blumen.‘
Она цветы уже поливала.
‚Sie hatte die Blumen schon gegossen.‘

## Die häufigsten Transferfehler beim Gebrauch der Artikel

Der häufigste Fehler des Anfängers mit Russisch als Erstsprache besteht darin, dass er das Artikelwort entweder aus Gründen der interlingualen Identifizierung auslässt oder aus Unsicherheit vermeidet. Das betrifft ebenso den bestimmten Artikel wie den unbestimmten – beide haben im Russischen keine Entsprechung – wobei der unbestimmte Artikel noch häufiger als der bestimmte wegfällt.

**Beispiele für die Weglassung (Unterproduktion) des bestimmten Artikels:**

a. *Ich wollte wissen, wann ist nächste Sitzung.
b. *Dann holte er sie mit Motorroller ab.
c. *Dann ich habe Hausarzt angerufen.
d. *Dorfeinwohner nutzen es entweder für eigenen Haushalt oder...
e. *Aber jetzt arbeiten Leute weniger...
f. *Ich spreche ihr auf Anrufbeantworter.

**Beispiele für die Weglassung (Unterproduktion) des unbestimmten Artikels:**

a. *Die Familie in Rußland spielt wichtige Rolle.
b. *In Leben man hat auch manchmal Niederlage.
c. *Es ist nicht für mich, ich bin Mann...
d. *Ist natürlich freche Frage, sage ich.
e. *Ich habe jetzt kurze Pause.

Hyperkorrekturen bzw. Übergeneralisierungen sind gerade in diesem Bereich häufig zu beobachten. Sie treten auf, wenn die Aufmerksamkeit des Lernenden stark auf das Aneignen dieser unbekannten und schwierigen Strukturen der Zweitsprache gerichtet ist. So tauchen sie besonders häufig bei russischsprachigen Deutschlernern mit guter und sehr guter Vorbildung auf.

Beispiel: a. *Jetzt habe ich mehr **die** Freizeit, deshalb habe ich viele Möglichkeiten.
b. *Aber beim Fehlen in der untersuchten Sprache wie im Russischen **der** grammatischen Ausdrucksmitteln...
c. *Im gritten Teil wird die Rolle der lexikalischen Bedeutung des Verbs und Kontextes für die Zullässigkeit der progressiven Funktion sowie **die** verschiedene Typen der Kontexte dargestellt.

Übergeneralisierungen bzw. Hyperkorrekturen finden sich aber auch im Bereich der Generalisierung oder bei bestimmten Wortfügungen, wo explizit kein Artikel verwendet wird, um allgemeine Referenz auszudrücken.

Beispiel: a. ?Dabei unterscheidet sich die Konzeptualisierung im Rahmen **des** wissenschaftlichen und alltäglichen Bewusstseins...
b. *In der Analyse dieser Monographien wird der Begriff „progressive Aspektfunktionen" bzw. progressive Situationen" verwendet, um **die** Verwirrung zu vermeiden.
c. Ich besuche Goethe-Institut, dort gibt es eine Bibliothek, wo ich **die** deutsche Bücher leihen kann.

Es kommt aber auch häufig zu einem falschen Gebrauch des bestimmten Artikels, weil er an Stelle eines unbestimmten Artikels verwendet wird.

Beispiel: a. *Meine Freundin hat keine Nähmaschine, aber sie möchte sich **die** Nähmaschine kaufen.
b. *In Pinneberg gibt das Arbeitsamt fast nichts, weil Pinneberg **die** kleine Stadt ist.
c. *Er hat **das** Fahrrad. (Kontext: ein Fahrrad)

Es kommt außerdem zu Auslassungen des Artikels in Sätzen, in denen er nicht direkt vor dem Substantiv stehen muss.

Beispiel: a. *In der Aspektforschung spielen seit Maslov bekannten Aspektfunktionen eine zentrale Rolle.
b. *Eine derartige Untersuchung ermöglicht hier angeführte Hypothese darüber, dass...

Typisch sind auch Fehler, die durch die Verwechslung von Artikeln entstehen. Nicht nur Anfänger ziehen dabei dem unbestimmten den bestimmten Artikel vor.

Beispiel: a. *Ich rechne mit **der** Reaktion deinerseits.
b. ?Dann kam **der** (statt: ein) Krankenwagen und bringt mich nach Krankenhaus.
c. *Die Tochter isst **die** (Kontext: einen) Milchbrei.

Häufig wird der Artikel auch im falschen Kasus gebraucht.

Beispiel: a. *Ich bin ohne Licht auf **den** Staugamm gefahren. (Kontext erfordert: dem)
b. *Man kann...eine Party machen oder **ein** Tanzklub besuchen.
c. *Zu **den** Schnaps schüttelte ich ein teelöfelchen, mit schwarzen Pfeffer, rührte um und trank das aus.

### Übertragung syntaktischer Konstruktionen ohne Artikel

Da im Russischen das Substantiv, das den Besitzer bezeichnet, immer hinter dem regierenden Wort steht, bildet der russisch Sprechende oft Konstruktionen wie z.B. **Dramen Schillers* (statt: Schillers Dramen), ohne zu berücksichtigen, dass bei dieser Wortstellung im Deutschen immer der Artikel gebraucht werden muss.

# Literatur


Abraham, W. 1994. *Deutsche Syntax im Sprachenvergleich. Grundlegung einer typologischen Syntax des Deutschen.* Tübingen. (Studien zur deutschen Grammatik. 41.)

Abraham, W., Jansen, T. (Hrsg.) 1989. *Tempus-Aspekt-Modus. Die lexikalischen und grammatischen Formen in den germanischen Sprachen.* Tübingen. (Linguistische Arbeiten. 237.)

Admoni, W. 1990. *Historische Syntax des Deutschen.* Tübingen.

Aufderstraße, H., Bock, H., Gerdes, M., Müller, J., Müller, H. 2001. *Themen neu: Lehrwerk für Deutsch als Fremdsprache.* Ismaning.

Barth, K.-M. 2000. *Annäherung an die Fremdsprache und Interferenzwirkung der Muttersprache. Interimsprachenanalyse und Strategien der Genuszuweisung bei fortgeschrittenen spanischsprachigen Deutschlernenden.* Diss. Freiburg i.Br.

Bausch, K.-R. 2003[4]. *Handbuch Fremdsprachenunterricht.* Vollst. neu bearbeitete Auflage. Tübingen-Basel.

Bausch, K.-R., Kasper, G. 1979. Der Zweitsprachenerwerb: Möglichkeiten und Grenzen der 'großen' Hypothesen. *Linguistische Berichte* 64, 3-35.

Bernini, G., Ramat, P. 1996. *Negative sentences in the languages of Europe: a typological approach.* Berlin-New York.

Bierwisch, M. 1966. *Grammatik des deutschen Verbs.* Berlin.

Birkenmaier, W. 1979. *Artikelfunktionen in einer artikellosen Sprache. Studien zur nominalen Determination im Russischen.* München.

Birkenmaier, W. 1987. *Vergleichendes Studium des deutschen und russischen Wortschatzes.* Tübingen.

Blankenhorn, R. 1999. Zum russisch-deutschen Sprachkontakt. Funktionales Code-Switching bei Rußlanddeutschen in Sibirien. In: Böttger, K., Giger, M., Wiemer, B. (Hrsg.): *Beiträge der Europäischen Slavistischen Linguistik* (POLYSLAV) 2. München, 41-50. (Die Welt der Slaven, Sammelbände/Сборники. 4.)

Blankenhorn, R. 2000. Zum russisch-deutschen Sprachkontakt. Kontaktbedingter Wandel und Sprachmischung in russlanddeutschen Dialekten in Sibirien. In: Böttger, K., Giger, M., Wiemer, B. (Hrsg.): *Beiträge der Europäischen Slavistischen Linguistik* (POLYSLAV) 3. München, 17-27. (Die Welt der Slaven, Sammelbände/Сборники. 8.)

Blankenhorn, R. 2001. Zur Entlehnung von Funktionswörtern (Russische Diskurs-signale und Modifikatoren in der Kommunikation von Russlanddeutschen). In: Böttger, K., Dönninghaus, S., Mazari, R. (Hrsg.): *Beiträge der Europäischen Slavistischen Linguistik* (POLYSLAV) 4. München, 31-40. (Die Welt der Slaven, Sammelbände/Сборники. 12.)

Blankenhorn, R. 2003. Pragmatische Spezifika der Kommunikation von Russland-deutschen in Sibirien. Entlehnung von Diskursmarkern und Modifikatoren sowie Code-switching. Frankfurt/Main-Berlin-Bern-Bruxelles-New York-Oxford-Wien. (Berliner Slawistische Arbeiten. 20.)

Boeschoten, H., Broeder, P. 1999. Zum Interferenzbegriff in seiner Anwendung auf die Zweisprachigkeit türkischer Immigranten. In: Johanson, L., Rehbein, J. (Hrsg.): *Türkisch und Deutsch im Vergleich.* Wiesbaden, 1-21.

Bogoroditzkij, V.A. 1927. Über Sprachfehler der Deutschen im Russischen und der Russen im Deutschen. In: Berneker, E. (Hrsg.): *Archiv für slavische Philologie*. Berlin, 1-13.

Bohn, O.S. 1998. Wahrnehmung fremdsprachlicher Laute: Wo ist das Problem? In: Wegener, H. (Hrsg.): *Eine zweite Sprache lernen: empirische Untersuchungen zum Zweitspracherwerb*. Tübingen, 1-20.

Bolla, K. 1981. *A conspectus of Russian speech sounds*. Budapest.

Böttger, K. 2001. *Negativer Transfer in der Phonetik russisch- und polnisch-sprachiger Deutschlerner*. In: Böttger, K., Dönninghaus, S., Marzari, R. (Hrsg.): *Beiträge der Europäischen Slavistischen Linguistik* (POLYSLAV) 4. München, 41-53. (Die Welt der Slaven, Sammelbände/Сборники. 12.)

Böttger, K. 2003. Die Kognition von Raum und Zeit in der Ontogenese des russi-schen Aspekts. In: Anstatt, T., Hansen, B. (Hrsg.): *Entwicklungen in slavischen Sprachen* 2. München, 83-103. (Specimina Philologiae Slavicae. Supplement 72.)

Brinkmann, H. 1962. *Die deutsche Sprache. Gestalt und Leistung*. Düsseldorf.

Bybee J., Dahl, Ö. 1989. *The creation of tense and aspect systems in the languages of the world*. (Studies in Language. 13.)

Chomsky, N. 1972. *Aspekte der Syntaxtheorie*. Frankfurt.

Clahsen, H., Meisel, J., Pienemann, M. 1983. *Deutsch als Fremdsprache. Der Spracherwerb ausländischer Arbeiter*. Tübingen. (Tübinger Beiträge zur Linguistik: Serie A, Language Development. 3.)

Corder, S.P. 1967. The signifiance of learners errors. *IRAL* 5, 161-170.

Corder, S.P. 1973. *Introducing Applied Linguistics*. Aylesbury.

Czochralski, J.A. 1973. Ausgewählte Probleme zur Interferenz. *WZHB* 3, 191-194.

Deybser, F. 1970. La linguistique contrastive et les interférences. *Lf* 8, 31-61.

Diehl, R.L., Kluender K.R. 1989. On the Object of Speech Perception. *Ecological Psychology* 1/2, 121-144.

DUDEN 1: *Die deutsche Rechtschreibung*. 2006. Wermke, M., Kunkel-Razum, K. et al. (Hrsg). 24. völlig neu bearbeitete und erweiterte Aufl. Bd. 1. Mannheim-Leipzig-Wien-Zürich.

DUDEN 4: *Die Grammatik*. 1998. Dudenredaktion (Hrsg.). 4. völlig neu bearbeitete und erweiterte Aufl. Bd. 4. Mannheim-Leipzig-Wien-Zürich.

DUDEN 5: *Das Fremdwörterbuch*. 1990. Drosdowski, G., Müller, W. et al. (Hrsg.). 5. neu bearb. und erw. Aufl. Bd. 5. Mannheim-Leipzig-Wien-Zürich.

DUDEN 6: *Das Aussprachewörterbuch*. 2000. Mangold, M., Wermke, M. et al. (Hrsg). 4. neu bearbeitete und aktualisierte Aufl. Bd. 6. Mannheim-Leipzig-Wien-Zürich.

Dulay, H., Burt, M. 1975. Creative Construction in Second Language Learning and Teaching. In: Burt, M., Dulay, H. (ed.): *On TESOL '75. New Directions in Second Language Learning, Teaching and Bilingual Education: Selected Papers from the Ninth Annual TESOL Convention, Los Angeles, California, March 4-9, 1975*. Washington, 21-32.

Dulay, H., Burt, M., Krashen, S. 1982. *Language Two*. New York.

Dušková, L. 1984. Similarity – an Aid or Hindrance in Foreign Language Learning? *Folia Linguistica, Acta Societatis Linguisticae Europaeae,* 17. Le Hague. 103-115.

Eisenberg, P. 1989. *Schriftsystem und Orthographie*. Tübingen.

Eisenberg, P. 1992. *Silbentypologie des Deutschen*. Tübingen.

Ellis, R. 1990. *Instructed second language acquisition.* Cambridge, Massachusetts.

Ellis, R. 1994. *The study of second language acquisition.* Oxford.

Flämig, W. 1991. *Grammatik des Deutschen. Einführung in Struktur- und Wirkungszusammenhänge.* Berlin.

Freidhof, G. 1975. Transliteration und Transkriptionen der russischen Sprache. In: Horbatsch, O., Freidhof, G. (Hrsg.): *Notizen und Materialien zur russistischen Linguistik.* München, 48-72. (Specimina Philologiae Slavicae. 9.)

Gabka, K. (Hrsg.) 1989. *Russische Sprache der Gegenwart.* Bd. 1-3. Leipzig.

Gardner, R.C., Lambert W.E. 1972. *Attitudes and Motivation in Second Language Learning.* Rowley, Massachusetts.

Gladrow, W. 1989. *Russisch im Spiegel des Deutschen.* Leipzig.

Gladrow, W., Hammel, R. (Hrsg.) 2001. *Beiträge zu einer russisch-deutschen kontrastiven Grammatik.* Frankfurt/Main-Berlin-Bern-New York-Paris-Wien.

Gladrow, W., Heyl, S. 1996. *Slawische und deutsche Sprachwelt. Typologische Spezifika der slawischen Sprachen im Vergleich mit dem Deutschen.* Frankfurt/Main-Berlin-Bern-New York-Paris-Wien.

Glinz, H. 1994. *Grammatiken im Vergleich. Deutsch-Französich-Englisch-Latein. Formen-Bedeutungen-Verstehen.* Tübingen.

Grießhaber, W., Rehbein, J. 1992. *L2-Erwerb versus L1-Erwerb: methodologische Aspekte ihrer Erfoschung.* Hamburg. (ENDFAS Arbeitspapier. 8.)

Grosjean, F. 1982. *Life with two languages: An Introduction to Bilingualism.* Cambridge.

Haarmann, H. $1998^2$. *Universalgeschichte der Schrift.* Frankfurt/Main-New York.

Haberzettl, St. 1998. FHG in der Lernersprache, oder: Gibt's ein diskursfunk-tionales Strukturierungsprinzip im kindlichen L2-Syntaxerwerb? In: Wegener, H. (Hrsg.): *Eine zweite Sprache lernen. Empirische Untersuchungen zum Zweitspracherwerb.* Tübingen. 117-141.

Hall, T.A. 2000. *Phonologie. Eine Einführung.* Berlin-New York.

Hammerly, H. 1991. *Fluency and Accuracy. Toward Balance in Language Teaching and Learning.* Clevedon. (Multilingual Matters.)

Hansen, B. 1994. *Typologie: Ein Forschungsbericht für Slavisten.* München.

Hansen, B. 1996. *Zur Grammatik von Referenz und Episodizität.* München.

Hartenstein, K. 1996. Der Fehler im Fremdsprachenunterricht. *Berichte aus dem zentralen Fremdsprachenunterricht der Universität Hamburg* 12, 48-67.

Hartenstein, K. 2000. Zur Rolle von explizitem und implizitem Wissen beim instruktionsgeleiteten L2-Grammatikerwerb. Eine empirische Untersuchung am Beispiel der Lang- und Kurzformen der russischen Adjektive. In: Riemer, C. (Hrsg.): *Kognitive Aspekte des Lehrens und Lernens von Fremdsprachen – Festschrift für Willi J. Edmondson zum 60. Geburtstag.* Tübingen, 263-280.

Helbig, G. 1972. Notizen zur semantischen Interpretation einiger polysemer Konjunktionen im Deutschen. *DaF* 9/6, 280-288.

Helbig, G., Buscha, J. 1987. *Deutsche Grammatik. Ein Handbuch für den Ausländerunterricht.* Leipzig.

Helbig, G., Buscha, J. 2001. *Deutsche Grammatik. Ein Handbuch für den Ausländerunterricht.* Neu bearbeitete Auflage. Leipzig.

Helbig, G., Helbig, A. 1995. *Deutsche Partikeln – richtig gebraucht?* Leipzig-Berlin-München.

Hering, A., Matussek, M., Perlmann-Balme, M. 2002. *em. Übungsgrammatik: DaF.* Ismaning.

Heuchert, L. 1989. *Materialien zur interkulturellen Erziehung im Kindergarten.* Berlin. (Zweisprachigkeit. 3.)

Ibrahim, M. 1978. Patterns in Spelling Errors. *ELTJ* 32, 207-212.

Isačenko, A.V. 1975[3]. *Die russische Sprache der Gegenwart. Formenlehre*. München.

Jachnow, H. 1995. Klassifikation von Temporalitätsträgern. In: Jachnow, H., Wingender, M. (Hrsg.): *Temporalität und Tempus. Studien zu allgemeinen und slavistischen Fragen.* Wiesbaden, 112-128.

Jachnow, H., Wingender, M. (Hrsg.) 1995. *Temporalität und Tempus. Studien zu allgemeinen und slavistischen Fragen.* Wiesbaden.

James, C. 1972. Zur Rechtfertigung der Kontrastiven Linguistik. In: Nickel, G. (Hrsg.): *Reader zur Kontrastiven Linguistik.* Frankfurt, 21-38.

James, C. 1980. *Contrastive Analysis*. London.

James, C. 1998. *Errors in Language Learning and Use: Exploring Error Analysis.* Harlow-New York.

Jelitte, H. Troškina, T.P. (Hrsg.) 1995. *Innerslavischer und slavisch-deutscher Sprachvergleich.* Frankfurt/Main-Berlin-Bern-New York-Paris-Wien. (Beiträge zur Slavistik. 27.)

Johanson, L. 1992. *Strukturelle Faktoren in türkischen Sprachkontakten.* Sitzungsberichte der Wissenschaftlichen Gesellschaft an der J.W. Goethe-Universität Frankfurt am Main, 29:5. Stuttgart.

Johanson, L. 1993. Varieties of Immigrant Turkish as the Result of Code-Copying. In: Extra, G., Verhoeven, L. (Hrsg.): *Immigrant Languages in Europe: A Sociolinguistic Perspective.* Clevedon, 197-221. (Multilingual Matters.)

Johanson, L., Rehbein, J. 1999. Probleme des Vergleichs Türkeitürkisch-Deutsch. In: Johanson, L., Rehbein, J. (Hrsg.): *Türkisch und Deutsch im Vergleich.* Wiesbaden, vii-xx.

Juhász, J. 1970. Probleme der Interferenz. Budapest-München.

Kątny, A. (Hrsg.) 2000. *Aspektualität in germanischen und slawischen Sprachen.* Poznań.

Kefer, M. 1989. *Satzgliedstellung und Satzstruktur im Deutschen.* Tübingen.

Keller, R.E. 1986. *Die deutsche Sprache und ihre historische Entwicklung*. Hamburg.

Kellerman, E., Sharwood-Smith, M. (Hrsg.) 1986. *Crosslinguistic Influence in Second Language Acquisition*. Oxford.

Kielhöfer, B., Jonekeit, S. 1993[8]. Zweisprachige Kindererziehung. Tübingen.

Kiparsky, V. 1967. *Russische historische Grammatik.* Bd. II. *Die Entwicklung des Formensystems.* Heidelberg.

Kirschbaum, E.-G., Kretschmar, E. 1973. *Kurze russische Sprachlehre*. Berlin.

Klein, W. 1978. Wo ist hier? Präliminarien zu einer Untersuchung der lokalen Deixis. *Linguistische Berichte* 58, 18-40.

Klein, W. 1994. Keine Känguruhs zur Linken. Über die Variabilität von Raum-vorstellungen und ihrem Ausdruck in der Sprache. In: Konradt, H.-J. et al. (Hrsg.): *Sprache und Kognition. Perspektiven der modernen Sprachpsychologie.* Heidelberg-Berlin-Oxford.

Köpcke, K.-M. 1982. *Untersuchungen zum Genussystem der deutschen Gegenwartssprache.* Tübingen.

Köpcke, K.-M. 1993. *Schemata bei der Pluralbildung im Deutschen.* Tübingen.

Köpcke, K.-M., Zubin, D. 1984. *Sechs Prinzipien für die Genuszuweisung im Deutschen. Ein Beitrag zur natürlichen Klassifikation.* (Ling. Berichte. 93.)

Koschmieder, E. 1934. *Nauka o Aspektach czasownika polskiego w zarysie.* Wilno.

Koschmieder, E. 1979. *Gesammelte Abhandlungen zur Phonetik, Phonologie und Morphologie der slavischen Sprachen.* Neuried.

Krashen, S.D. 1982. *Principles and Practise in Second Language Acquisition.* Oxford.

Krasikov, Ju.V. 1990. *Teorija rečevyx ošibok.* Moskva.

Krollpfeiffer, E. 1996. *Linguistische Probleme der osteuropäischen Aussiedler beim Erlernen der deutschen Sprache am Beispiel der Präpositionen, Konjunk-tionen und der Pluralbildung.* Diss. Hannover.

Krušelnickaja, K.G. 1961. *Očerki po sopostavitelnoj grammatike nemeckogo i russkogo jazykov.* Moskva.

Ladefoged, P. Maddieson, I. 1996. *The Sounds of the World's Languages.* Oxford.

Lallemann, J. 1996. The State of the Art in Second Language Acquisition Research. In: Jordans, P., Lallemann, J. (Hrsg.): *Investigating Second Language Acquisition.* Berlin, 3-70.

Lang, E., Zifonun, G. (Hrsg.) 1996. *Deutsch typologisch.* Berlin-New York.

Larsen-Freeman, D., Long, M.H. 1991. *An Introduction to Second Language Acquisition Research.* London.

Lehmann, V. 1988a. Der russische und der englische Aspekt als Repräsentanten zweier Typen der grammatischen Kategorie Aspekt. In: Setschkareff, V. u.a. (Hrsg.): *Ars Philologica Slavica: Festschrift für Heinrich Kunstmann.* München, 270-278.

Lehmann, V. 1988b. Der russische Aspekt und die lexikalische Bedeutung des Verbs. In: Zeitschrift für slavische Philologie. Bd. 48. 171-181.

Lehmann, V. 1989. Cronologische Funktionen des Aspekts im Sprachvergleich Russisch-Deutsch. *Linguistische Arbeitsberichte* 70, 58-65.

Lehmann, V. 1993. Die russischen Aspekte als gestufte Kategorien. *Die Welt der Slaven* 38/2. München, 265-297.

Lehmann, V. 1994. Episodizität: Erläuterung und Explikation der Kategorie. In: Mehlig, H.R. (Hrsg.): *Slavistische Linguistik* 1995. München, 153-179. (Slavistische Beiträge. 319.)

Lehmann, V. 1999. Der russische Aspekt. In: Jachnow, H. (Hrsg.): *Handbuch der sprachwissenschaftlichen Russistik und ihrer Grenzdisziplinen.* Wiesbaden, 214-242.

Lightbown, P.M., Spada, N. 1990. Focus-on-form and corrective feedback in communicative language teaching: Effects on second language learning. *StSLA* 12, 429-448.

Lightbown, P.M., Spada, N. 1993. *How languages are learned.* Oxford.

Lukatela, G., Savič, M.D., Ognejenovič, P., Turvey, M.T. 1978. On the relation between processing the Roman and the Cyrillic alphabets. *LSp* 21, 113-173.

Maas, U. 1999. *Phonologie. Einführung in die funktionale Phonetik des Deutschen.* Opladen-Wiesbaden.

Martens, P. 1977. Verfahren zur Darstellung des deutschen Lautsystems. In: Ockel, E. (Hrsg.): *Sprechwissenschaft und Deutschdidaktik. Festschrift für Professor Dr. Wilhelm L. Höffe.* Kastellaun, 11-89.

Maslov, Ju. 1985. An outline of contrastive aspectology. In: Maslov, Ju. (Hrsg.): *Studies in Verbal Aspect in Russian, English, French and German.* Heidelberg, 1-44.

Mehlig, H.R. 1999. Die grammatischen Kategorien des Verbs unter funktionalen Gesichtspunkten. In: Jachnow, H. (Hrsg.): *Handbuch der sprachwissenschaftlichen Russistik und ihrer Grenzdisziplinen.* Wiesbaden, 182-213.

Mehlig, H.R., 1981. Satzsemantik und Aspektsemantik im Russischen. Zur Verbalklassifikation von Zeno Vendler. In: Slavistische Linguistik 1980. München. 95-151.

Meisel, J.M. 2002. Wege zur Mehrsprachigkeit: Autonome oder interdependente Entwicklungen beim simultanen Erwerb mehrerer Erstsprachen? *Abstract zu einem Vortrag auf der 24. Jahrestagung der Deutschen Gesellschaft für Sprachwissenschaft (DGfS) „Mehrsprachigkeit heute", 27.2. bis 1.3.2002, Uni Mannheim.*

Meng, K. 2001. *Russlanddeutsche Sprachbiografien: Untersuchungen zur sprachlichen Integration von Aussiedlerfamilien.* Tübingen.

Merten, St. 1995. *Fremdsprachenerwerb als Element interkultureller Bildung.* Frankfurt/ Main-Berlin-Bern-New York-Paris-Wien.

Mulisch, H. 1993. *Handbuch der russischen Gegenwartssprache.* Leipzig-Berlin-München.

Mumm, P.-A. 1996. *Parameter des einfachen Satzes aus funktionaler Sicht: Abriss ihrer onomasiologischen Systematik.* Teil 1. *Relationierung der Lexeme in der Prädikation: Valenz, Numeralität und Aspektualität des Verbs.* München.

Nedjalkov, V.P. 1985. Resultative, Passive, and Perfect on german. In: Nedjalkov, V.P. (Hrsg.): *Typology of Resultative Constructions.* Amsterdam, 411-432.

Neppert, J.M.H. 1999[4]. *Elemente einer Akustischen Phonetik.* Hamburg.

Odlin, T. 1989. *Language Transfer. Cross-Linguistic Influence in Language Learning.* Cambridge-New York-New Rochelle-Melbourne-Sydney. (The Cambridge applied lin-guistics series.)

Oturan, K. 2002. *Vokalperzeption und -produktion in der Zweitsprache: Eine Untersuchung mit türkischen Muttersprachlern.* Aachen.

Panzer, B. 1975. *Strukturen des Russischen.* München.

Panzer, B. 1991. *Die slavischen Sprachen in Gegenwart und Geschichte.* Frankfurt/Main-Bern-New York-Paris.

Petkov, P. 1965. Über die Ausdrucksmittel im Deutschen für die nicht abge-schlossene und aspektuelle abgeschlossene Handlung. *Zeitschrift für Phonetik, Sprachwissenschaft und Kommunikationsforschung* 18, 551-572.

Pienemann, M. 1987. Is language teachable? Psycholinguistic experiments and hypotheses. *Arbeiten zur Mehrsprachigkeit* 21, 52-79.

Pienemann, M. 2002. Unanalysierte Einheiten und Sprachverarbeitung im Zweitspracherwerb. *Zeitschrift für Angewandte Linguistik* 37, 3-26.

Pul'kina, I.M., Sachava-Nekrasova, J.B. 1991[3]. *Russisch. Praktische Grammatik mit Übungen.* Moskau.

Radčenko, O.A. 2001. Das funktional-semantische Feld der Temporalität im Russischen und Deutschen. In: Gladrow, W., Hammel, R. 2001. (Hrsg.): Beiträge zu einer russisch-deutschen kontrastiven Grammatik. Frankfurt/Main-Berlin-Bern-New York-Paris-Wien, 169-180.

Ramers, K.-H. 1998. *Einführung in die Phonologie*. München.

Rathmayr, R. 1985. *Die russischen Partikeln als Pragmalexeme*. München. (Slavistische Beiträge. 187.)

Raupach, M. 1994. Das mehrsprachige mentale Lexikon. In: Börner, W., Vogel, K. (Hrsg.): *Kognitive Linguistik und Fremdsprachenerwerb. Das mentale Lexikon.* Tübingen, 19-37.

Rausch, R. 1971. Hinweise zur Methodik des Phonetikunterrichts bei deutsch-lernenden Slawen. *DaF* 8, 172-175.

Rausch, R., Rausch, I. 1998[5]. *Deutsche Phonetik für Ausländer*. Leipzig-Berlin-München-Wien-Zürich-New York.

Redder, A., Rehbein, J. (Hrsg.) 1999. *Grammatik und mentale Prozesse.* Tübingen

Rehbein, J. 1984. Beschreiben, Berichten und Erzählen. In: Ehlich, K. (Hrsg.): *Erzählen in der Schule.* Tübingen, 67-124.

Rehbein, J. 1985. *Diskurs und Verstehen: zur Rolle der Muttersprache bei der Textverarbeitung in der Zweitsprache*. Hamburg. (Arbeiten zur Mehrsprachigkeit. 1.)

Rehbein, J. 2002. *Pragmatische Aspekte des Kontrastierens von Sprachen – Türkisch und Deutsch im Vergleich.* (Arbeiten zur Mehrsprachigkeit. 40.)

Rehbein, J., Grießhaber, W. 1996. L2-Erwerb versus L1-Erwerb: Methodologische Aspekte ihrer Erforschung. In: Ehlich, K. (Hrsg.): *Kindliche Sprachentwicklung*. Opladen, 67-119.

Reichenbach, H. 1947. *Elements of Symbolic Logic*. London-New York.

Reimann, A. 1998. *Die Verlaufsform im Deutschen. Entwickelt das Deutsche eine Aspektkorrelation?* Bamberg.

Reiter, N. 1975. *Die Semantik deutscher und russischer Präpositionen.* Berlin.

Ringbom, H. 1987. *The Role of the First Language in Foreign Language Learning.* Clevedon. (Multilingual Matters.)

Silbereisen, R.K., Lantermann E.D., Schmitt-Rodermund, E. (Hrsg.) 1999. *Aussiedler in Deutschland: Akkulturation von Persönlichkeit und Verhalten.* Opladen.

Skehan, P. 1989. *Individual Differences in Second Language Learning*. London.

Sonderegger, St. 1987. *Althochdeutsche Sprache und Literatur: Eine Einführung in das älteste Deutsch.* Berlin-New York.

Stadnik, E. 1998. Phonemtypologie der slawischen Sprachen und ihre Bedeutung für die Erforschung der diachronen Phonologie. *Zeitschrift für Slavistik* 43, 377-400.

Tauscher, E., Kirschbaum, E.-G. 1989. *Grammatik der russischen Sprache.* Düsseldorf.

Ternes, E. 1976. *Probleme der kontrastiven Phonetik.* Hamburg.

Thieroff, R. 1994. Das Tempussystem des Deutschen. In: Thieroff, R., Ballweg, J. (Hrsg.): *Tense Systems in European Languages*. Tübingen, 119-134.

Tornow, S. 1987. *Russische Betonungsregeln. Eine Akzentgrammatik.* Düsseldorf.

Trubetzkoy, N. 1971[5]. *Grundzüge der Phonologie*. Göttingen.

Vater, H. 2000. Das deutsche Perfekt – Tempus oder Aspekt oder beides? In: Kątny, A. (Hrsg.): *Aspektualität in germanischen und slawischen Sprachen.* Poznań, 87-107.

Wängler, H.-H. 1983[4]. *Grundriss einer Phonetik des Deutschen: mit einer allgemeinen Einführung in die Phonetik.* Marburg.

Weidner, A. 1986. *Die russischen Übersetzungsäquivalente der deutschen Modalverben: Versuch einer logisch-semantischen Charakterisierung.* München.

Werner, O. 1969. Das deutsche Pluralsystem. Strukturelle Diachronie. In: *Sprache – Geschichte und Gegenwart. Sprache der Gegenwart, Jahrbuch* 1968. Düsseldorf.

Wode, H. 1981. Learning a Second Language. An Integrated View of Language Acquisition. Tübingen.

Zangl, R. 1998. *Dynamische Muster in der sprachlichen Ontogenese: Bilingualismus, Erst- und Fremdsprachenerwerb.* Tübingen.

Zifonun, G., Hoffmann, L., Strecker, B. 1997. *Grammatik der deutschen Sprache.* Bd. 3. Berlin-New York.

Zolotova, G.A. 1995. Glagol'nyj vid s točki zrenija teksta. In: Karolak, S. (Hrsg.): *Semantika i struktura slavjanskogo vida* 1. Kraków, 81-92.

# Texte russischsprachiger Deutschlerner

## Texte I (geringe Kenntnisse)

Bin ich geflügen wie ein Engele. Den Engel hat jemand von unten geschossen und ist gefallen ganz hart auf Boden. Ist ganz wichtig, dass bin ich wieder aufgestanden. Habe ich viel gelernt und bin ich noch stärker als vorher. Man muss lernen aus Niederlage. In Lieben (Leben) man hat auch manchmal Niederlage. Von meine Niederlage habe ich sehr sehr viel mitgenommen in meine Tasche von Erfahrung.

Bevor dem Kampf haben wir gesprochen (...) Und wir haben gesprochen, werden wir nicht große Mund haben. Ich hoffe, der Kampf wird in Hamburg, aber wahrscheinlich der Kampf wird in Köln. Also bin ich dabei. Bin ich dabei viele Jahre.

Über meine Gesundheit!
Unfal – Es gescha So!
Am Sonabent wollte ich Weiskohl einsaupen. Dann habe ich die Brotmaschiene gekomen und fang an das Weiskohl zu schneiden. Plötzlich ist mein Finger hintergerutscht und habe mih fom Finger ein stik abgeschnitten. Maene Frau hat schnel mier den Finger verbunden danach sind wir zum Krankenhaus gefaren. Nach der anmeldung kam der Arzt, und hatte sich meinen Finger angekukt. Ynd da fehlte ein stuk Vom Fienger. Er fragte, wo das stuk ist? Und ich habe dem Arzt gesagt, das meine Frau es weg-geworfen hat. Dann bekamm ich zwei Spritze, und ein Verband. Nach disen unfal wurde ich zwei Wochen krankgeschrieben.

Unserer Kollegge
Viktor hatt ~~sau~~ kraut sauer[54] gesaltz. Er hatt kraut mit elektro Brotmaschine geschn~~aeden~~itet Um dises augen Blick er hatt eine dose bier getrunkt. Er hatt gleichzeitig kraut geschniten, zusamen mit seinen schlimer Finger. Danach war 2-3 minuten Schok und seine Blüt kommt raus nicht. 2-3 schpeter er hatt Blütung. Seine Frau hat erste Hilfe geleistet. Sie hat seinen Finger gebinden und und im die Kranckenchaus Viktor mitgebracht. Um Kranckenechäuse er hatt 2 ~~seh~~spritzen mit ärztnerei gekrigt. Dann ~~S~~schlüpft er in Bett, und eine junge kranken~~ш~~schwester hat 3 oder 4 male seinen schlimen Finger angebinten. Am nechsten Tag er war bei seinen Hausartr und hat krenkensein gekrigt.

Mein Traum Es war eine sehr Gute Nacht. Das Wetter war schön und ruhig. Ich habe ein Traum gesehen. Im Traum ich hätte Flügel. Für mich war es ganz toll. Und ich dachte, Jetzt kann ich Meine Verwandte besuchen. Meine Verwandte wohnen sehr weit und in der richtigen Leben ich sehne an Sie. Darum vielleicht habe ich diesen Traum gesehen. Ich fliegte und fliegte von einem Ort Zum anderen.

---

54 Später mit Pfeil an die Stelle auf „kraut" – vermutlich vor „kraut" geschoben.

Ich suchte ganze lange Zeit, wo ist denn meine Heimat? Aber ich konnte nichts finden, es war sehr dunkel und ich schaue~~s~~ nach unten und konnte mich nicht erinnern wie aussieht meine Stadt. Auf einmal ~~ic~~habe ich etwas bekanntes gesehen und ich landete. Das war der Hof von meinem Onkel, Ich klopfte an die Tür, keiner meldete sich. Dann ich gehe rein, guckte herum, auf dem Bett liegte mein Onkel, ~~ich~~ mir war Leid ihn aufwachen und ich fliegte zurück nach Deutschland, weil ich wußte, das morgen ~~muß~~ ich in der Schule sein. muß

Das Vor ales auf Sonntag. Ich habe meine ~~telefonire~~ Vroidin gerufen ab. Und vrage hast du lust oder zeit mit mier nach Schwimmbad gehen. Dann mein Vroidin had gesagt ~~я~~ja ich habe zeit und kein lust zu Hause bljaiben ja ich kome m~~e~~it. Da hab ich gesagt du bljaibt zu Hause ich kome gljaih und abhole dich. ~~Dann~~ Habe ich ein Motorola 500 ps und vare bei m~~a~~ein Vroidin. Sie hat mier schon ge~~s~~wartet. hab ich schön abholen und fare nach Schwimmbad. Dann auf dem Kasse hab ich 2 Karte gekrikt und gehe schwimmen. habe ich und meine fr~~ö~~oidin umgezogen und gehe schwimmen. ~~D~~ und dan mein Vroidin had mier gesagt ich viel das sonnen brend gegrickt. Ich hab gesagt ja du kanst gehen ich komme gljaich ich komme und sehe meine froidin ligt auf dem badentuch und grickt dei sonnenbr~~a~~en. dann gehen vier b~~a~~eide auf die gartenkn~~a~~eipe und drinke die coca cola und habe die pomes gege~~e-~~sen. Dann 20 minut schp~~eaä-~~ter habe nach Hause gefahren.

Die Familie in Rußland spielt wichtige Rolle. Die Eltern verantworten für seinen Kinder, kümmer sich immer für sie, helfen ihnen. Die Kinder haben Respekt vor älteren Eltern. Sie helfen ihnen ins Alter. In Deutschland Kinder und Eltern mehr selbstständig sind. Gastfreundschaft ist in Rußland auch sehr wichtig Für Gäste bieten immer zum Essen und zum Trinke an. Aber in Deutschland laden nicht gern nach Hause ein. Mir gefällt in Deutschland die Sauberkeit und viele Grün.

Liebe Natalja!
Im lätzte woche habe ich eine gute reise gehabt mit meinen Arbeitz kollegen im ein schönsten Wilden der Wald. Vier tagen haben wir auf dem frischen Luft gekocht. Das war sehr schmekt.

Mein Soon und eine Freund Sie sind in der Wald gegangen. Dan haben sie ein supe warm gemacht. Mein Son ruft seine Freuden und sagt kuk mal foer. Und Wald Brind Fileiht Freund sagtr meinen Soon ruf mal sofort Feuer Weg. Er sagt das ist so weit fon hier Er sagt ja nu was muß machen Wir. Er sagt dan mußen wir das foer einsteen.

Das war in 1976 ~~Я~~Jahr. Ich bin von Arbeit nach Hause ~~gefahren~~ mit dem Traktor gefahren. Ich war sehr jung. Das war in der Nacht. Ich bin ohne Licht auf dem Stau~~g~~damm gefahren. E war sehr dunkel.

**Texte II (mittlere Kenntnisse)**

Ich sage Dir Rezept für „Hering unterm Pelzmantel“

Kleine Heringstücke von Knochen – nein – wie sagt man ?– Gräten befreien, Rote Beete mit der Reibe reiben und Kartoffel, Mohrrüben reiben, alles gekocht, Zwieble roh geschnitten. Kartoffel mit Schale kochen. Eine Schicht mit Hering und Zwiebeln, mit Majonais betstreichen. Dann kommt eine Schicht Rote Bete, das gibt Majonais dazu, dann kommt Kartoffel und wieder Majonais. Dann kommt Mohrrübenund wieder Majonais und Hering mit Zwiebeln und so weiter.

Liebe Katja!

Wie geht es Dir?

Wann kommst Du in St-Petersburg? Sprichst Du mit jemandem Russisch? Was ist mit deinen Freunde? Ich besuche Goethe-Institut, dort gibt es eine Bibliothek, wo ich die deutsche Bücher leihen kann. Die Zeit läuft bei uns genauso schnell wie in HH, obwohl war es früher für mich gar nicht so.

Ich habe fast keine Zeit: entweder arbeite ich, oder den Computer lerne, oder im Goethe-Institut gehe, oder zu meinen Schwester. Ich hab zu Dir eine Bitte. Ich hab Bücher von Lehrwerk für Deutsch als Fremdsprache. Ich brauche die Kassetten für diese Bücher. Kannst Du vielleicht sie für mich aufnehmen? Aber wenn es zu schwierig ist, schreib das mir. Jetzt ist bei uns sehr schöne Zeit- die weise Nächte. Ich weiß noch nicht, was ich im Sommer machen werde. Ich kann nicht nach HH, alles ist übrigens ganz egal. Aber ich möchte sehr Dich wiederzusehen. Das ist alles für Heute. Ich warte auf deinen Brief sehr. Pass auf meine neue Adresse auf.

Man muss das Leben aus der Holze schnitzen, das man hat (Sprichwort: Gorkij). Wohnen in der Stadt oder auf dem Lande? Das ist ein Umweltproblem. Wir werfen in Hamburg pro Jahre 300000 Tonnen Abfälle auf den Müll. Wir ersticken in Müll. Ich möchte meine Wohnung in einem kleinen Dorf haben. Ich liebe Leben auf dem Lande mit wenigen Häusern.

Am Wochenende habe ich eine fahrradtour gemacht und war dabei nicht richtig angezogen. Und da habe ich mich auch richtig erkältet. Am nächsten tag habe ich dann Schnupfen und Husten bekommen, all meine Gliedern ~~schü~~ schmerzten und abends bekam ich dann noch Schüttelfrost. Dann hollte ich aus meiner Bahr eine flasche Schnaps. Zu den Schnaps schüttelte ich ein teelöfelchen, mit schwarzen Pfeffer, rührte um und trank das aus. Dann schlüpfte ich sofort in meine Bett, unter die warme Decke, und schwitze mich richtig aus. Am nöchsten Morgen ging es mir schon gleich besser. Ich schötze das war wohl die Grippe. Tabletten nehme ich nicht gerne ein, aber gegen meinem Husten nahm ich Hustentropfen. Die Hustentponfen waren sehr bitter, der Schnaps schmeckkte dagegen viel besser. Am liebsten hätte ich die Prozedur wiederholt, aber leider musste ich zur Arbeit. Und zwei Tage später ging es mir schon gut. Und jetzt bin ich da, sitze in Deutschunterricht und bin wieder lebenslustig. In Zukunft ~~zih~~ ziehe ich mich besser den Wetter entsprechend an, dann brauche ich auch keinen Schnaps zu trinken.

Als es draußen schönes Wetter gab, ging ich spazieren. Ich war ganz schön weit weg von meinem Haus, als es plötzlich regnete. Ich merkte, dass es ein ganz starker Regen war, und dann entschloß ich mich nach Hause zu gehen. Ich merkte, erst gar nicht, dass meine Sachen die ich an hatte, ganz nas wurden. In der Nacht fing ich an zu husten. Da dachte ich erst gar nicht an eine Erkältung. Und am nächsten Morgen spürte, dass ich ~~f~~Fieber hatte. Das Hus~~e~~ten werde immer schlimmer. Da meine Frau merkte, dass es mir sehr schlecht ging, hat sie mir einen heißen Tee mit Honig gemacht. Den Tee mit dem Honig habe ich ausgetrunken. Ich dachte, dass es mir am nächsten Tag besser geht, aber es wurde noch schlimmer. Ich ging zu einem Arzt, der mich untersuchte. Er stellte fest, dass ich eine Lungenentzündung habe, aber es war noch nicht so schlimm, wie ich in dem ersten Moment dachte. Er gab mich einpaar Rezepte, mit denen ich zur Apotheke gehen musste. In der Apotheke gab man mir einpaar Megikamente ~~die mir~~ und dann war ich wieder gesund.

Dann sind wir 1936 geworden verschickt nach Sibirien. Nichts haben wir nicht mehr gehabt, Sind geschickt worden nach Sibirien. Geld haben wir nicht was gehabt. Und so hat dieser Hunger angefangen und die schwere Arbeit. Keine Schul war nicht. Und wir keine Kleidung haben wir nicht gehabt. Dann hat der Krieg angefangen, da war ich überhaupt schon ein vollständiger Arbeiter. Dann war gewesen schon, im Alter von 12 Jahren, die Norm auf mir gelegt wie ein großer Arbeiter. (...) Und haben auch alle was gelernt, irgendwas. (...) Und dann haben wir, da sind schon die Kinder eins hinter m anderen gewesen, und wir haben gebaut sich selbst ein Haus.
Mein Mann ist gegangen auf die Arbeit gegangen, ich habe auseinanderlegt und Lehm gemacht.
Hier in Russland soll nur der Russ sein, weiter keiner nicht.

Für mich ist besser nicht in einem Dorf, nicht in einer großen Stadt, sondern in einer kleinen Stadt zu wohnen. Ich wohne jetzt in Pinneberg und glaube, dass es optimal ist. Hamburg ist in der Nähe von Pinneberg. Züge fahren ungefähr, 30 Minuten bis Hamburg. Hamburg ist sehr große Stadt. Hier kann man Arbeit finden, leichter, als in Pinneberg Es gibt viele Möglichkeiten Geld verdienen. Für mich ist es sehr wichtig, dass das Arbeitsamt in Hamburg verschiedener Kurse und Umschulungen gibt. In Pinneberg gibt das Arbeitsamt fast nichts, weil Pinneberg die kleine Stadt ist. Oft gehen wir, ich und meine Familie (spa) in Hamburg spazierengehen. Hier gibt es viele schöne Museums, Parks, den schönen Hafen und so weiter. Das ist auch die positive Seite der großen Städte. Aber Hamburg hat viele negative Seiten. Hier wohnen sehr viele Leute, verschiedene Leute. Es gibt viele schlechte Leute, die etwas schlechtes machen können. Ich mache mich viele Sorgen, wenn meine Frau und meine Tochter abends allein spazierengehen. Die Luft ist im Zentrum nicht gut. Es gibt viele Autos. Es ist gefährlich für Kinder. Ein Dorf ist ganz anders. Als ich klein war, hatte mein Vater eine schöne Datsche in Baku, an dem kaspischen Me-er. Dort gab es viele Bäume, Blumen, sehr frische Luft. Jeden Tag sind wir schwimmen gegangen. Aber es war nur im Sommer. Wir haben uns alle zusammen erholt, ich, meine Eltern, Geschwister, Kusinen, Cousins und s.w. Das war eine große lußtige Familie. es war sehr schön. Aber wohnen? Nein, es ist lang-weilig, im Dorf zu wohnen. Das ist vielleiht die größte Nachteile der Dörfer. Meine Meinung ist, dass in einer kleinen Stadt am besten zu wohnen.

Ich bin 33 Jahre alt. Ich bin in der Stadt St-Peterburg geboren. Hier lebte und studierte ich. Hier verbracht ich meine freie Zeit. Meine freie Zeit ist sehr schön. Da besichtigte ich alle Sehenswürdigkeiten. Da kann man Theater, Kinos, Museum besuchen. Es gibt es hier so viele Denkmäler und Ausstellungen. Im Sommer fuhr ich aufs Land. Dort erholte ich mich. Waren überall man konnte in der Sonne liegen, Pelze und Beeren sammeln, rudern, schwimmen und Bot fahren. Ich war 5 mal im Süden Rußlands, in Krim und im Kaukasus. Dort war es wunderschön. Im Erholengshaus waren Tanzabende. Das hatte ich auch gern. Am Abend sah ich fern oder las Bücher und Zeitungen. Manchmal versammelten wir bei meinen Bekannten. Wir sprachen miteinander, tranken Tee, Kaffee oder Bier. Ich versuchte meine freie Zeit interessant. Früher war ich im Deutschland als Tourist. Ich besuche verschiedene Städte – Stuttgart, Marbach, Meinz, Kaufbäuren, Regensburg, München, Singen u.a. Diese Städte sind sehr schön. Am schönsten ist unsere Stadt, die Hamburg heißt. Das ist meiner Meinung nach. In Rußland verbrauche ich meine Freinzeit sehr interessant. Ich habe ~~bin~~ viele Museen, Theater, Kinos gesehen. Ich treibe da Sport, ich spiele Tennis, schwimme u.a. Mann kann viele Denkmäler sehen. ~~Das mache ich auch in der Stadt Hamburg.~~ Ich liebe die Natur, Wälder, Felder und Wiesen. Wie schön sind die Gärten in Sommer. Soviele Blumen sind überall. Das mache ich auch in der Stadt Hamburg, aber ich habe jetzt keine ~~Zeit~~ freie Zeit. Ich muss lernen. Das gefällt mir nicht. Schade.

Die Menschen haben heute Freizeit, zwei Tage in der Woche. Jeden Mensc hat seine Hobbы: lesen, ferensehen, kochen, tanzen, Tennis spielen, abe schlafen. Am Wochenende in Deutschland steht meine Tochter um 9°°Uhr auf. Dese~~h~~alb müssen wir auch so früh aufstehen. Ich dusche und mein Mann beschäftig sich mit dem Kind. Vom 10°°Uhr frühstücken wir. Ich und mein Mann essen Toasten mit Käse und Schinken und trinken eine Tasse Tea abe Kaffe.
Die Tochter isst die Milchbrei. Dann eiden seiner Hobbi gemacht. Ich lessen meinen kleinen Tochter dem Kinderbuch, spillen. Mein Mann liest morgens Zeitungen abe Fernsehen. Um 12°°Uhr gehen wir in einen schönen Park spazieren. Dann fahren vir zu dem Eltern, lassen dort bis morgen unser Kind fahren weiter zu seinen Frueindien. Vir essen zum Abend diskutiren, ferensechen. Sonst ist alles in Ham-

burg in Ordnung. Ich hoffe das meine Heimatstadt für meine Famielie glücklich wird. Im letzten Wochenende im Heimatstdt wir haben zwei Tage in der Woche. Ich und meine liebe Mann sind nach Gartenhaus gefahren. Morgens sind wir 8 Uhr aufgestandent und fast zwei oder drei Kilometer strand entlang gelaufen. Dann haben wir im Klaren warmen Flus geschwommen. Wir haben unsere sportfinzuge angezogen.

**Texte III (gute Kenntnisse)**

Sprachkonzepte (und darunter auch das Konzept der Kausalität) – operative inhaltliche Einheiten des mentalen Lexikons, des Konzeptualsystems und des ganzen Weltbildes – schaffen eine Auffassungssystem, die sich jedem Sprachträger als obligatorisch aufzwingt. Die russische Kausalitätssicht konzeptualisiert Welt teilweise universell, teilweise nationalspezifisch. Dabei unterscheidet sich die Konzeptualisierung im Rahmen des wissenschaftlichen und alltäglichen Bewusstseins, was sich auch auf sprachlichem Niveau äußert. Dies wird durch die Analyse des Sprachmateriales belegt. Was die nationalspezifischen Besonderheiten der russischen Kausalität betrifft, polemisiert die Autorin mit Anna Wierzbicka, die behauptet, dass die russische Sprache „phänomenologisch“ und „impressionistisch“ ist und dass das russische Sprachbewusstsein sich nicht für Ursachen der Ereignisse interessiert. Damit läßt sich 1) das Reservoir der Ausdruckmittel für Kausalität (syntaktische Mittel: komplizierte und einfache Sätze verschiedener Struktur, lexikalisch-grammatische Mittel, 1) z.B, Nominalphrasen u.a.) und 2) Struktur des funktional-semantischen Feldes im Russischen nicht in Einklang bringen. Bei der Charakterisierung der Rolle der Kausalität im russischen Sprachbewusstsein wird im Artikel vor allem auf das Material der Nominalkausalität zurückgegriffen. (...) Gerade die logischen Zusammenhänge, darunter die kausalen inm engeren Sinne, erweisen sich als einer der Hauptmittel, die die Koherenz des russischen Text gewährleisten. Dies zeigt sich in erster Linie in pragmatischer Hinsicht: sowohl im Russischunterricht für Ausländer, als auch in der Computerbearbeitung von Texten.

*Beantrag ~~des~~ ein Stipendium für Aufbaustudiengang „Gesundheitswissenschaften“*

Ich, J.K. beantrage ein Stipendium für Aufbaustudiengang „Gesundheitswissen-scHaften – Public Health“. Ich habe mein Medizinstudium ~~i~~an der St. Peterburger medizinischen Staatsakademie namens J.J. Metschnikow erfolgreich abgeschlassen und möchte in Deutschland das Aufbaustudiu~~m~~m absolvieren, um meine ~~M~~medizinischen Kenntnisse zu erweitern. Während meines Studium habe ich nicht nur Kur-Disciplinen (z.B. Therapeo, Chirurgie, Innere Krankheiten, Traumatologie, Pädiatrie u.s.w.), sondern Vorbeugungs-Disciplinen z.B. Allgemeine Hygiene, Epidemiologie, Sozialmedizin, Ernährungs-, Arbeits-, Kommunal-, Kinderhygiene, Berufskrankheiten u.s.w. studiert. Ich habe mein Diplom als Ärztin in der Fachrichtung „Medizinisches Vorbeugungswesen“. Nach meiner Internatur ~~in der Fachrich-~~

~~tung Klinische Labordiagnostiok~~ an dieser Akademie war ich als Ärztin für klinische Labordiagnostik qualifiziert. In St. Petersburg habe ein Jahre lang als Laborärztin in einem Expreß-Labor des Russischen Wissenschaftlichen Forschungsinsituts für Traumatologie und Orthopädie namens R.R. Wreden gearbeitet. Jetzt möchte ich meine Kenntnisse in Gesundheitswissensachften erweitern, insbesondere in Bereich Gesundheit, in Arbeit und Umwelt (vkljucaja Labormethoden) a tagze Gesundheitsökonomie und Management im gesundheitswesen. Damals habe ich besonders für Probleme des Zusammenhang von Arbeits- und Umweltbedingungen (physische, chemische, biologische Faktore)n und Gesundheitsbeeinträchtigungen interessiert, (sowie Früherkennung) umweltbedingter Krankheiten, u.a. Labordiagnostik

Eine Lösung des palästinensisch-israelischen Konflikts, die auf dem Prinzip der friedlichen Koexistenz von zwei Staaten beruht, wird nur durch die Einstellung der Gewalt und des Terrorismus, da das palästinensische Volk eine Führung haben wird, die gegen den Terror entschlossen vorgeht, gewillt und fähig ist, in der Praxis die Demokratie herzustellen, der Toleranz und Freiheit zugrunde liegen, durch die Bereitschaft Israels, alles zu tun, was für die Bildung eines demokratischen palästinensischen Staates notwendig ist, sowie durch die deutliche und unzweideutige Annahme dieses Ziels der Regelung durch die beiden Seiten auf dem Verhandlungswege erreicht, wie dies nachstehend betont wird. Das Quartett wird zur Realisierung des Plans, beginnend mit der ersten Etappe, inklusive Hilfe bei direkten Kontakten zwischen den Seiten, wie dies im Plan vorgesehen ist, beitragen. Der Plan enthält realistische Termine für seine Realisierung. Da aber der Plan auf der Bewertung der Erfüllung der Verpflichtungen durch die Seiten beruht, wird das Vorankommen gewissenhafte Bemühungen der Seiten und deren Zustimmung mit allen Verpflichtungen fordern, die nachstehend fixiert sind, und davon abhängen. Wenn die Seiten ihre Verpflichtungen schnell erfüllen werden, so können die Bewegung im Rahmen der Etappen und der Übergang von einer Etappe zur nächsten schneller erfolgen, als dies im Plan vorgesehen ist. Die Nichteinhaltung der Verpflichtungen wird das Vorankommen stören.

Es sollen ab 7 Uhr morgens kurze Konzerte der leichten Musik zu Förderung einer frischer Stimmung veranstaltet werden. Es gibt auch viele anderen Möglichkeiten, die Organisation der Behandlung, zu verbessern und die Kurorte des Nordkaukasus besser und schöner einzurichten., aber in Anbetracht der großen und noch nicht rentablen Ausgaben ist es noch zu früh, diese Pläne zu streifen. Die Möglichkeit, diese Pläne in der Zukunft zu finanzieren, hängt von der Zusammenarbeit mit der Reisebranche. Internationalisierung der Pferderennen, Bergsteigen und Wintersport in Kaukasusgebirgen. (...) Und unter Berücksichtigung des guten Luftverkehrs zu den Nordkaukasischen Kurorten, können die letzten zu einer Quelle von großen Einkommen werden. Gesundheitliche Arbeit der Sanatorien und Kurorte ist schon ein Weltwunder. Man kann nur ihre immer weitere Vervollkommnung wünschen, bei der die Bedienung und Die Ergebnisse der Behandlung märchenhaft werden.

Sehr geehrte Damen und Herren!
Gestatten Sie uns an Sie mit einer Bitte zu wenden. Wir hoffen, unser Vorschlag wuerde Sie interessieren. Unsere Gruppe - da sind Studenten und Paedagogen der Fakultaet fuer Fremdschprachen – macht eine Sozialforschung zum Thema: „Die Russen und Deutschen historische Entwickelung der Nationalen Gestalt“. Diese Forschung gehoert zum Gebiet der Soziallinguistik und wir hoffen , dass es in Ihrer Uni Leute gibt, die sich auch dafuer interessieren oder gar damit beschaeftigen. Wir sammeln Material ueber das Verhalten der Russen zu den Deutchen und umgekehrt, und wie es sich entwickelt. Das Endprodukt soll eine grosse analytische Bearbeitung dieser Daten sein, wobei wir moechten das Ergebnis dieser Forschung mit der Situation in der deutschen Gesellschaft betrefflich des Verhaltens der Deutchen zu den russen vergleichen. Und hier braeuchten wir sehr Ihre hilfe. Wir braeuchten zuverlaessige Information und wenn moeglich auch die Ergebnisse der aehnlichen Sozialforschungen, falls solche bei Jhnen durchgefuehrt worden waren. Unsere Zusammenarbeit auf diesem Gebiet koennte uns sehr bein Studium der deutschen Sprache helfen. Wir hatten bischer keine Kontakte zu den deutschen Universitaeten, und Jhre positive Antwort wuerde uns sehr freuen. Wir freuen uns auf Ihre Rueckmeldung und hoffen sehr auf unsere Zusammenarbeit.
Mit freundlichen Gruessen, Studenten der Fakultaet der Fremdsprachen

Lieber KollegInnen,
auf die wichtigste Frage in Deinem Bericht antworte ich eindeutig: meritorische Kriterien der Auswahl der Artikel sind viel besser und passen besser erwachsenen Leuten als das Kriterium der Anwesenheit. Unter dem meritorischen Kriterium verstehe ich nicht unbedingt eine Bewertung der Publikation. Es ist aber moeglich festzustellen, welche Artikel sich ausser dem Rahmen befinden. Ich kann gut verstehen, dass die Redakteure die gesllschaftliche Verantwortung einer solchen Entscheidung nicht tragen wollten, aber mit der Angst vor Hass der abgelehnten hast Du schon grob uebertrieben. Niemeand hat es gern Texte zu eliminieren. Aber ich auch wurde vielmal, wie wohl viele von uns mit unseren Texten und Projekten – von verschiedenen wissenschaftlichen Gremien abgelehnt, so dass ich weiss - wie wir alle - dass es normal ist. Vielleicht in der Zukunft koennen sich die Redakteure um die Heilfe bei der Elimination der ueberzaehligen Artikel an externe Autoritaete wenden, z.B. im Verlag, oder einen Ausschuss unter uns waehlen, so dass sich die Last der Entscheidung zwischen mehr Leuten verteilt. Das sind Ideen fuer die Zukunft. Dieses jahr hast Du und die anderen Redakteure ein anderes Kriterium gewaehlt - der Anwesenheit. Ich beachte Euer recht auf die Entscheidung. Es iritierte mich aber, dass dein Brief vom November unartig war und kollektive Unterstellungen enthielt. Das vedirbt die Stimmung unter uns vielmehr als die Ablehnung eines Textes.

## Faksimile zweier Aufsätze

Kaffee verkehrt

In einem Kaffee trinken eine Frauen-brigade, als einen Mann rein ging schauen ihn alle Frauen an und unterhalten über ihn was er an hat. Eine von denen gefiel der Mann und sie versucht ihn anzumachen. Sie glötze ihn die ganze Zeit an. Die Frau servierte ~~sich~~ ihm und ~~der~~ ~~Mann~~ sich doppelten Wodka dann prostete ihm zu. Der Herr interessierte sich nich dafür. Danach sie geht zu seinem Tisch und versucht ihn ins gespräch zu kommen, aber er blieb wortlos. Der geht zur Tür, sie begleitete ihn und nun sie stehlte ihm die letzte Frage ob er interesse hat mit sie ins Kino zu gehen. Der Herr schakiert über solche umgangsformen Er sagte ~~in solche gebiet zu~~ zu sie, dass sie sich wie eine schlampe benimmt.

Gesundheit.

Am Wochenende habe ich eine Fahrradtour gemacht und war dabei nicht richtig angezogen. Und da habe ich mich auch richtig erkältet. Am nächsten Tag habe ich dann Schnupfen und Husten bekommen, all meine Glieder schmerzten und abends bekam ich dann noch Schüttelfrost. Dann holte ich aus meiner Bar eine Flasche Schnaps. Zu den Schnaps schüttelte ich ein Teelöffelchen, mit schwarzem Pfeffer, rührte um und trank das aus. Dann schlüpfte ich sofort in mein Bett, unter die warme Decke, und schwitzte mich richtig aus. Am nöchsten morgen ging es mir schon gleich besser. Ich schötze das war wohl die Grippe. Tabletten nehme ich nicht gerne ein, aber gegen meinen Husten nahm ich Hustentropfen. Die Hustentporfen waren sehr bitter, der Schnaps schmeckte dagegen viel besser. Am liebsten hätte ich die Prozedur wiederholt, aber leider mußte ich zur Arbeit. Und zwei Tage später ging es mir schon gut. Und jetzt bin ich da, sitze im Deutschunterricht und bin wieder lebenslustig. In Zukunft ziehe ich mich besser dem Wetter entsprechend an, dann brauche ich auch keinen Schnaps zu trinken.

k.boettger@gmx.de